U0555802

快件损失赔偿审判实务问题研究

贾玉平　冯志强　宋立赓　刘国胜　著

燕山大学出版社

· 秦皇岛 ·

图书在版编目（CIP）数据

快件损失赔偿审判实务问题研究/贾玉平等著. —秦皇岛：燕山大学出版社，2023.4
ISBN 978-7-5761-0490-5

Ⅰ. ①快… Ⅱ. ①贾… Ⅲ. ①快递—邮政法—研究—中国 Ⅳ. ①D922.296.4

中国版本图书馆 CIP 数据核字（2023）第 029934 号

快件损失赔偿审判实务问题研究
KUAIJIAN SUNSHI PEICHANG SHENPAN SHIWU WENTI YANJIU
贾玉平　冯志强　宋立赓　刘国胜　著

出 版 人：陈　玉		策划编辑：张岳洪	
责任编辑：张岳洪		封面设计：方志强	
责任印制：吴　波			
出版发行：燕山大学出版社 YANSHAN UNIVERSITY PRESS		电　　话：0335-8387555	
地　　址：河北省秦皇岛市河北大街西段 438 号		邮政编码：066004	
印　　刷：英格拉姆印刷(固安)有限公司		经　　销：全国新华书店	

开　　本：710 mm×1000 mm　　1/16		印　　张：15	
版　　次：2023 年 4 月第 1 版		印　　次：2023 年 4 月第 1 次印刷	
书　　号：ISBN 978-7-5761-0490-5		字　　数：230 千字	
定　　价：64.00 元			

版权所有　侵权必究
如发生印刷、装订质量问题，读者可与出版社联系调换
联系电话：0335-8387718

前　　言

近年来，伴随电子商务的广泛开展和人民群众物质生活水平的普遍提高，快递服务在我国得到迅猛发展。与此同时，快递服务合同应运而生，快件损失赔偿司法纠纷也随之日趋增多，并成为备受社会关注的一种新的案件类型。令人遗憾的是，尽管裁判者力尽其责，但快递服务合同的新兴性、复杂性和无名性给案件处理所带来的困难与困惑，仍然在无形中影响着案件裁判质量。例如，一些裁判者并未明确认识到此类纠纷常常存在违约之诉和侵权之诉两种诉由可能性，往往混淆案件所应采用的不同审理方案。又如，尽管2021年最高院公布的民事案件案由规定已经将此类纠纷明确为快递服务合同纠纷，2008年和2011年的案由规定也均已将其明确为邮寄服务合同纠纷，但由于一些裁判者尚未真正认识到快递服务合同与运输合同所具有的本质性区别，因而仍经常将其错误地定性为运输合同纠纷。再如，关于原被告的适格性，不少裁判者并未认识到快递服务合同自身的复杂性和具体案情的多样性，亦未从法学原理和法律规范出发对具体案件进行具体分析，而往往是仅凭直觉就对原被告资格作出了缺乏科学依据的判定。再如，不少裁判者亦未正确认识到快递服务合同三种赔偿依据之间的关系，进而导致对快件损失赔偿数额的认定缺乏合法性。

在上述背景下，一些研究者（主要是对社会热点话题非常敏感但尚未有固定研究方向且缺乏必要学术积累的高校法科毕业生）开始对有关问题进行思考，但这些初期研究难免呈现出话题零散、思考较为浅表以及非专业化特征。笔者曾于2019年以30余万字完成了国家社科基金课题"快递服务合同研究"，从而填补了我国没有对快递服务合同进行系统研究的空白。但由研究视角所决定，我国快件损失赔偿审判实务中的现存问题并未能够在上述课题中得到较为充分和更具针对性的回应。正是带着此种遗憾和迫切希望研究解决司法实践中现存问题的急迫感，课题组又申请了司法部资助，开始对我国快件损失赔偿审判实务中的诸多问题进行专项研究。

本书特点有三。一是实践性。本书所研究的问题均来源于对近年来快递服务领域大量实际案例的研读和类型化梳理，其研究目标亦为各类实践问题能够得到切实解决。二是系统性。从当事人起诉阶段对诉由的明确，到法院受理案件时对案由的确定，到各种不同情况下对原被告资格的审查，再到案件审理过程中对法律的适用以及赔偿依据的选择与确定，本书均进行了较为全面的讨论和研究。三是综合性。鉴于快件损失赔偿纠纷在性质上属于特定行业内所发生的合同纠纷，因此研究者所运用的知识在领域上横跨了合同法和邮政法；为给司法实践提供翔实可靠的意见参考，本书对所有的案例分析均综合运用了规范分析法和法学理论研究法。

本书研究意义主要有两大方面：一是对于司法机关而言，既能够于宏观上为此类案件的审理提供清晰的整体性思路，又能够为其重点、难点和疑点问题的解决提供具体借鉴，同时还可为此类案件裁判的统一化和规范化作出一份贡献。二是对作为诉讼当事人的快递服务用户和快递企业而言，研究成果亦能为其提供诉讼策略上的参考和具体方案上的指引。

作为我国第一部对快件损失赔偿纠纷进行系统研究的专著，本书的不足也是显而易见的。其短板既有研究方法上的局限（例如，未能对书中所涉及的大量案例进行必要的统计学研究），又有研究者未能亲身体验过法官判案经历的局限，还有自身理论水平不够所带来的研究深度上的局限。希望读者与同人在包容的同时不吝赐教，以使作者能够享受到您的金玉之言。

本书作者

2022 年 3 月

目　　录

第一章　快件损失赔偿诉由确定提示因素

及不同诉由下的案件审理方案

从我国目前审判实践中的概念使用情况来看，快件损失包括狭义、中义和广义三种情形。狭义的快件损失，仅指用户寄递的快件本身所发生的损失；中义的快件损失，既包括寄递快件本身的损失，也包括快递企业违反快递服务合同相关义务给用户其他财产所造成的损失；而广义的快件损失，则除用户快件和其他财产损失之外，还包括其在收寄快件过程中所受到的人身损失。除个别情境以外，本书研究范围内的快件损失并非指其广义，而是主要指其狭义，有时亦指其中义。相应地，本书所称快件损失赔偿的诉由，亦主要是指快递服务合同中的用户一方就接受快递服务过程中所发生的快件本身的损失或其他财产损失对快递企业提起损失赔偿之诉的理由，[①] 具体包括违约损失赔偿之诉和侵权损失赔偿之诉。由于上述两种诉由在诉讼主体资格、责任成立要件、赔偿规则以及法院审理分工等方面均有不同，因此当事人应在诉讼起始阶段即对案件的诉由类型予以明确。在可能涉及违约责任与侵权责任之竞合时，当事人还应注意在上述两种诉由间作出恰当选择。对于审判机关来说，则应在立案阶段提示当事人对其诉由系违约之诉还是侵权之诉进行斟酌并予以明确，以据此作出正确的审判分工，并在开庭时针对不同诉由确定区

---

① 本书所称快递企业，是指《邮政法》中所称的"经营快递业务的企业"，既包括非邮政快递企业即《邮政法》中所称的快递企业，也包括邮政企业中经营快递业务的企业。相应地，本书所称快件，无论狭义、中义还是广义，亦均既包括《邮政法》所称非邮政快递企业寄送的快件，也包括邮政快递企业所寄送的邮件。

别化的审理方案，继而作出科学裁判。由课题研究方向所决定，本书将重点从人民法院受理及审理案件这一视角对快件损失赔偿的诉由问题进行研究。

第一节　快件损失赔偿诉由确定的提示因素

【本节提要】

发生快件损失时，用户要求快递企业承担赔偿责任的诉由并不是唯一的，而是既有可能成立违约之诉，也有可能成立侵权之诉，还有可能发生上述两种责任的竞合。而实务中的突出问题是，不少用户对案件的诉由判断或选择并不重视，甚至较为随意。而违约之诉和侵权之诉无论在对诉讼主体的资格要求、责任证成还是责任承担等方面均存在诸多不同，因此诉由确定上的模糊或不科学，会造成原告在诉讼文书写作、法庭辩论和证据材料准备上缺乏针对性，从而降低胜诉概率。在可能涉及违约责任与侵权责任的竞合时，作为原告的用户是否能够在上述两种诉由间作出恰当选择，既关系到案件能否胜诉，又会影响到所获损失赔偿的充分度。除对自身权益维护产生不良影响之外，原告起诉时对案件诉由确定上的不科学，还会给人民法院的案件受理及审判工作造成一定障碍。有鉴于此，人民法院一方面应坚持审判机关的中立性，对原告一方所享有的诉由选择权给予充分尊重，另一方面亦应避免对立案阶段的诉由确定彻底陷于袖手旁观的消极地位。具体而言，人民法院应在立案阶段积极发挥其法律宣传职能和释明功能，提醒原告以恰当的诉由提起诉讼。尤其在小额快递服务纠纷普遍存在而原告一方经常无律师代理的情况下，人民法院更应探索以要素提示方式协助其对案件诉由进行审慎确定，具体提示因素将因可能产生的责任系单一责任还是责任竞合而有所不同：在仅有可能构成违约责任或侵权责任时，应提示原告考虑其是否与被诉快递企业存在有效合同关系、其自身身份是否为对损失快件享有合同权利的寄件人或收件人以及快件损失系被诉快递企业违反了法定义务还是约定义务所造成；而在有可能构成责任竞合时，则应提示其注意不同诉由下的赔偿充分度以及两种诉由在举证难易上的差别。

损失赔偿既是违约责任的一种承担方式，也是侵权责任的承担方式之一。实务中的纠纷情况表明，发生快件损失时，快递企业有可能对用户构成的责任类型并不是唯一的，而是既有可能构成违约责任，也有可能构成侵权责任，亦有可能同时构成违约责任和侵权责任，从而发生两种责任的竞合。这就意味着，用户要求快递企业对其进行损失赔偿的诉由并不是唯一的，而是存在违约之诉和侵权之诉两种可能性。但当前阶段法院受理此类案件的现实情况表明，我国目前实务中快件损失赔偿纠纷的标的额通常较小，基于诉讼成本考虑，当事人对此类案件不选择律师代理的情况相当常见，而当事人自行提起和参加诉讼的最大短板就是其非专业性，具体表现之一就是其仅在起诉时将诉讼请求明确为损失赔偿，而在诉由陈述上则往往语焉不详，或较为随意，并未从专业角度进行必要与审慎的科学研判。这一情况既影响了立案工作的顺畅性与迅速性，也严重干扰了人民法院对案件审理的正确分工。除此之外，由于违约之诉和侵权之诉无论在构成要件还是责任承担等方面均存在诸多不同，因此诉由不明确或其确定上的不科学，亦会造成当事人在诉讼文书写作和证据材料准备上缺乏针对性，从而不仅降低了其胜诉概率，而且还会影响到人民法院开庭阶段审理方案的明晰化与科学确定，从而徒增案件的审理难度。鉴于上述情况对当事人权益保护和司法审判工作所造成的双重消极影响，人民法院应在案件受理阶段处理好以下辩证关系，即一方面坚持审判机关的中立性，对原告一方所享有的诉由选择权给予充分尊重，另一方面亦应避免对立案阶段的诉由确定彻底陷于袖手旁观的消极地位。具体而言，人民法院应在立案过程中充分发挥其法律宣传功能，告知当事人进行诉由选择的必要性与重要性；同时还应积极履行相应的释明职责，提示当事人在明确或选择诉由时所应考虑的主要因素。其间应予注意的是，在快递企业仅有可能构成单一类型责任和有可能构成责任竞合时，引导当事人进行诉由确定或诉由选择时的考虑因素并不相同。

一、仅有可能构成单一责任时的诉由确定提示因素

在快递企业仅有可能构成违约责任或侵权责任时，若作为原告的用户并

未明确诉由或对案件诉由语焉不详，则人民法院可在立案阶段提示用户综合考虑以下几方面因素，以利其对诉由选择作出明晰与科学的判断。

（一）原告是否与被诉快递企业存在有效合同关系

违约之诉以原告与快递企业之间存在有效合同为前提，而侵权之诉则并不依赖于此。无论是双方并未缔结合同，还是所缔结的合同不成立、未生效、无效、被撤销或者效力待定的结果为不发生效力，均会导致原告与被告之间并不存在受法律保护的合同关系，因此原告此时并无缘由对快递企业提起违约之诉。而是否构成侵权责任，则并不取决于二者之间是否存在合同关系。即在原告与快递企业并无有效合同关系时，前者根本无从对后者提起违约之诉，但可能有权提起侵权之诉。

（二）原告身份是否为对损失快件享有合同法上权利的民事主体

原告如对损失快件享有合同法上的权利，则其有权对快递企业提起违约之诉；而若其虽对损失快件享有权利，但并非合同法上的权利，而系物权法上的权利，则应提起侵权之诉。由于快递服务合同属于典型的利益第三人合同，因此对损失快件享有合同权利的主体包括两类，既包括与快递企业缔结合同并作为合同当事人的寄件人，也包括并非合同当事人但属合同中之利益第三人的收件人。[1] 作为合同当事人，寄件人享有要求快递企业按约履行合同义务以及后者违反义务时要求其承担违约责任的权利，因此其可以在发生快件损失时对快递企业提起违约之诉。而收件人虽于通常情况下并非快递服务合同当事人，[2] 但其系寄件人与快递企业在合同中明确约定的利益第三人，因此其亦享有合同权利，其权利内容不但包括对快件的受领权，而且还包括该受领权未获实现时对快递企业的履约请求权和诉讼请求权。这就意味着，当原告身份系寄件人或收件人时，均得以违约之诉这一诉由对快递企业提起诉

---

[1] 关于快递服务合同系真正利益第三人合同以及收件人系该合同中的利益第三人之论述，参见贾玉平：《快递服务合同研究》，法律出版社 2019 年版，第 10～16 页。

[2] 收件人成为合同当事人之例外见于其既为收件人，亦为寄件人之情形。但准确地说，收件人与寄件人发生身份重合时的合同当事人实际仍为寄件人。

讼；而原告若为二者之外的其他民事主体时，则仅有可能将侵权之诉作为其诉由。

（三）快递企业违反了何种性质的义务

快递企业对用户所应负担的义务包括两种类型，即约定义务和法定义务。如用户损失系快递企业违反其在快递服务合同中与用户约定的合同义务所造成，则有可能构成违约之诉；但若该损失并非快递企业因违反合同义务而产生，而是其违反某种法定义务，或者违反其在先行为所生义务而产生，则应考虑对其提起侵权之诉。在快递服务合同中，快递企业对用户负有多种合同义务，其中，因其被违反而有可能造成用户损失的义务类型不仅包括安全送达义务，而且还有可能涉及及时送达义务和按照约定方式投递快件的义务。具言之，在所寄内件为鲜活物品等在质量保存上具有较强时限性情形下，未能遵守时限要求的超时送达也会给用户造成快件损失；而未能按照约定或规定方式对快件进行送达，则既有可能增加用户的取件成本，也有可能由此造成快件自身的损失。而快递企业单纯违反法定义务给用户造成快件损失从而使后者有可能仅构成侵权之诉的情形，则主要见于其违反禁限寄规定①、收寄验视规定②、依法退回快件义务③以及违反妥善处理无着快件义务④等情况。

二、可能构成责任竞合时的诉由确定提示因素

快递企业造成用户快件损失时，有时既系对快递服务合同约定义务的违反，同时也是对某种法定义务的违反，因此有可能既构成违约责任，又构成侵权责任，从而发生违约责任与侵权责任的竞合。例如，快递企业违反禁限寄规定对禁限寄物品进行寄递，不仅违反了法定义务，而且还有可能违反了快递服务合同中的安全送达义务。若因对该禁限寄物品的寄递造成寄件人以

---

① 关于快递企业在快递服务中所应遵守的禁限寄规定，参见《邮政法》第二十四条规定和《快递暂行条例》第三十条、第三十三条规定。
② 关于收寄验视规定，参见《邮政法》第二十五条规定。
③ 关于快递企业依法退回快件的义务，参见《快递暂行条例》第二十六条第一款规定。
④ 关于快递企业妥善处理无着快件的义务，参见《快递暂行条例》第二十六条第二款规定。

外其他用户的财产或人身损失，就会对损失用户构成违约责任与侵权责任的竞合。又如，快递企业未依法履行法律规定的收寄验视义务，[1]造成其未发现用户交寄快件存在明显的封装安全问题，进而引起有毒、有害内件泄露并由此导致其他用户快件损失时，实际就是在违反法定义务的同时，亦违反了其在快递服务合同中对其他用户所应负担的安全送达义务，从而亦对产生损失的其他用户构成两种责任的竞合。再如，若快件丢失系因快递从业人员的偷窃行为所致，则应判定快递企业不仅违反了快递服务合同中的安全送达义务，而且同时构成对他人物权的侵犯，因而仍为责任竞合之典型情形。出现责任竞合情形时，根据《民法典》第一百八十六条规定，[2]用户不得对快递企业追究双重责任，但法律亦不限定其主张何种责任，而是允许其自行选择对快递企业以何种诉由提起诉讼。这就意味着，当案件有可能涉及责任竞合时，用户须在两种诉由中作出唯一性选择。而对于如何完成这一选择，人民法院应提示其考虑以下两方面因素。[3]

（一）不同诉由可能获得的赔偿充分度

用户在快递企业有可能构成责任竞合时，如就快件损失选择对后者提起侵权之诉，则在通常情况下获得更为充分赔偿的概率相对较大，原因有以下三个方面。

在快件损失赔偿纠纷中，违约责任损失赔偿范围可能受到的法律限制较多。根据我国《民法典》相关规定，虽然违约责任和侵权责任均支持对受损害方的全部损失进行赔偿，但前者赔偿范围会受到可预见性规则[4]、减损规则[5]等

---

[1] 关于快递企业所应遵守的收寄验视义务，参见《邮政法》第二十五条规定和《快递暂行条例》第三十一条规定。
[2] 该条规定："因当事人一方的违约行为，损害对方人身权益、财产权益的，受损害方有权选择请求其承担违约责任或者侵权责任。"
[3] 此处所列考虑因素仅限于针对快件损失所提起的损害赔偿之诉。如原告还有其他诉讼目的，则应同时对更多因素进行衡量。例如，违约责任和侵权责任在责任承担方式上亦有不同，后者的责任承担方式更为丰富，因此更能满足当事人多样化的诉讼请求。
[4] 参见《民法典》第五百八十四条（对应于已失效的《合同法》第一百一十三条第一款）规定之"但书"。
[5] 参见《民法典》第五百九十一条（对应于已失效的《合同法》第一百一十九条）之规定。

违约责任特有的限制性赔偿规则限制。而侵权责任法中虽然亦存在一些对责任范围的限制性规则，但根据快递服务合同这一特定类型合同缔结和履行的实际情况，实务中有机会适用于快件损失赔偿的通常仅限于过失相抵规则。[①]

更为关键的是，除上述合同立法中的限制性赔偿规则之外，快件损失赔偿违约之诉一般还会受到合同自身约定的赔偿范围限制。由快递服务合同的特殊性所决定，快递服务合同中通常还会有以格式条款方式存在的限制性赔偿责任约定，这些约定要么将快件损失的赔偿责任限制为某一固定金额，要么限制为运费的一定倍数。而与前述法定限制性赔偿规则仅在特定情形下方得适用不同，[②] 快递服务合同中的限制性赔偿责任条款则在快递服务合同中普遍存在，而且只要其符合法律规定的格式条款订入规则及效力规范，就会被认定构成合同内容，并对双方产生约束力。也就是说，即使并未出现前述法定限制性赔偿规则的适用情形，只要限赔合同条款的订入及效力未被否定，用户可得主张与实现的赔偿范围即应受到该限赔约定的限制。这就意味着，限制赔偿责任是用户对快递企业提起违约之诉时所会面临的普遍情形。另需注意的是，虽然通常合同可以通过约定违约金责任或定金责任这两种有可能会带来一定"惩罚性"赔偿效果的责任方式来增强当事人所获救济的充分度，但由快递服务合同的特殊性所决定，实务中此类合同几乎并无机会约定上述两类有可能涉及"惩罚性"赔偿的责任承担方式，而是以约定限制性赔偿责任为行业惯例和缔约常态。[③] 而侵权责任法中并不允许民事主体事先通过约定对损失赔偿的范围作出限制，因此快递服务合同中的限赔条款仅得适用于违约之诉，而不能适用于侵权之诉。

选择违约之诉时所获精神损害赔偿的数额有可能会低于侵权之诉。《民法典》颁行之前，有关合同立法均未直接明确在违约责任中是否可支持精神损害

[①] 根据《民法典》第五百九十二条第二款规定，过失相抵规则亦适用于违约责任，即过失相抵是违约责任和侵权责任共用的损失赔偿限制性规则。

[②] 例如，只有超出快递企业订立合同时能够预见的其违约行为会给用户造成的损失，可预见性规则方有适用余地。又如，用户只有在负有减损义务并违反了此项义务时，才会产生不得就扩大的损失主张赔偿之结果。

[③] 关于快递服务合同以限制性赔偿责任约定为常态的合理性论述，参见贾玉平：《快递服务合同研究》，法律出版社 2019 年版，第 259 ～ 263 页。

赔偿，而学界通说和司法实践均对此持否定观点。[①]《民法典》颁行后，根据其第九百九十六条之规定，[②] 司法实践在通常的违约之诉中对精神损害赔偿一律不予支持的一贯做法已发生改变。但应予指出的是，前述《民法典》规定并未一般性地认可当事人可在违约之诉中获得精神损害赔偿，而是严格限定了其适用条件。根据有关权威解释，这些条件主要包括以下两个方面，即当事人行为造成了违约责任与侵权责任的竞合、相对人为自然人且其人格权受到损害并造成了严重精神损失。[③] 这就意味着，《民法典》生效后，在快递企业构成责任竞合，同时用户为自然人且其人格权受到损害或受损快件具有一定人格意义而致用户产生严重精神损失时，即便选择对快递企业提起违约之诉，用户仍可要求后者对其进行精神损害赔偿。而值得关注的是，前述权威解释进一步指出，当事人在违约之诉中所主张的精神损害赔偿，亦应受到可预见性规则、减损规则等违约损害赔偿限制性规则的约束，[④] 而这些限制性规则的适用，无疑将造成原告在违约之诉中所获精神损害赔偿的数额有可能会低于侵权之诉。

（二）不同诉由在举证上的难易度

首先，尽管无论是违约之诉还是侵权之诉，原告均须对被告符合违约责

---

① 参见黄薇主编：《中华人民共和国民法典人格权编解读》，中国法制出版社 2020 年版，第 38 页。

② 该条规定："因当事人一方的违约行为，损害对方人格权并造成严重精神损害，受损害方选择请求其承担违约责任的，不影响受损害方请求精神损害赔偿。"

③ 关于对《民法典》第九百九十六条的理解，本书参考了有关权威释义书中的解释。参见黄薇主编：《中华人民共和国民法典人格权编解读》，中国法制出版社 2020 年版，第 37～40 页。

④ 参见黄薇主编：《中华人民共和国民法典人格权编解读》，中国法制出版社 2020 年版，第 40 页。但此点是否确实为立法原意，笔者认为尚值讨论。原因在于，根据法条所使用的文句表述，立法并未明确此处的精神损害赔偿系违约责任的承担方式；且从体系安排上来看，此条并未规定在合同编的违约责任一章中，而是规定在作为侵权责任承担基础之一的人格权一编中。此外，出现责任竞合时仅得择一追究之原理，应并不在于避免同一"行为"被重复追责，而是意在防止同一"损害"获得双倍赔偿。而"精神损害"显系与财产性损害性质不同的损失，因此并不能排除立法者的另一可能意图是在当事人行为（既系违约行为，又系侵权行为）造成相对人人格权受损并产生严重精神损害时，后者得在诉请前者承担违约责任的同时，亦可要求其承担在性质上属于侵权责任的精神损害赔偿责任。若果真如此，则该精神损害赔偿的范围则不应受到违约责任限制性赔偿规则的限制，而是仅需遵守侵权责任法中的有关赔偿规则即可。

任或侵权责任的构成要件进行举证，但就损失赔偿这种民事责任承担方式的构成要件而言，违约责任之证成难度往往会低于侵权责任。这是因为，根据《民法典》有关规定，虽然两种责任之主张均需用户举证快递企业违反了特定义务（前者主要是约定义务，后者主要是法定义务）、用户发生了快件损失以及快件损失与快递企业违反义务的行为之间存在因果关系，但由于违约责任的一般归责原则是无过错责任原则，而侵权责任的一般归责原则是过错责任原则，因此用户在提起违约之诉时仅需举证上述三要件的存在，而无须举证快递企业对损失的发生存在过错。而在侵权之诉中，如用户无法完成快递企业存在过错之举证，则法院将不能认定损失赔偿责任之成立。

其次，两种诉由下用户是否应对快件损失赔偿数额承担举证责任也存在不同。如前所述，快递服务运单中一般都存在限制赔偿责任的格式条款约定，这就意味着发生快件丢失或全损时，用户在违约之诉中根本无须对丢损快件的价值进行举证，被诉快递企业仅需按照运单中所约定的运费一定倍数或某一固定数额对其进行赔偿即可。而在侵权之诉中，根据谁主张谁举证原则，用户应对其提出的快件损失数额承担举证责任；若其无法完成此项举证，亦将使其权益维护受到较大影响。

由此可见，尽管就快件损失对快递企业提起侵权之诉有可能获得更多赔偿，但用户一方还应同时衡量其在特定案件中可能面临的更大举证难度。在难以实现对快递企业的过错举证或损失数额举证，或该举证能够获得法院认可的概率不大时，用户还是应考虑选择提起违约之诉。诉由确定或诉由选择的主要提示因素见表1-1。

表1-1 诉由确定或诉由选择的主要提示因素

单一责任诉由确定提示因素	责任竞合诉由选择提示因素
与快递企业有无合同关系（有：可提起违约之诉；无：仅得提起侵权之诉）	可能获得的赔偿数额（侵权责任通常会高于违约责任）
原告是否寄件人或收件人（是：可提起违约之诉；否：仅得提起侵权之诉）	
造成快件损失的原因（快递企业违反约定义务：可提起违约之诉；快递企业违反法定义务：可提起侵权之诉）	责任证成的难易度（违约责任一般易于侵权责任）

第二节　不同诉由下的案件审理方案

【本节提要】

根据诉由之不同，人民法院对快件损失赔偿纠纷应确定差异化的审理方案。而除诉由确定问题以外，实务中与案件诉由问题有关的另一值得关注的现象是，有些法院在案件审理过程中确定审理方案时对不同诉由的区分意识不够明确，从而在一定程度上影响了案件处理水平。

快件损失赔偿违约之诉的审理方案包括对案涉快递服务合同的效力进行审查、对原被告是否具有诉讼主体资格进行审查、对是否符合违约损失赔偿责任的构成要件进行审查、对快递企业是否存在法定或有效约定免责事由进行审查以及对赔偿数额予以确定。

关于快递服务合同的效力审查，应注意违反禁限寄规定将导致合同无效，但违反快递业务经营许可规定并不导致合同无效，且在法律适用上不应援用《民法典》关于超越经营范围的规定。此外，还应注意是否存在合同部分无效的情形，主要应考察是否存在损失赔偿责任格式条款无效之情形。

与通常合同纠纷的适格原被告仅限于合同当事人不同，快件损失赔偿纠纷中的原被告范围并未完全局限于合同相对性原理之框定，而是均在合同当事人之外存在一定扩展。关于快件损失赔偿违约之诉的原告资格审查，应注意基于快递服务合同的涉他性，符合原告资格的民事主体范围会在合同当事人之外有所扩展，即违约之诉中的适格原告既包括作为快递服务合同当事人的寄件人，也包括作为合同第三人的收件人，但同时亦仅限于寄件人和收件人（二者均包括其继承人或权利义务承继人）；而基于某些特殊的民事责任制度，符合被告资格的民事主体范围亦会在合同当事人之外有所扩充，即适格被告除与寄件人缔约的快递企业之外，还包括缔约快递企业系分支机构时其所属的法人企业、缔约快递企业为加盟商时其所属的快递企业总部以及符合法定条件得适用法人人格否认制度时的快递企业出资人。

对于案涉快递企业是否构成违约损失赔偿责任之审查，须坚持"要件"（三要件）主义；同时既应避免要件审查"缺漏"，又应避免要件审查"冗余"。前者主要表现为仅以损失定责任，而忽略对快递企业是否存在违约行为以及其违约行为与用户损失之间是否存在因果关系进行审查；后者主要表现是受到侵权责任一般归责原则以及旧有《合同法》过错归责的影响，认为快递企业只有存在过错才需承担责任，或无过错即无责任。

关于快递企业是否存在法定免责事由之审查，应注意以下三点：一是不可抗力是普遍适用于各类合同的一般法定免责事由，其亦适用于快递服务合同，但与通常合同发生不可抗力即可绝对免责不同，若当事人于缔约时在快递服务合同中约定了有效保价条款，则即使快件损失系由不可抗力所造成，快递企业亦不得就此免责。二是寄件人或收件人过错亦系快递企业常见法定免责事由，但《民法典》生效后，其法律依据已非对《合同法》第三百一十一条或《邮政法》第四十八条第（三）项之类推适用，而是应直接适用《民法典》第五百九十二条第二款对"与有过失"规则的规定。三是除具有普遍适用性的一般法定免责事由之外，快递企业还存在由快递服务合同特性所决定的特殊法定免责事由，即对于内件自身性质或合理损耗所造成的损失，快递企业亦得主张免责。对于快递服务合同中的约定免责事由，应关注其格式条款性质，注意对其进行订入审查和效力审查，且应注意上述两方面审查均同时存在一般法规范和特别法规范。

关于赔偿数额之确定，应注意违约责任中快件损失赔偿数额确定依据的多样性，具体包括保价赔偿约定、限制赔偿责任约定和《民法典》合同编规定。同时还应明确，上述三种赔偿依据在适用上具有顺位性，即存在有效保价条款约定时优先适用该约定，无此约定或约定无效时适用限制赔偿责任约定，亦无后一约定或后一约定无效时方得适用《民法典》合同编之有关规定。

快件损失赔偿侵权之诉的审理方案包括对诉讼主体的适格性进行审查、对被告行为是否符合侵权责任构成要件进行审查以及快递企业应否承担责任和如何承担责任之判定。

实务中对侵权之诉诉讼主体的适格性判断主要存在两种错误倾向，即与违约之诉的审查相混淆，或完全忽略对诉讼主体进行适格性判定。与违约之诉不同的是，侵权之诉中被告的适格性审查会被被告是否对原告构成责任之判定所吸收，因此快件损失赔偿侵权之诉的诉讼主体适格性审查实际仅涉及原告的适格性审查，且在审查标准上根本无关案涉合同的成立与效力问题，亦无关原告是否系被诉快递企业在案涉快递服务合同中的合同相对人。判定原告是否适格，应查明且仅需查明其是否对损失快件享有特定物权。

审查被告行为是否符合侵权责任构成要件，首先应查明快递企业是否存在违反特定义务的行为。这些义务既可能来源于一般民事立法，也有可能来源于特别行业立法，还有可能来源于快递企业的先前行为。其次，在查明快递企业对损失的发生是否存在过错时，宜适用"过错推定"，且在过错认定标准上宜采用"专业人员标准"，而非"正常理性人标准"。再次，在是否存在损害的认定上，应注意在快递服务过程中，既有可能产生物质性损害，也有可能产生精神损害；既有可能产生可以进行数字量化的损害，也有可能产生完全无法进行数字量化的损害。最后，关于损害是否与快递企业违反特定义务的行为间存在因果关系，宜采用"相当因果关说"，且在有些情况下可以认定其因果关系"不证自明"。

与违约责任不同的是，当事人不得事先对侵权责任免责事由作出约定，因此双方事先在快递运单中约定的免责事由并不适用于侵权责任。若当事人并未于事后达成免责约定，则只有在快递企业能够举证证明其存在法定免责事由时，其赔偿责任方能得以相应免除。就如何承担责任而言，侵权责任之赔偿范围既有窄于违约责任之处，也有宽于其之时，同时二者亦有共同适用的责任范围确定规则。

在用户已将其诉由明确为违约之诉或侵权之诉前提下，同样是针对其要求快递企业进行损失赔偿的诉讼请求，人民法院应制定完全不同的审理方案。对此，实务中存在的较为突出问题可以概括为以下两个方面：一是法庭并未紧密结合案件诉由确定应查应审的案件事实，甚至混淆两种诉由的不同应审事项；二是在判断责任是否构成时未针对相应诉由的责任构成要件进行逐一审查，甚至在两种诉由的不同责任构成要件上发生混淆。上述两类现象所掩盖的共同问题是，一些裁判者未能清晰认识到在用户诉讼请求同为对其快件损失进行赔偿时，实际有可能基于两类完全不同的诉由；而诉由区分意识的欠缺，又会造成缺乏针对不同诉由确定差别化审理方案的意识。究其背后的原因，实际是对违约之诉与侵权之诉的区别在认识上有欠清晰和全面。

针对快件损失赔偿纠纷树立诉由类型化意识，并对不同诉由下的事实和法律审查因素、审理思路以及所涉核心问题的判定分别作出共性归纳，有助于纠正前述司法实践中所存在的问题，进而实现此类案件审理思路上的标准化或规范化。

一、快件损失赔偿违约之诉的审理方案

在原告将其诉由明确为违约之诉，或其起诉状的事实和理由部分实际按违约之诉进行陈述时，可考虑沿以下思路对案件进行审理。

（一）对案涉快递服务合同的效力进行审查

违约责任之构成以当事人之间存在有效合同关系为前提，因此法庭应首先对原告与被告快递企业之间是否存在快递服务合同予以查明，然后对该合同是否有效作出判定。若案涉合同并未成立，或系无效合同，则应对原告诉讼请求予以驳回。

就快递服务合同而言，实务中导致其无效的因素主要是该合同之缔结违反了《邮政法》中的禁限寄规定。例如，寄件人所寄递的内件系属于禁寄物品的易爆炸性物品（如鞭炮、雷管、炸药等），易燃烧性物品（如汽油、柴油、煤油、酒精、生漆、气体打火机等），易腐蚀性物品（如盐酸、硝酸、农药等），放射性元素（如镭、铀等），烈性毒药（如氰化物、砒霜等），毒品（如冰毒、海洛因等），生化物品和传染性物品（如危险性病菌、医疗废弃物等），淫秽以及各种危害国家安全和社会政治稳定的出版物、印刷品等。由于禁限寄规定属于效力性强制性规定，因此出现上述情形时，所涉快递服务合同应被认定为无效。此时，即使快递企业的行为造成了快件损失，原告亦不能基于违约责任之诉由主张获得赔偿。

对快递服务合同进行效力审查，实务中往往还会涉及收寄企业违反《邮政法》中的快递业务经营许可规定，[①] 即其并未取得快递业务经营许可而从事

---

① 《邮政法》第五十一条第一款规定："经营快递业务，应当依照本法规定取得快递业务经营许可；未经许可，任何单位和个人不得经营快递业务。"

快递业务经营。那么，此时案涉合同是否因其缔结违反了《邮政法》中的强制性规定而应被确认为无效？目前已失效的《合同法》第五十二条第（五）项规定，违反法律、行政法规强制性规定的合同无效。《合同法司法解释（二）》第十四条吸收合同法理论主流学说研究成果，将强制性规定类型化为"效力性强制性规定"（违反即无效）和"管理性强制性规定"（单纯违反该规定并不导致合同无效），明确《合同法》第五十二条第（五）项规定中的"强制性规定"系指效力性强制性规定。《民法典》第一百五十三条第一款虽未吸纳"效力性强制性规定"这一概念表述，但已直接认可违反法律、行政法规中的强制性规定并不必然造成合同无效，而是分为"导致无效"和"不导致无效"两类情形。[①] 虽然目前《民法典》的权威释义书中并未明确《民法典》立法过程中是否实际采纳了已被学界和审判实践广泛认可的"效力性强制性规定"和"管理性强制性规定"这一分类，[②] 但一些学者认为，《民法典》生效和包括《合同法》在内的九部基本法律的失效，并不必然导致之前最高人民法院针对九部法律所作出的司法解释中的具体条文全部失效，如《民法典》并未明确废止或有意改变司法解释相关规定，且司法解释具体条文与《民法典》规定并不存在冲突，则仍应继续认可其效力。[③] 事实上，《全国法院贯彻实施民法典工作会议纪要》中的有关内容已经明确肯定了上述观点。[④] 笔者亦赞成此种观点，认为除仍应适用《合同法》进行裁判的案件之外，在最高院对原来的合同法司法解释作出实质性清理或就《民法典》合同编出台新的司法解释之前，对于应适用《民法典》第一百五十三条第一款规定的案件，亦应按照原来司法解释中"效力性强制性规定"和"管理性强制性规定"之二分法对其进行理解与适用。而关于经营许可的强制性规定，属于典型的管理

---

① 《民法典》第一百五十三条第一款规定："违反法律、行政法规的强制性规定的民事法律行为无效。但是，该强制性规定不导致该民事法律行为无效的除外。"

② 关于《民法典》第一百五十三条第一款的权威释义，参见黄薇主编：《中华人民共和国民法典总则编解读》，中国法制出版社 2020 年版，第 498～501 页。

③ 参见黄忠：《论民法典后司法解释之命运》，载《中国法学》2020 年第 6 期；郭峰：《〈民法典〉实施与司法解释的清理制定》，载《上海政法学院学报（法治论丛）》2021 年第 1 期。

④ 参见其第 12 条规定。

性强制性规定，^① 因此并未取得快递业务经营许可的收寄企业与用户订立的快递服务合同，并不因其违反经营许可规定而无效。

与未经许可经营快递业务所缔结合同的效力判定相关的另一问题是，《民法典》第五百零五条规定："当事人超越经营范围订立的合同的效力，应当依照本法第一编第六章第三节和本编的有关规定确定，不得仅以超越经营范围确认合同无效。"那么，若收寄企业依法从事其他方面的经营（如运输服务），但并未取得快递业务经营许可时，其与用户所缔结的快递服务合同是否可根据这一规定进行效力认定？即是否应认定收寄企业虽然超越经营范围，但并不因此而影响合同效力？就此笔者认为，从立法目的来看，快递业务经营许可的制度宗旨并非对企业经营范围进行规制，而是对市场主体资格或快递市场准入的控制，因此在对未经许可经营快递业务的合同进行效力认定时，不应适用《民法典》第五百零五条关于超越经营范围所订合同的效力认定规定，而且应将《邮政法》第五十一条第一款关于快递业务经营许可的强制性规定、《民法典》第一百五十三条第一款关于违反强制性规定的民事法律行为效力的规定作为裁判依据，并在说理部分对快递业务经营许可强制性规定的性质进行分析时，将最高人民法院关于如何对效力性强制性规定和管理性强制性规定进行识别的相关规范性文件作为重要参考。^② 否则，即便是依据《民法典》第五百零五条规定亦能得出快递服务合同并非无效的相同结论，也已构成法律适用上的错误。

还需注意的是，快递服务合同是典型的格式合同，其中大部分条款具有格式条款性质，尤其是直接涉及损失赔偿的条款（包括保价条款和限赔条款），更是几乎全部由格式条款所构成。因此，除对合同的整体成立与效力问题进行评判之外，还应根据《民法典》或《合同法》中的有关格式条款规范对快递服务合同格式条款的订入及效力进行特别审查，以查明合同是否存在部分无效情

---

① 根据 2009 年最高人民法院《关于当前形势下审理民商事合同纠纷案件若干问题的指导意见》第 16 条规定之精神，规制当事人市场准入资格的强制性规定并非效力性强制性规定。而快递业务经营许可制度的实质就是对快递市场准入资格所进行的规制。

② 这些规范性文件及相关规定是指 2009 年最高人民法院《关于当前形势下审理民商事合同纠纷案件若干问题的指导意见》第 15 条、16 条和 2019 年最高人民法院《全国法院民商事审判工作会议纪要》第 30 条规定。

形，并最终确定是否应将合同中的格式条款约定作为判定损失赔偿的依据。[①]

（二）对原被告是否具有诉讼主体资格进行审查[②]

应予注意的是，与通常合同纠纷的适格原被告仅限于合同当事人不同，快件损失赔偿纠纷中的原被告范围并未完全局限于合同相对性原理之框定，而是均在合同当事人之外存在一定扩展。

如前所述，快件损失赔偿纠纷的原告既可以是寄件人，也可以是收件人。[③]如案件中虽然存在有效快递服务合同关系，但原告既非作为合同当事人的寄件人，亦非作为利益第三人的收件人，则在诉由已明确为违约之诉前提下，应对原告之诉讼主体资格予以否定，并作出驳回其起诉的裁定。

与快件损失赔偿纠纷的原告范围系因快递服务合同的涉他性而从当事人扩张至利益第三人不同，此类案件中的适格被告虽然亦会延展至合同当事人之外的其他民事主体，但此种延展并非基于合同的涉他性，而是基于法律规定的特殊民事责任制度。除与寄件人缔结合同并由此成为合同当事人的快递企业之外，能够成为适格被告的其他常见民事主体还包括以下两类：一是缔约快递企业系分支机构时其所属的法人企业；[④]二是缔约快递企业为加盟商时其所属的快递企业总部。[⑤]此外，在符合法定条件而得适用法人人格否认制度

[①] 关于损失赔偿格式条款的订入和效力问题的具体讨论，详见本书第六章、第七章有关内容。

[②] 关于各种特殊情形下原被告适格性问题的研究，详见本书第三章、第四章有关内容，本章仅对原告与被告的资格审查问题进行一般性讨论。

[③] 二者均包含其继承人或权利义务继受人。

[④] 分支机构可以作为缔约主体且其作为缔约主体时所生民事责任可由其自身或法人承担的直接依据是《民法典》第七十四条第二款规定："分支机构以自己的名义从事民事活动，产生的民事责任由法人承担；也可以先以该分支机构管理的财产承担，不足以承担的，由法人承担。"

[⑤]《快递暂行条例》第十九条在其第一款和第二款分别明确了加盟经营的合法性及其经营规范后，又通过其第三款规定了加盟经营的责任承担："用户的合法权益因快件延误、丢失、损毁或者内件短少而受到损害的，用户可以要求该商标、字号或者快递运单所属企业赔偿，也可以要求实际提供快递服务的企业赔偿。"根据这一规定，用户在快件损失赔偿案件中既可以将与其直接订立合同的加盟商作为被告，也可以将快递企业总部作为被告。

时，用户还可将案涉快递企业的出资人作为被告。如经审查发现案涉被告既非与寄件人订立合同的快递企业，亦非特殊民事责任制度所认可的其他民事主体，人民法院可提示原告对被告进行变更；如其拒绝变更，则应作出因被告不适格而驳回原告起诉的裁定。

（三）对是否符合违约损失赔偿责任的构成要件进行审查

根据《民法典》第五百七十七条规定，[①] 违约责任的一般构成要件是当事人存在违约行为，包括未履行合同义务和履行合同义务不符合约定两种情形。但不同违约责任承担方式所要求具备的具体构成要件亦有一定区别。例如，对于继续履行或采取补救措施之责任，均为仅需具备当事人违反合同义务这一单一要件即可构成，只是构成两种责任所违反的具体义务类型并不相同——前者系合同义务完全未履行或仅有部分履行，后者则系履行义务不符合约定，尤其是不符合质量条款的约定。而对于违约金责任，则应同时具备两方面要件，即除当事人有违约行为之外，还须存在对此违约行为应承担违约金责任的合同约定或法律规定。[②] 就快件损失赔偿案件所涉及的赔偿金责任而言，其构成亦非单一要件，而是应同时具备三方面要件，即快递企业违反了合同义务、用户一方存在快件损失以及用户损失与快递企业违约行为之间存在因果关系。这即意味着，法院判定快递企业是否对原告构成损失赔偿责任，应围绕上述三方面事实进行审理，既不应发生要件认定上的遗漏，也不应出现要件审查的冗余。但令人遗憾的是，上述两方面错误倾向在我国当前审判实践中均有不同程度的存在。

"要件审查遗漏"主要表现在"以损失定乾坤"，即仅着眼于用户是否存在损失，而忽略对是否同时存在另外两个方面的要件进行审查。显而易见，若仅根据用户损失之存在即直接认定快递企业应对其承担赔偿责任，将有可能造成责任承担上的误判。

---

① 该条原文是："当事人一方不履行合同义务或者履行合同义务不符合约定的，应当承担继续履行、采取补救措施或者赔偿损失等违约责任。"

② 自1999年《合同法》生效起，由于合同自由原则已在立法中得到广泛贯彻，我国适用法定违约金的情形已成个例。

"要件审查冗余"则主要表现为将存在过错作为快递企业构成违约责任的构成要件。应予明确的是，与侵权责任一般归责原则、《合同法》之前的有关立法以及某些国外立法例不同，我国《合同法》和《民法典》合同编的有关规定，均表明我国当前违约责任的一般归责原则系无过错责任原则，而非过错责任原则。[①] 在快递服务合同目前仍系无名合同情况下，我国并无立法对其违约责任的归责原则作出特别规定，因此快递服务合同仍应适用违约责任的一般归责原则，即快递企业是否应对用户承担赔偿责任，并不取决于其行为是否存在过错；只要符合前述通常合同赔偿金责任的三个要件，就应认定快递企业应对用户承担损失赔偿责任。但不容忽视的是，从目前能够公开查询到的违约责任纠纷（包括快件损失赔偿纠纷）判决书来看，一些法院在对被告损失赔偿责任进行认定时，仍然尚未能够摆脱历史上的过错思维影响，存在凡认定责任必先进行过错审查的现象。必须引起重视的是，在以违约之诉为诉由的快件损失赔偿案件中，裁判者应力戒受到侵权责任一般归责原则和我国统一《合同法》之前旧有立法的影响，误将快递企业是否存在过错作为判断其是否应对用户承担赔偿责任的审查事项，而是应坚持无论是用户并未完成对快递企业的过错举证，还是快递企业能够举证其对损失的发生没有过错，均不影响对快递企业是否构成损失赔偿责任的认定。

（四）对快递企业是否存在法定或有效约定免责事由进行审查

通常情况下，若符合损失赔偿责任的构成要件，快递企业即应对用户承担相应赔偿责任。但基于公平考虑，法律规定了即使构成违约责任，违约方亦可免于承担责任的一些特定事由，即法定免责事由。

关于快递企业的法定免责事由，实务中应注意以下三点：

一是不可抗力是普遍适用于各类合同的一般法定免责事由，其亦适用于

[①] 自《合同法》始，我国违约责任的一般归责原则已确立为无过错责任原则的法律依据是《合同法》第一百零七条规定和《民法典》第五百七十七条规定。《合同法》第一百零七条规定："当事人一方不履行合同义务或者履行合同义务不符合约定的，应当承担继续履行、采取补救措施或者赔偿损失等违约责任"。《民法典》第五百七十七条则完全承继了《合同法》第一百零七条规定的内容。即两法均未将行为人具有过错作为违约责任的构成要件，这就意味着我国当前阶段违约责任的一般归责原则系无过错原则。

快递服务合同，但与通常合同发生不可抗力即可绝对免责不同，若当事人于缔约时在快递服务合同中约定了有效保价条款，则即使快件损失系由不可抗力所造成，快递企业亦不得就此免责，而是应依据双方保价条款的约定对用户承担损失赔偿责任。也就是说，在快递服务合同中，不可抗力免责的适用范围因此类合同的特殊性而受到限缩，即其仅得适用于合同不存在保价约定或保价约定无效之情形。

二是寄件人或收件人过错亦为快递企业的常见免责（含减轻责任即部分免责）事由。例如，寄件人用快递企业正常验视所难以发现的手段夹寄了不适合寄递的物品，并由此造成夹寄物品损失的，即为寄件人对损失的发生具有过错的典型情形。在此情形下，快递企业得在寄件人或收件人过错的原因力范围内减轻甚至免除其赔偿责任。需要指出的是，在《民法典》生效前，快递企业得基于寄件人或收件人过错主张免责（含部分免责）并无一般法依据，但可类推适用《合同法》分则第三百一十一条对货物运输合同承运人免责事由的规定①或《邮政法》第四十八条第（三）项关于邮政企业对给据邮件损失赔偿免责事由的规定，②而比较《民法典》合同编的通则分编而言，后两者均系特别法规范，因此应将寄件人或收件人过错认定为快递企业的特殊法定免责事由（含部分免责）。但《民法典》施行后，由于其位于合同编通则分编的第五百九十二条第二款确立了"与有过失"规则，而该规则的实质就是明确了相对人过错可以减轻违约方的损失赔偿责任，因此对于应适用《民法典》的案件而言，寄件人或收件人过错实际已经转变为一般法定免责事由（含部分免责），而非特殊法定免责事由。

三是除具有普遍适用性的一般法定免责事由之外，快递企业还存在由快递服务合同特性所决定的特殊法定免责事由，即对于内件自身性质或合理损

---

① 《合同法》第三百一十一条规定："承运人对运输过程中货物的毁损、灭失承担损害赔偿责任，但承运人证明货物的毁损、灭失是因不可抗力、货物本身的自然性质或者合理损耗以及托运人、收货人的过错造成的，不承担损害赔偿责任。"

② 《邮政法》第四十八条第（三）项规定："因下列原因之一造成的给据邮件损失，邮政企业不承担赔偿责任：……（三）寄件人、收件人的过错。"根据《邮政法》第四十五条规定，上述规定仅适用于邮政企业所签订的普服邮件寄递服务合同，而不能直接适用于邮政企业签订的非普服邮件寄递服务合同以及非邮政企业签订的寄递服务合同。

耗所造成的损失，快递企业得主张免责。由于快递服务合同目前在我国尚系无名合同，上述免责事由并非源于立法对快递服务合同的特别规定，而是基于对前引《合同法》第三百一十一条对货物运输合同承运人免责事由规定或《邮政法》第四十八条第（二）项关于邮政企业对给据邮件损失赔偿免责事由规定的类推适用。[1]

除对是否存在法定免责事由进行审查外，法庭还应注意当事人是否在快递服务合同中另行约定了其他免责事由。根据合同自由原则，合同条款可以由当事人自由约定，其中亦包括可以对免责事由进行自由约定。但应予注意的是，与法定免责事由不同，当事人自行约定的免责事由并不能在纠纷解决中得到当然适用，而是还应接受法律对其所进行的效力评价——只有符合法定有效要件的免责约定才能成为法官办案的裁判依据。尤其需要强调的是，实务中的快递服务免责条款通常由快递企业以格式条款方式提供，因此不但更应强调对其进行效力评价的必要性与重要性，而且还应注意其效力评价标准的特殊性。即对于格式条款的效力评价，不但要适用《民法典》合同编对一般合同条款所作出的效力规范，而且要同时适用其针对格式条款规定的特别无效情形。[2] 此外，亦须注意在效力评价之前，还应对其是否已经订入合同进行审查，且其审查依据不仅包括《民法典》合同编对格式条款订入所进行的一般规范，[3] 而且包括《快递暂行条例》等有关行业立法专门针对快递服务合同格式条款之订入所作出的特别法律规范。[4]

（五）赔偿数额之确定

在能够确定快递企业应就用户损失进行赔偿之后，法官最后需要判明的

---

[1] 《邮政法》第四十八条第（二）项规定："因下列原因之一造成的给据邮件损失，邮政企业不承担赔偿责任：……（二）所寄物品本身的自然性质或者合理损耗；……"

[2] 关于格式条款的效力评价规范，参见《民法典》第四百九十七条规定。

[3] 关于格式条款的订入规范，参见《民法典》第四百九十六条第二款规定。

[4] 《快递暂行条例》第二十一条第一款规定："经营快递业务的企业在寄件人填写快递运单前，应当提醒其阅读快递服务合同条款、遵守禁止寄递和限制寄递物品的有关规定，告知相关保价规则和保险服务项目。"关于该条款中所涉及的快递服务格式条款特别订入规范的理解与适用，详见本书第六章、第七章的有关讨论。

事项是赔偿数额。此间，应特别注意快件损失赔偿金额确定依据的特殊性，主要表现为赔偿依据的多样性及其适用上的顺位性。

根据《民法典》第五百八十四条前段之规定，违约责任中的赔偿金数额应据实而定，[①] 即违约方应全面赔偿因其违约行为而给相对人造成的全部损失，包括实际损失和可得利益，[②] 只是应同时受到可预见性规则、减损规则、与有过失规则等限制性规则的限制。[③] 但上述规则系任意性规范，而非强制性规定，因此当事人完全可以根据合同自由原则对赔偿金的数额作出自己的约定。从实务中看，快递服务合同当事人通常确实会对发生快件损失时的赔偿金额作出事先约定，此种约定有时为限制赔偿责任约定，有时为保价赔偿约定。这就意味着，违约责任中快件损失赔偿的数额确定依据有三种，即《民法典》合同编规定以及当事人所作出的限制赔偿责任约定或保价赔偿约定。裁判时，法官应对上述三种赔偿依据作出正确的选择适用。由于当事人约定应优先于法律规定，因此法律规定只有在限制赔偿责任约定和保价赔偿约定均未订入合同或均为无效时方得适用；而保价赔偿约定又较限制赔偿责任约定更为充分地体现了双方当事人共同的自由意志，因此在两种约定并存时，应优先适用保价赔偿约定。也就是说，三种赔偿依据的适用具有顺位性，其正确适用顺位应为：保价赔偿约定——限制赔偿责任约定——《民法典》合同编规定。

应予注意的是，由于格式条款自身的复杂性以及快递服务合同的新兴性、特殊性和无名性，实务中往往对快递运单中的保价条款和限赔条款之订入及效力认定存在一定模糊认识，同时对三种数额确定依据缺乏明晰的适用顺位意识，从而在有些情况下影响了裁判的科学性。

---

① 《民法典》第五百八十四条前段原文是："当事人一方不履行合同义务或者履行合同义务不符合约定，造成对方损失的，损失赔偿额应当相当于因违约所造成的损失，包括合同履行后可以获得的利益；……"

② 关于因违约所造成的损失之类型构成，不同学者用语存在一定差异。本书采纳了《民法典》出台后有关权威释义书中所使用的称谓。参见黄薇：《中华人民共和国民法典合同编解读》，中国法制出版社 2020 年版，第 432 页。

③ 关于这些限制性赔偿规则的具体内容，详见《民法典》第五百八十四条后段、第五百九十一条第一款以及第五百九十二条第二款等有关规定。

二、快件损失赔偿侵权之诉的审理方案

在原告将诉由明确为侵权之诉时，案件的审理方案与违约之诉存在较大区别，其主要审理事项、审查顺序及应注意的问题如下。

（一）对原告适格性进行审查

从中国裁判文书网公布的案例来看，关于快件损失赔偿侵权之诉的诉讼主体资格审查，主要存在以下两方面问题。

一是将侵权之诉的诉讼主体适格性审查与违约之诉相混淆。由合同相对性原理所决定，违约之诉对诉讼主体适格性的审查既应包括原告适格性审查，也应包括被告适格性审查。而与此不同的是，侵权之诉的诉讼主体适格性审查仅涉及对原告的适格性审查，而被告的适格性审查实际会被被告是否对原告构成责任的判断所吸收，因此无须对其进行专门的资格审查。此外，在原告的适格性审查标准上，在侵权之诉中根本无须考察原告是否与被告存在有效合同关系。或者说，即使原告并非被告快递企业在快递服务中的合同相对人，或者虽为其相对人，但该合同被判定为无效，均不影响原告适格性的判定。这就意味着，即使在侵权之诉中基于事实查明需要有必要对案涉快递服务合同有关缔约过程进行审理，但审查原告适格性时不应将审判重心放在合同是否成立以及其效力情况的判定上。

二是完全忽略对侵权之诉的原告适格性进行审查。虽然在侵权之诉中无须对原告是否与被诉快递企业之间存在有效合同关系进行审查，但这并不意味着根本无须对侵权之诉中的原告适格性进行任何审查，只是其审查标准与违约之诉截然不同而已。在侵权之诉中判断原告的适格性，应审查其对损失快件或因快递服务造成损失的其他财产是否享有物权（包括所有权或其他物权）。未就原告是否对损失快件享有某种物权作出判断即对被诉快递企业是否对其构成侵权进行审判，无论后续审理进行得多么深入细致，均会导致案件最终裁判缺乏必要的逻辑前提。

（二）对被告行为是否符合侵权责任构成要件进行审查

在立法并未作出特别规定情形下，快递服务中的侵权责任判定应适用一

般侵权责任构成要件，即快递企业构成侵权责任应符合以下四个方面条件。

第一，快递企业存在违反特定义务的行为。

快递企业一旦违反即有可能使其产生侵权责任的义务来源主要有以下两种：一是法律规定，包括《民法典》物权编等一般民事立法针对通常民事主体规定的具有普遍适用性的义务规定，以及《邮政法》等行业性立法专门针对快递从业者所作出的特别义务规定。前者如《民法典》第二百零七条对任何人不得侵犯他人物权的规定和第一千零三十四条关于个人信息保护的规定；后者则主要有禁限寄规定、收寄验视规定、依法退回快件的规定、依法处理无着快件的规定等。二是快递企业的先前行为，如基于快递服务合同的签订和对快件的收寄，快递企业应在完成投递之前对快件负担保管义务。

从违反义务的表现形态来看，快递企业既有可能以作为方式违反义务，也有可能以不作为方式违反义务。例如，法律规定快递企业不得对禁止寄递的物品进行寄递，即为其规定了特定的不作为义务，但若其违反规定对该物品进行了寄递，就是以作为方式违反了法定义务。又如，法律规定了快递企业应在快件收寄前对内件是否违反禁限寄规定以及快件包装是否符合安全要求进行验视，即为其规定了特定的作为义务，但如快递企业并未按照相关规定进行相应的安全验视，就是以不作为方式违反了法定义务。

第二，快递企业对其违反义务的行为存在过错。

与违约责任以无过错责任为一般归责原则和对过错责任的适用仅为特殊情形不同，根据《民法典》侵权责任编有关规定，我国侵权责任的一般归责原则是过错责任原则，[1] 而无过错责任和公平责任则不仅在适用范围上不具有普遍性，而且其适用应以法律存在特别规定为前提。[2] 由于目前立法并未明确规定快递服务中的侵权责任应适用特殊归责原则，因此仍应对其适用一般归责原则即过错责任原则。即在是否构成责任的判定上，与违约之诉不必对快递企业是否存在过错进行审查不同，过错存在与否是决定快递企业是否成

[1] 《民法典》第一千一百六十五条第一款规定："行为人因过错侵害他人民事权益造成损害的，应当承担侵权责任。"根据这一规定，可以判定我国侵权责任的一般归责原则为过错责任原则。

[2] 这一判断的法律依据为《民法典》第一千一百六十六条对无过错责任的规定、一千一百八十六条对公平责任的规定以及一千一百六十五条第二款对过错推定的规定。

立侵权责任的核心要件之一，也是人民法院审理案件时的必要审查因素之一。但在举证责任上应予考虑的是，由于快件损失往往发生在快递企业自身的作业流程中，用户通常并无条件知悉损失发生的具体过程及原因，因此宜采用过错责任原则下的过错推定，即用户一方仅需提供快递企业存在过错的初步证据，快递企业则仅在其能够证明自身没有过错时方得免于承担赔偿责任。

侵权责任构成要件中的过错样态既包括故意，也包括过失。对于故意之存在，实务中很多时候并不需要原告进行专门举证，快递企业的特定行为本身即可直接表明其存在故意之心态。例如，快递员工存在对快件进行偷盗或擅自毁弃行为，则不仅能够表明快递企业违反了《民法典》物权编所规定的不得侵犯他人物权之不作为义务，而且还同时表明其具有故意心态。关于过失之认定，通常标准为行为人是否违反了"理性人之注意义务"。[①] 该标准以正常理性人所能达到的注意程度为标尺，即其既不考虑行为人个体的特殊弱点（如性格上惯常性的粗心大意），也不考虑其特殊优势（如经验上较为丰富，或能力上非常脱颖），而是以"多数人"或"一般人"的注意能力为标准。但需要注意的是，"正常理性人标准"仅为过失认定之通常标准，当行为人的经验或能力过于脱颖或过于贫弱（前者如专业机构或专业人员；后者如无民事行为能力人或限制行为能力人），以至于其不仅不同于普通人，而且已经与普通人存在质的区别时，则不应再适用上述通常标准，而是应适用针对此类特殊人群的特殊标准，即高于普通人之标准或低于普通人之标准。就快递企业而言，由于其专门以快件寄递为业，因此对于如何确保用户快件财产的安全，不仅存在国家标准，而且企业内部也应有一套完备的业务培训方案、严格的业务操作规范和工作考核方案，同时其工作人员亦应具有丰富的专业知识、从业经验和较强处置能力，并对用户快件财产安全具有较一般民事主体更强的职业责任心。因此，判断快递企业是否存在过失，不应适用通常侵权责任判定中的"正常理性人标准"，而是应适用快递服务领域中的"专业人

[①] 关于一般侵权责任过失认定的具体讨论，详见黄薇主编：《中华人民共和国民法典侵权责任编解读》，中国法制出版社 2020 年版，第 8 ～ 10 页。本书赞成其所提出的以是否违反理性人注意义务标准审查行为人是否具有过失，但未采纳其认为若行为人违反了法律、行政法规的明确规定亦可认定其存在过失之观点，原因在于此种情形下不能排除行为人还可能具有故意之心理状态。

员标准",即以案涉快递企业是否履行了一般快递企业从事快递服务时所应尽到且能够普遍尽到的注意义务为标准。

第三,用户一方有损害发生。

与违约责任中的损害主要限于可以直接或间接进行数字量化的损失不同(前者如快件自身的损失,后者如生命和健康权损害),侵权责任中的损害类型更为广泛,其中包括完全无法进行数字量化的其他损害。例如,快递企业违反个人信息保护的有关法律规定,虽然不一定会给用户造成经济上的损失,但已经侵害了后者在使用快递服务过程中应受到法律保护的个人信息权益。正是因为损害类型的多样化,侵权责任所对应的承担方式也更为丰富,即除损失赔偿之外,还包括停止侵害、排除妨碍、消除危险、恢复原状、赔礼道歉等。

在以侵权之诉为诉出的损失赔偿案件中,用户一方还有可能会对其所受到的精神损害要求赔偿。此时有两点需要引起注意:一是此时有可构成精神损害赔偿的情况既包括快递企业行为直接侵害自然人用户人身权益并造成其严重精神损害之情形,也包括因其故意或重大过失侵害自然人用户具有人身意义的特定快件内件造成后者严重精神损害之情形;二是在侵权之诉中,精神损害赔偿能否成立的裁判依据应为《民法典》第一千一百八十三条规定,而非其第九百九十六条规定。原因在于,前一规范系《民法典》侵权责任编针对侵权之诉(包括单纯的侵权之诉和责任竞合时当事人选择提起的侵权之诉)法律适用所作出的规定,而后一规范的适用范围则系责任竞合情形下当事人选择提起的违约之诉。

第四,用户损失与快递企业违反义务的行为之间存在因果关系。

对于该问题的判定应明确以下两点:一是关于侵权责任中的因果关系认定存在多种学说,如"条件说""相当因果关系说""盖然因果关系说"等。在判定用户损失是否与快递企业违反义务的行为间存在因果关系时,本书主张应采用我国当前之主流学说——"相当因果关系说";[①]二是在法律并未对

[①] 关于相当因果关系之讨论所涉著述颇多,其精要参见史尚宽:《债法总论》,中国政法大学出版社 2000 年版,第 170 页;梁慧星:《民法学说与判例研究》,中国政法大学出版社 1993 年版,第 275 ~ 280 页;王利明:《侵权行为法研究》(上卷),中国人民大学出版社 2004 年版,第 422 页。

快递服务作出特别规定情形下，应由原告对存在上述因果关系承担举证责任。但同时应予注意的是，在很多情况下，根据生活常识即可直接认定快递企业行为与用户损害间存在因果关系，此时原告可免于对此进行举证。

（三）对快递企业应否承担责任及如何承担责任的判定

在符合前述责任构成要件前提下，可以判定快递企业已经对原告构成侵权责任，但其是否应实际承担这一责任，还要取决于具体案件中是否存在免责事由。与违约责任不同的是，涉及侵权责任时，当事人不得对免责事由作出事先约定；即使存在相关约定，法律亦会对其效力不予认可。这就意味着，当事人事先在快递运单中所约定的免责事由仅得适用于违约责任；若双方并未于损失发生之后就责任免除达成一致意见，则只有在快递企业能够举证证明存在法定免责事由时，其赔偿责任方能得以免除。

快递服务纠纷侵权之诉中可能涉及的法定免责事由主要是不可抗力。由于户外运输是快递服务过程中的一个主要服务环节，进行通达全国的远程运输也是快递服务之常态，因此遭遇不可抗力的概率会远大于很多其他行业，其类型在我国常见于水灾、泥石流等自然事件，但有时亦会表现为包括特定政府行为在内的社会事件。例如，在2019年年末、2020年年初以及2020年年末、2021年年初期间，面对新冠肺炎疫情在我国部分地区的暴发及复燃，国家采取了一系列必要的防控措施，其中包括对特定地区实行严格的交通管制，这些管制措施造成了快递企业无法履行或无法按照时限要求履行对快件的送达义务，从而不仅构成违约，而且有时还会同时对用户构成侵权责任。此时，快递企业即可以政府管制行为构成不可抗力为由主张免责。需要指出的是，对案件中是否存在法定免责事由的认定，不应取决于被告快递企业是否主动提出和自行完成举证。由查明案件事实的职责所决定，在快递企业并未提出案件存在法定免责事由情况下，受诉法院亦应依法进行此方面的审查。

若并不存在法定免责事由，则快递企业应对原告所受损害承担侵权责任。在损害类型系物质损失时，法庭应依原告实际损失的数额确定赔偿金额。与违约责任赔偿金额之确定不同，侵权责任对物质性损失的赔偿范围仅限于实际损失，而不包括可得利益，同时亦不适用违约责任中的某些限制性赔偿规则，如可预见性规则、减损规则等。应予注意的是，与违约责任中的其他限制性赔偿规则不同，与有过失规则不仅适用于违约责任中赔偿范围之确定，而且亦适用于侵权责任赔偿范围之确定。在快递企业能够举证作为原告的寄件人或收件人对损失的发生亦有过错时，确定快递企业具体赔偿数额时则应适用与有过失规则，即不应由快递企业对用户全部损失进行赔偿，而是应在原告过错范围内减轻快递企业赔偿责任。例如，寄件人对保质期极短的特殊药品进行寄递，但未就其仅有极短保质期对快递企业进行说明，亦未自行选择具有更高时效性的特殊快递服务，[①] 而快递工作人员亦未基于其应有的专业素养对该药品寄递有无特殊要求对寄件人进行主动询问。若快件按时送达收件人时所寄药品已因超过保质时限而发生变质，则在认定快递企业有一定过错的同时，亦应认定寄件人同时存在过错，且后者作为药品的所有人或管理人，应当对该药品的性质更为了解，因此其在对该药品进行寄递时，有义务就其仅具有极短保质期对快递企业进行说明，而其违反该说明义务，显然未能尽到一般理性人的注意义务而具有过错，且该过错明显大于快递企业未对其进行主动问询之过错。因此，在此情形下确定赔偿范围时，不但应适用与有过失规则，而且应酌情以较大比例减轻快递企业所应承担的赔偿责任。又如，若快递企业未经收件人同意即未以按名址面交方式对快件进行投递，而是自行将快件投交于快递服务站或快件箱时，其虽然对收件人发送了取件信息，收件人亦收到并阅读了此信息，但后者在无正当理由情况下未及时取件，并因过分拖延造成快件内件变质时，亦应认定快递企业和收件人均有过错。但与前例不同的是，此种情形下应认定快递企业之过错程度大于收件人，因此在确定快递企业赔偿范围时，虽亦应适用与有过失规则，但减责比例不宜过高。

值得一提的是，对于特定类型的案件（如侵犯用户隐私或个人信息权的

[①] 从目前实务情况来看，我国快递企业为用户提供了非常多元化的时效服务，以供有不同需要的用户进行选择。这些时效类型既有按照快递服务标准进行的标准快递服务（即标快），也有时效性在不同程度上优于标准服务的次日递、次晨递等，后者在收费标准上会高于标准快递服务。

案件），若原告仅提出了要求快递企业对其损失进行经济赔偿的诉讼请求，法庭还应对其亦享有停止侵害请求权予以释明，并主动询问其是否增加此项诉讼请求，以防止仅就原告现有诉请作出判决后其民事权益继续遭受侵害并由此引发重复诉讼，从而造成诉讼资源的浪费。

第二章　快件损失赔偿违约之诉的案由

第一节　《民法典》颁行前案由适用的司法实践

【本节提要】

我国对快件损失赔偿违约之诉的案由适用在《民法典》颁行前后并不相同；《民法典》颁行前，又以《邮政法》修订为分野在不同阶段呈现出不同特征。

2009 年《邮政法》修订前，在邮政企业"一家独大"时期，快件损失赔偿违约之诉的案由适用统一为《民事案件案由规定（试行）》阶段的"邮政合同纠纷"，或 2008 年、2011 年《民事案件案由规定》阶段的"邮寄服务合同纠纷"。快递服务市场化和服务主体多元化之后，快件损失赔偿纠纷的案由适用表现出"二元分裂"，即依服务主体的性质不同而分别适用两类不同的案由——对邮政企业适用"邮政服务合同纠纷"或"邮寄服务合同纠纷"，而对非邮政企业则适用"货运合同纠纷"或"运输合同纠纷"。

2009 年《邮政法》修订后，快递服务被确认为我国邮政业的重要组成部分，并由此成为《邮政法》的调整对象。伴随这一立法上的变化，越来越多的法院开始将非涉邮政企业纠纷和涉邮政企业纠纷一并认定为"邮寄服务合同纠纷"，但继续依主体性质对纠纷案由进行"二元"适用的现象仍然存在。与此同时，还出现了将"快递服务合同纠纷"从"邮寄服务合同纠纷"中分离适用之个例，从而使该阶段对快递服务合同纠纷的案由适用呈现出"三元化"格局。

案由作为民事诉讼案件的名称，是对案件所涉法律关系性质的提炼与概括，其正确适用不仅关涉司法统计的科学性，而且还会直接影响到人民法院对案件的分工以及案件审理过程中对诉讼争点的概括与法律适用，因此其概括在司法审判中具有相当重要的地位。快递服务属于新兴服务业，且所涉法律关系具有一定复杂性，这就给快件损失赔偿纠纷（尤其是违约之诉）的案由确定带来一定困难。而近年来快递服务实践的发展及有关立法变迁，不但进一步加剧了快件损失赔偿违约之诉案由确定的辨识难度，而且还使其表现出较强的动态变化性。最高人民法院裁判文书网公布的有关案例以及实行裁判文书网上公开制度之前课题组调研积累的有关案例表明，在《民法典》生效及与此相配套的新的案由规定颁行之前，对于依合同纠纷处理的快件损失赔偿纠纷案件的三级或四级案由适用，以 2009 年《邮政法》修订为分野呈现出不同的阶段性特征；且无论是在 2009 年之前还是之后的同一时期，此类案件的案由适用还因裁判者的不同理解而表现出较大差异性。

一、《邮政法》修订前快件损失赔偿违约之诉的案由适用

（一）邮政企业"一家独大"时期的案由适用

我国现行《邮政法》于 1986 年 12 月 2 日由第六届全国人民代表大会常务委员会第十八次会议通过，2009 年 4 月 24 日经第十一届全国人民代表大会常务委员会第八次会议予以修订。[①] 2009 年修订之前，《邮政法》中所涉及的邮政民事法律关系的主体仅为邮政用户和邮政企业，其中邮政企业系指"全民所有制的经营邮政业务的公用企业"。[②] 即 1986 年《邮政法》仅认可特定国有企业为邮政服务的提供者，这就造成司法实践中形成了将邮政服务

---

① 2009 年修订后，《邮政法》还针对个别条文进行过两次修正，即根据 2012 年 10 月 26 日第十一届全国人民代表大会常务委员会第二十九次会议《关于修改〈中华人民共和国邮政法〉的决定》进行的第一次修正，以及根据 2015 年 4 月 24 日第十二届全国人民代表大会常务委员会第十四次会议《关于修改〈中华人民共和国义务教育法〉等五部法律的决定》进行的第二次修正。这两次修正均未对快递服务损失赔偿纠纷的案由确定产生影响。

② 1986 年《邮政法》第三条第一款规定："国务院邮政主管部门所属的邮政企业是全民所有制的经营邮政业务的公用企业。"

完全对应于国有企业这一单一主体的观念。由于 2009 年之前我国邮政企业提供的邮政服务既包括包含邮政普遍服务在内的传统邮政服务，也包括肇始于 20 世纪 80 年代的邮政快递服务（又称邮政速递服务），[①] 因此这一时期无论是施行于前的《民事案件案由规定（试行）》中的"邮政合同纠纷"[②]，还是施行于后的 2008 年《民事案件案由规定》以及对其进行了第一次修正的 2011 年《民事案件案由规定》中的"邮寄服务合同纠纷"[③]，均应既包括传统的邮政服务纠纷，也包括后发兴起的邮政快递服务纠纷。而对应于上述两个案由规定的适用期间，人民法院在处理邮政企业与用户间的快件损失赔偿合同纠纷时，通常就会将其案由分别确定为"邮政合同纠纷"或"邮寄服务合同纠纷"。

（二）市场主体多元化之后案由适用的分裂

值得注意的是，作为传统邮政服务核心业务的邮政普遍服务只能由邮政企业专营，这既基于《邮政法》的明文规定，又属于国际惯例。但快递服务由邮政企业独家经营，则仅系特定历史时期自然产生的社会现实，而非基于明确的法律规定。随着社会经济发展和人民群众物质文化生活需求的提升，尤其是伴随改革开放的不断深入，我国民营快递企业从无到有，直至 2009 年《邮政法》修订确认其法律地位后形成庞大军团，并在快递服务领域与邮政企业形成强大竞争。[④] 与此同时，外资企业亦逐渐成为我国快递市场的重要主体之一。[⑤] 但《邮政法》并未伴随快递服务的市场化和快递服务提供主体的多元化予以及时修改，从而导致非"国"字号快递企业在较长一段时期内游离于其调整范围之外。此种失范无形中固化了将邮政服务单向关联于邮政企业或国有企业的既有观念，进而造成审判实践中通常

---

① 关于我国国有快递企业的产生及发展历程，参见贾玉平：《快递服务合同研究》，法律出版社 2019 年版，第 44 ～ 46 页。

② "邮政合同纠纷"系该规定中的四级案由，其三级案由同样称为"邮政合同纠纷"。

③ "邮寄服务合同纠纷"系该规定中的四级案由，其三级案由为"服务合同纠纷"。2008 年《民事案件案由规定》曾于 2011 年进行过　次修正，但并未涉及对这一案由的修改。

④ 关于我国民营快递企业的产生与发展历程，参见贾玉平：《快递服务合同研究》，法律出版社 2019 年版，第 46 页。

⑤ 关于外资快递企业在我国的产生与发展历程，参见贾玉平：《快递服务合同研究》，法律出版社 2019 年版，第 46 ～ 47 页。

将涉及非"国"字号快递服务提供者的快递服务合同纠纷切割于"邮政合同纠纷"或"邮寄服务合同纠纷"之外，并将案件性质确定为"货运合同纠纷"或"运输合同纠纷"，[①] 从而因纠纷主体的不同造成了快递服务合同纠纷案由适用的二元化。需要说明的是，虽然该阶段亦有在案由适用上将非涉邮企纠纷与涉邮企纠纷同等对待之案例，即将非涉邮企纠纷亦确定为"邮政合同纠纷"或"邮寄服务合同纠纷"，[②] 但此种做法在审判实践中并不具有普遍性，而依案涉主体系邮政企业还是非邮政企业分别适用"邮政服务合同纠纷""邮寄服务合同纠纷"或"货运合同纠纷""运输合同纠纷"，仍系该阶段快件损失赔偿违约之诉案由适用之主流。

二、《邮政法》修订后快件损失赔偿违约之诉的案由适用

（一）"邮寄服务合同纠纷"案由的广泛适用

2009 年《邮政法》修订的一个重要内容是明确认可了民营快递企业的法律地位，从而将其和邮政企业一并作为调整对象。由此给司法实践带来的一个重大变化是，越来越多的法院突破既有认识，不再将从事邮政服务中的快递服务理解为邮政企业专利，非邮企快件损失赔偿纠纷亦不再被主要列为"运输合同纠纷"，而是与涉邮企纠纷一同被认定为"邮寄服务合同纠纷"。[③] 伴随这一转变，有的法院还在其判决书中进行了简明说理。例如，在王某与苏州优速快递有限公司、优速物流有限公司邮寄服务合同纠纷案中，裁判者就在其判决书中指出："邮寄服务合同是邮寄企业与寄件人之间达成的确定相互权利义务关系的协议。"[④] 这一简明阐释所释放出的重要信息是，伴随《邮

---

① "货运合同纠纷"系《民事案件案由规定（试行）》中的三级案由，"运输合同纠纷"系2008 年《民事案件案由规定》中的三级案由。

② 例见陈泽军与沈阳佳惠尔快递服务有限公司邮政合同纠纷案，参见辽宁省沈阳市中级人民法院（2005）沈中民 3 合终字第 540 号民事判决书。

③ 需要说明的是，自2008 年《民事案件案由规定》首次列明"邮寄服务合同纠纷"以来，2011 年《民事案件案由规定》（法〔2011〕41 号）和 2018 年《民事案件案由规定》（法〔2018〕344 号）均对这一案由予以了保留。

④ 参见江苏省苏州市中级人民法院（2015）苏中商终字第 01188 号民事裁定书。

政法》的修订，法院已经不再将邮寄服务合同中的服务提供者仅仅局限于邮政企业，而是认为同时包括邮政企业和非邮政企业，并将二者合称为"邮寄企业"；同时在此基础上进一步认为，凡属"邮寄企业"所提供的寄递服务，均属邮寄服务，从而肯定了非邮政企业亦可成为邮寄服务合同中用户一方的合同相对人。

（二）"三元"案由适用的并存

值得关注的是，《邮政法》修订后，上述将非邮企快件损失赔偿纠纷与邮企快件损失赔偿纠纷之案由一并确定为"邮寄服务合同纠纷"的做法虽已日趋常见，但并不代表快件损失赔偿合同纠纷的案由适用已经实现统一，而是在司法实践中仍然存在一些不同处理。这些差异性做法主要有以下两种表现：一是未能充分注意或准确理解《邮政法》修订给快件损失赔偿合同纠纷案由确定所带来的影响，因而继续将涉邮企纠纷与非涉邮企纠纷区别对待，即将前者案由明确为"邮寄服务合同纠纷"，后者案由则仍延续既有做法确定为"运输合同纠纷"。[①] 二是在已经认识到非邮政企业可以作为邮寄服务提供主体的前提下，亦同时发现邮寄服务合同所包含的具体类型甚广，而作为快件损失赔偿纠纷产生基础的快递服务合同仅为其中之一种，因此为进一步明确案件性质，直接将此类纠纷的案由具体确定为"快递服务合同纠纷"。[②] 此外，也有的法院虽然将案件案由模糊确定为"合同纠纷"，但同时会在其判决

---

① 例见赵某与北京某快递公司兰州分公司某部公路货物运输合同纠纷案、张某与北海市某快递公司运输合同纠纷案、许某与德邦物流股份有限公司等运输合同纠纷案、谢某与湖南某速递公司营业部运输合同纠纷案，分别参见甘肃省兰州市七里河区人民法院（2014）七民初字第 20360 号民事裁定书、广西壮族自治区北海市海城区人民法院（2015）海民一初字第 1230 号民事判决书、吉林省延边朝鲜族自治州中级人民法院（2017）吉 24 民初 173 号民事判决书和湖南省衡南县人民法院（2018）湘 0422 民初 367 号民事判决书。

② 例见魏某与上海某快递公司、徐州某快递公司快递服务合同纠纷案，严某与连云港某速运公司快递服务合同纠纷案，分别参见江苏省徐州市中级人民法院（2016）苏 03 民终 6885 号二审民事判决书、徐州市鼓楼区人民法院（2017）苏 0302 民初 4189 号民事判决书。其中在后一案件中，法院不仅将案由明确为"快递服务合同纠纷"，而且还在其判决主文中明确认定该案系快递服务合同纠纷。

主文中将案涉合同明确定性为快递服务合同。① 应予关注的是，"快递服务合同纠纷"这一案由类型在相关案件判决当时所应适用的《民事案件案由规定》中实际尚不存在。②

第二节 《民法典》颁行后的案由重塑

【本节提要】

伴随《民法典》出台，加之其他有关法律的修改等原因，最高人民法院对 2011 年《民事案件案由规定》进行了修改，并明确新的《民事案件案由规定》自 2021 年 1 月 1 日起生效。为纠正快件损失赔偿违约之诉案由适用不统一所造成的案件分工混乱和法律适用上的差异，此次修改将"快递服务合同纠纷"从"邮寄服务合同纠纷"案由中分离独立，并将不属于快递服务的其他寄递服务纠纷以及并非寄递服务的其他邮政业纠纷合并为"邮政服务合同纠纷"，同时将"快递服务合同纠纷"与"邮政服务合同纠纷"并列作为服务合同纠纷项下的两个不同四级案由，从而实现了"快递服务纠纷"案由的独立化和统一化。这一情况表明，快递服务合同纠纷的性质不仅被明确认定了并非运输合同纠纷，而且亦与其他"邮政服务合同纠纷"相区别。其背后的原因在于，"快递服务合同"与运输合同在运送对象、服务对象、服务环节和服务时限等方面均存在较大不同，同时亦与"邮政服务合同"中的其他寄递服务合同（含"普服邮件寄递服务合同"和"非普服非快递邮件寄递服务合同"）有较大区别，且其与上述两大类合同的区别已经形成质的差异性。上述案由规定的修改，体现了当前司法活动对"主体司法论"的摒弃和对"行为司法论"的贯彻。

---

① 例见桂林某机械制造有限公司诉被上诉人广西某速运有限公司、广西某速运有限公司桂林分公司合同纠纷案，参见广西壮族自治区桂林市中级人民法院（2018）桂 03 民终 996 号民事裁定书。

② 检索中发现的相关代表性案件裁判时所应适用的民事案件案由规定系 2011 年《民事案件案由规定》（法〔2011〕41 号）。

一、2021年《民事案件案由规定》的修改

（一）快件损失赔偿违约之诉案由适用统一化的必要性

前述考察结果表明，无论是在2009年《邮政法》修订之前民营快递企业市场主体地位尚未获得法律明确认可的阶段，还是此次修订后将民营快递企业所从事的寄递服务与邮政企业寄递服务一并纳入邮政业范围进行调整以来，法院对快件损失赔偿合同纠纷的案由适用均未实现应有的统一。而同类案件案由适用差异化背后所蕴藏的问题是，裁判者对快件损失赔偿合同纠纷的具体法律性质尚存不同认识，而这种认识上的差异又必然会直接或间接影响到案件的法律适用，从而有可能导致类案不同判现象的产生。在快递服务于我国社会经济生活中所发挥的作用越来越重要，相应合同纠纷的发生也愈来愈频繁的情况下，及时在总结经验基础上将此类案件的案由适用予以科学化和统一化，无论是对于提升裁判质量，还是助推立案管理的规范化，均具有重要的现实意义。而该项统一工作的具体内容，既应包括在正确认识快件损失赔偿合同纠纷法律性质基础上对既有《民事案件案由规定》予以正确理解和规范适用，也应包括结合实践发展对已有规定进行与时俱进的增补完善。正是基于上述背景，伴随《民法典》的生效，最高人民法院对2011年《民事案件案由规定》进行了修改，其中亦包括对与快件损失赔偿纠纷案由适用有关内容的修改，修改后的《民事案件案由规定》自2021年1月1日起施行。

（二）2021年《民事案件案由规定》的有关修改内容

值得关注的是，2021年《民事案件案由规定》的修改不仅是为了配合《民法典》生效而增补了一些新的案由，而且还同时针对近年来伴随其他法律的制定和修改以及相关领域社会实践发展所产生的新型民事案件进行了案由补充。其中亦包括针对《邮政法》在2009年的修订、我国快递服务近年来的飞速发展以及快递服务合同纠纷数量不断攀升之现实，对2011年案由规定中的有关案由进行了相应修改。具体修改内容是：在第三级案由"120.服务合同纠纷"项下，将"（2）邮寄服务合同纠纷"变更为"（2）邮政服务合同纠

纷"，同时增加"（3）快递服务合同纠纷"。上述修改不但将快递服务合同纠纷明确区别于运输合同纠纷，而且将其从 2011 年《民事案件案由规定》中的"邮寄服务合同纠纷"项下单独析出，同时将不属于快递服务的其他寄递服务纠纷以及并非寄递服务的其他邮政业纠纷合并为"邮政服务合同纠纷"，并将"快递服务合同纠纷"与"邮政服务合同纠纷"并列作为服务合同纠纷项下的两个不同四级案由。这一修改情况表明，快递服务合同纠纷不仅被明确认定了其法律关系性质并非"运输合同纠纷"，而且亦与其他"邮政服务合同纠纷"相区别，从而实现了"快递服务纠纷"案由的独立化与统一化。这就意味着，尽管由于各种主客观因素的制约，《民法典》制定时并未在合同编的典型合同分编增设快递服务合同这一新的合同类型，但司法机关已经认识到并明确认可了其与其他合同类型所具有的本质性区别，同时亦关注到了此类合同的复杂性和在我国现阶段社会经济生活中的重要性以及相关纠纷数量的不断攀升，继而借助案由管理手段体现了司法规范对社会发展的积极回应，从而在一定程度上弥补了立法上的缺憾。

上述案由修正与本书观点完全契合。[①] 在课题团队对快件损失赔偿违约之诉案由适用的研究成果实际已被现行《民事案件案由规定》全面吸收情况下，本书对此问题的讨论也就相应从先前研究中的"立法论"转变为"解释论"和"适用论"，即将着重对"快递服务合同纠纷"这一案由的增补与适用进行法理上的解释，以助力这一具有较强行业特征的崭新案由规定能够迅速获得广大审判工作者以及当事人的普遍理解和遵循适用。

二、快递服务合同与相近合同类型的区分

现行《民事案件案由规定》将快递服务合同纠纷案由独立化，表明此类合同既有足够的重要性与复杂性，又有鲜明的独特性。而在此之前，司法实

---

① 关于将"快递服务合同纠纷"案由独立于"运输合同纠纷"，并将邮政业内可能发生的其他纠纷归并为"邮政服务合同纠纷"，同时将两类案由相并列之建议，本课题研究团队早在 10 年前即已提出，参见贾玉平、张毅：《寄递服务合同有名化研究》，载《邮政研究》2012 年第 1 期。

践中之所以出现对快递服务合同纠纷案由适用的三元化甚至多元化，其主要原因是未能将快递服务合同与相近合同类型进行很好的区分，其中最易与其发生混淆的合同类型，就是运输合同和邮政服务合同中的其他邮寄服务合同。

（一）与运输合同之厘清

《邮政法》第八十四条规定，寄递是指"将信件、包裹、印刷品等物品按照封装上的名址递送给特定个人或者单位的活动，包括收寄、分拣、运输、投递等环节"；同时规定，快递是指"在承诺的时限内快速完成的寄递活动"，即快递服务属于寄递服务的一种。而根据《物流术语》国家标准（GB/T18354—2006）之4.5的规定，[①]（货物）运输是指"用专用运输设备将物品从一地点向另一地点运送。其中包括集货、分配、搬运、中转、装入、卸卜、分散等一系列操作"。由此可见，快递服务与运输服务存在鲜明共同点，即二者的核心义务均为对物品进行有目的的空间位移。但应该认识到的是，快递服务并不等同于运输服务，其与后者存在诸多区别，其中较为重要的区别主要有以下几个方面。

1. 运送对象和服务性质不同

与货物运输的对象仅为一般物品不同，被作为快递对象的物品还包括信件等特殊物品。[②]而信件既关涉民事主体的通信秘密权、商业秘密权和个人信息保护，又事关国家信息安全，因此已经不同于一般物品，其性质应为各类信息的实物载体。同时，信件寄递的真正意义亦非完成其物权转移，而是对其所承载的信息进行传递。正是因为如此，《服务贸易总协定》既未将快递服务等同于运输服务，又未将其混同在运输服务的各种不同类型中，而是将其作为与运输服务相并列的"通信服务"（CPC75）的具体类型之一。这就意味着在服务性质上，货物运输仅具有物流属性，而快递服务除此属性之外，还同时具有"通信服务"之特质，其所需达到的服务要求和所应遵循的法律规

---

① 该标准由中华人民共和国国家质量监督检验检疫总局和中国国家标准化管理委员会于2006年12月4日联合发布，2007年5月1日起实施。

② 《邮政法》第八十四条对信件的定义是："信件，是指信函、明信片。信函是指以套封形式按照名址递送给特定个人或者单位的缄封的信息载体，不包括书籍、报纸、期刊等。"

范，均和运输服务存在较大区别。

2. 服务对象和所涉合同性质不同

虽然快递服务所递送的物品还包括除信件之外的一般物品，但其与货物运输所运送的一般物品尚存区别，主要是体积、重量上的区别。由服务深度和服务的便捷化需求所决定，《邮政法》对物品类快件的重量、体积均作出了一定限制。① 按照这些限制，物品类快件均为重量轻、体积小的包裹。这就决定了快递企业除就商务文件和商业小包为工商企业提供寄递服务之外，其更为主要的客户群是出于满足各种日常生活需要的普通消费者。② 在网购已经成为众多消费者的生活日常之当下，作为网购媒介之快递服务合同往往就会构成消费合同并受到《消费者权益保护法》等有关法律的规范；而运输合同则主要为各类工商业者的生产、经营活动提供整车、大宗货物的运送服务，③ 因此其作为商事合同并受到有关商事法律规范调整的情况更为常见。

3. 服务环节不同

除存在特别约定并进行额外付费之外，运输服务并不能达及托运人或收货人之所在，其起点和终点均为货运站；而快递服务无须特别约定，即应在运输服务之两端完成上门收寄和入户投递，④ 因此亦被称为"门到门、桌到桌、人到人"的服务。也就是说，上门承运和运送入户仅系运输合同中的特殊约定，且需有偿完成；而上门收寄和入户投递则不仅是快递企业在快递服务合

---

① 《邮政法》第八十四条规定："包裹，是指……，其重量不超过五十千克，任何一边的尺寸不超过一百五十厘米，长、宽、高合计不超过三百厘米。"

② 在快递业发展过程中，我国已越来越重视其对制造业所发挥的作用，但由快递服务所特有的服务深度和服务便捷性特质所决定，运送标的的少量化和轻型化仍旧系其区别于运输服务的一个显著特征。

③ 近年来，货物运输中出现了一种新型服务——快运服务，以办理零星、小批量货运为主要业务，但业务起点仍为几十千克甚至几吨，一般远超通常快件的体量，因而仍主要是服务于商事活动的需要。

④ 根据《邮政法》、快递服务国家标准《基本术语》以及快递服务国家标准《服务环节》中的有关规定，快递服务包括收寄、分拣、运输、投递、查询等诸多环节，即上门收寄和入户投递均为快递服务之当然服务内容，仅在快递企业和用户另行作出约定情况下（如由用户自行到投递网点进行交寄，或双方约定由快递企业将快件投交于快递服务站或快递箱，或者约定由收件人到快递网点对快件进行自提），快递企业方无须履行此两项义务。

同中的当然合同义务，而且对该项服务无须另行收费。这表明与运输服务在服务内容上的单纯性不同，快递服务在运输基础上还同时向其两端延伸提供了收寄与投递服务，从而极大拓展了服务深度，并使收寄和投递成为快递服务中除运输之外另外两个极具重要性并能体现其服务特质的环节，而该两环节所具备的独特性与复杂性，显然已经超出了传统运输法的调整范围。

4. 对服务时限的要求不同

《邮政法》第八十四条规定："快递，是指在承诺的时限内快速完成的寄递活动。"这一规定表明，快速完成寄递不仅是快递服务的核心义务内容，也是用户选择该项服务时所期望实现的重要甚至首要的合同目的。[①] 鉴于快递服务的核心商业价值即在于其快速性，快递服务国家标准中的《组织要求》部分不仅对不同情况下的快递服务时限作出了明确限定，[②] 而且还颇具特色地规定了快件的彻底延误时限，[③] 其意义在于明确快件延误一旦达到彻底延误时限，快递企业即应按照快件丢失对用户承担赔偿责任，从而强调了服务时限在快递服务义务体系中的核心地位。而货物运输虽然亦存在履行时限问题，但需方的时限需求通常较低，供方的时限服务能力亦往往与快递服务不可同日而语，[④] 因此无论是有关立法还是其他性质的服务规范，均未对货物运输中的迟延违约作出有别于通常合同的更为严厉的规定。[⑤]

上述分析表明，快递服务与运输服务无论是在运送对象、服务对象、服务自身的性质、服务所涉合同的性质还是服务内容和服务要求等方面均存在较大不同，这些不同已经使二者在权利义务内容、所应受到的法律规范调整乃至法律政策等方面均存在明显差异，从而难以共融于同一性质的法律关系。或言之，运输行为已经无法涵盖快递服务的丰富权利义务内容，更不能反映

---

① 目前，国内快递时限仅为 4～72 小时，有些服务项目甚至能够实现 1 小时达。

② 例如，该标准规定，同城快递服务时限不超过 24 小时；国内异地快递服务时限不超过 72 小时。关于对不同情况下快递服务时限更为全面的规定，参见该标准 16.1.3 的规定。

③ 具体参见快递服务国家标准《服务环节》中的 5.4.7 及 6.2.5 规定。

④ 从实践情况来看，即使是国内运输中的快运，运输时限通常亦需 2～7 天。

⑤ 根据《民法典》第八百一十一条规定，承运人仅需在约定期间或合理期间内将货物安全运输到约定地点即可；在因迟延而构成根本违约情况下，托运人或收货人则可根据《民法典》第五百六十三条第（三）项或第（四）项规定行使解约权。

其特质。值得注意的是，现行《邮政法》将快递服务定位于寄递活动，而非运输活动，实际已经表明立法机关肯认了包括快递服务在内之寄递活动与运输活动所具有的本质性区别。此外，最高人民法院出台 2008 年《民事案件案由规定》和 2011 年对其进行修正时，均在作为二级案由的"合同纠纷"中既列出了"运输合同纠纷"这一三级案由，[①] 又在另一三级案由"服务合同纠纷"之下的四级案由中列出了"邮寄服务合同纠纷"，[②] 表明我国最高司法机关也已实际认可了寄递活动与运输活动存在异质性。还应注意到的是，中国裁判文书网近年来公布的一些裁判文书表明，不少法院在此类案件审理过程中亦已对快递服务与运输服务所具有的不同性质形成了较为清晰的认识。例如，上海铁路运输法院就曾将以某一非邮政快递企业为被告的案件案由从"公路货物运输合同"变更为"邮寄服务合同"，并在其裁决书中指出："快递应为一种综合性的服务，包括运输等诸多环节，运输仅是上述综合服务的某一环节，故将原、被告之间的纠纷确定为公路货物运输合同纠纷不妥。因原、被告之间的纠纷较为符合邮寄服务合同纠纷的特征，故将案由变更为邮寄服务合同纠纷较为妥当。"[③] 上述情况表明，2021 年 1 月 1 日生效的新的《民事案件案由规定》明确将快递服务合同纠纷独立于运输合同纠纷绝非无稽之举，而是既存在充分的法理基础，又有着坚实的立法和司法实践积淀，同时亦与 2008 年及 2011 年的《民事案件案由规定》在思想认识上一脉相承。

（二）与邮政服务合同中其他邮寄服务合同之分离

2021 年《民事案件案由规定》将快递服务合同纠纷案由独立化，不仅表明最高司法机关已经明确宣告其与运输合同有着质的差异，而且还意味着已将此类合同从邮政服务合同、邮寄服务合同中单独析出。

邮政服务在我国是一种传统服务业，其服务项目既包括寄递服务，也包括汇兑、报刊发行、邮票发行、集邮票品买卖等非寄递服务。近年来，伴随

---

① 参见 2011 年《民事案件案由规定》中的第 101 种案由。

② "服务合同纠纷"为 2011 年《民事案件案由规定》中的第 120 种案由，"邮寄服务合同纠纷"为其中的一个四级案由。

③ 参见上海铁路运输法院（2019）沪 7101 民初 186 号民事裁定书。

社会发展需要之变迁，邮政服务领域不断滋生新的服务业态，从而已经使其演变为一种现代服务业。在这些新业态中，对经济社会发展影响和贡献最大，对我国邮政业实现现代化所起到的助推作用也最为突出的就是快递服务。甚至可以说，快递服务的产生与繁荣，对我国邮政业的发展具有划时代意义。如果说在此之前我国邮政服务的类型划分更加着眼于较为微观的具体服务品种的话，那么快递服务的诞生与兴盛则无疑使其分类视角变得更为宏大。尽管传统邮政服务不仅并未退出历史舞台，而且继续承担着其不可或缺的功能，但毋庸讳言，快递服务这一新的服务业态已经在我国经济社会发展中体现出越来越举足轻重的作用。这一变化使得我们对邮政业进行整体观察时不得不对快递服务另眼相看，进而形成了对邮政服务的崭新分类，即将其划分为快递服务和其他邮政服务；而两类服务所生纠纷之案由，则分别对应于新案由规定中的"快递服务合同纠纷"和"邮政服务合同纠纷"。上述新的案由分类意味着在对邮政服务的整体认识上，快递服务因其重要性和特殊性而独占半壁江山，而除此之外的其他诸多具体类型的邮政服务，则被打包整合为区别于快递服务的统一整体。需要明确的是，该打包整体中实际亦包含寄递服务，此类寄递服务又可细分为对邮政普遍服务业务范围内邮件进行寄递的"普服邮件寄递服务"和对非邮政普遍服务业务范围内邮件进行寄递的"非普服非快递邮件寄递服务"。即依照现行案由规定，无论是"普服邮件寄递服务合同纠纷"，还是"非普服非快递邮件寄递服务合同纠纷"，均应归属于"邮政服务合同纠纷"，亦即该两类寄递服务在案由适用上已经与"快递服务合同纠纷"相分离。这种处理显然意味着，此次案由修正除将"快递服务合同纠纷"明确独立于运输合同纠纷之外还有一个重要变化，即将原来案由规定中的"邮寄服务合同纠纷"一分为二，将其区分为"快递服务合同纠纷"及包含"普服邮件寄递服务合同纠纷"和"非普服非快递邮件寄递服务合同纠纷"在内的"非快递服务合同纠纷"，同时将后者归属于"（其他）邮政服务合同纠纷"。如果说新规定将"快递服务合同纠纷"与"非普服非快递邮件寄递服务合同纠纷"在案由适用上进行区别对待的原因主要是二者在服务规范上存在不同，那么将前者之案由适用与"普服邮件寄递服务合同纠纷"亦实行分而治之的原因则具有更多复杂性。快递服务与普服邮件寄递服务不仅在更多方面存在区别，而且两者实际已存在质的差异，主要表现在以下几个方面。

1. 立法对二者服务范围的限定不同

作为实现基本人权的需要，同时受到经济发展水平和国家扶持能力的制约，能够享受邮政普遍服务待遇的邮件在范围上具有明确的限定性。根据《邮政法》第十五条第一款规定，我国目前被列入邮政普遍服务范围的邮件仅包括以下四种，即信件、邮政汇兑、单件重量不超过五千克的印刷品和单件重量不超过十千克的包裹。即仅在以非快递方式寄递上述四种邮件时所发生的纠纷，方可归属于"普服邮件寄递服务合同纠纷"。而国家对民营快递企业所提供的快递服务亦存在一定限制，其限制主要表现在以下几个方面：一是不得寄递国家机关公文；二是在信件寄递方面要受到邮政企业专营制度限制，即其仅可对邮政企业专营范围以外的信件进行寄递；[①] 三是在包裹寄递的重量上，立法对快递企业经营范围虽亦有限制，但该限制较为宽松，明确不超过五十千克即可。[②] 由此可见，国家不但对两类服务所作出的具体限制不同，而且在规范目的上亦存在显著区别，即普服寄递范围的限定意在明确邮政企业代表国家所应承担的邮政普遍服务义务之范围，而对非邮政快递企业业务范围的限制则意在规定其得与用户缔结快递服务合同的权利边界。

2. 所涉合同性质不同

普服邮件寄递服务合同是由国家通过《邮政法》规定所明确的主体——邮政企业与用户签订的以实现后者通信权等基本人权为主要目标的合同。[③] 作为市场失灵的补救，此类合同的缔结和履行以实现基本公共服务和社会公平为目标，并由此具有强制缔约、政府定价和资费低廉等特征，[④] 因而属于以政府主导为特征的社会公益性合同。而与此不同的是，虽然近年来快递服务在我国愈

---

① 《邮政法》第五十五条规定："快递企业不得经营由邮政企业专营的信件寄递业务，不得寄递国家机关公文。"

② 《邮政法》第八十四条规定："包裹，是指按照封装上的名址递送给特定个人或者单位的独立封装的物品，其重量不超过五十千克，任何一边的尺寸不超过一百五十厘米，长、宽、高合计不超过三百厘米。"

③ 《邮政法》第八十四条规定，邮政企业仅指"中国邮政集团公司及其提供邮政服务的全资企业、控股企业"。

④ 为弥补邮政企业承担邮政普遍服务义务所产生的损失，国家会对其采取相应的补贴措施。

来愈呈现出其公共服务属性，但快递服务合同仍然意在满足用户基本人权实现之外质量更优、速度更快和更具个性化的消费需求，其服务主体具有多元性，其服务行为具有竞争性，其缔结与否完全贯彻合同自由，其资费制定体现市场规律，其企业目标在于实现最大营利，因而属于典型的商业性合同。

3. 服务要求不同

在服务覆盖性上，由基本公共服务的性质和要求所决定，普服邮件寄递应在我国主权范围内确保服务地域和服务对象上的全覆盖，同时还应保持服务的持续性，即如无特殊情况，不得在未经邮政管理部门批准的情况下停止办理或限制办理普服邮件寄递业务。[①] 而快递企业在服务的覆盖性方面完全可以基于市场情况和自身营利需求自主决策，在服务的持续性方面亦仅受到较弱的国家干预。[②] 在服务内容上，普服邮件寄递仅需保证服务水平的底线性：在收寄环节，邮政企业并无义务上门收寄，寄件人需自行到营业网点完成交寄；在投递环节，邮政企业仅需进行按址投递，而无义务完成面交投递。但标准快递服务不仅应进行上门收寄，而且在无特别约定情况下还须完成面交投递。在服务时限上，《邮政法》及其他有关规范不但对快递企业应"快速"完成服务提出了要求，而且还就此作出了重点和严格的规范，[③] 而普服邮件寄递在服务时限上并无"快速"要求，而是仅需满足基本公共服务的通常时限需求即可。

4. 责任承担不同

关于普服邮件的损失赔偿，《邮政法》依邮件性质分两类情况作出了规

---

① 《邮政法》第十五条第三款规定："未经邮政管理部门批准，邮政企业不得停止办理或者限制办理前两款规定的业务；因不可抗力或者其他特殊原因暂时停止办理或者限制办理的，邮政企业应当及时公告，采取相应的补救措施，并向邮政管理部门报告。"

② 由于快递服务在我国目前阶段已经具有一定的公共服务属性，因此比较更为纯粹的商业活动而言，其运营活动也会受到一定的法律限制，而非彻底贯彻合同自由和自主经营原则。例如，《邮政法》第五十八条规定："快递企业停止经营快递业务的，应当书面告知邮政管理部门，交回快递业务经营许可证，并对尚未投递的快件按照国务院邮政管理部门的规定妥善处理。"又如，《快递市场管理办法》第二十三条规定："经营快递业务的企业应当妥善应对快递业务高峰期，做好业务量监测，加强服务网络统筹调度，及时向社会发布服务提示，认真处理用户投诉。"但比较作为基本公共服务的邮政普遍服务而言，快递服务所受缔约限制仅为以市场引导为主的较弱限制。

③ 参见快递服务国家标准《组织要求》中 16.1.3 对不同情况下服务时限的规定以及快递服务国家标准《服务环节》中 5.4.7 和 6.2.5 对彻底延误时限的规定。

定：一是除故意或重大过失外，邮政企业对平常邮件的损失不予赔偿。[①] 二是对给据邮件按照以下规则赔偿：对于未保价邮件，按照该法规定的限额进行赔偿；对于保价邮件，按照保价规则赔偿。需要说明的是，即使是在保价情形下，如寄件人并未进行足额保价，按照通常保价规则的规定，用户所能获得的赔偿实际仍为限额赔偿。这就意味着，仅对邮件损失进行包括完全免除责任在内的限额赔偿，不仅是普服邮件寄递违约责任承担之常态，而且是由法律所作出的强制性规定。这是由平常邮件损失的可证明性局限，普服邮件寄递的公益性低资费政策以及以权利、义务、风险、责任对等性为核心要求的公平原则之贯彻所决定的。而根据《邮政法》第四十五条第一款和第二款规定，快递服务中的快件损失赔偿并不适用前述《邮政法》规定，而是适用有关民事法律规定。[②] 实务中，快件损失赔偿责任承担的具体情况有两种：一是按照运单格式条款的约定对用户损失进行赔偿。这些约定包括保价条款约定和限制赔偿责任条款约定。[③] 而无论按照何种约定进行赔偿，其适用结果通常均会高于《邮政法》对普服邮件损失赔偿的规定。[④] 二是按照民事法律的直接规定对用户实际损失进行赔偿。在前述格式条款约定不符合《民法典》合同编对格式条款订入与效力评价的有关规范时，就会造成其根本不能作为快件损失赔偿的确定依据，继而应转依民事法律的直接规定对用户进行赔偿。而此时无论用户提起违约之诉还是侵权之诉，有关民事法律均未规定应对用

[①] 《邮政法》第四十六条规定："邮政企业对平常邮件的损失不承担赔偿责任。但是，邮政企业因故意或者重大过失造成平常邮件损失的除外。"

[②] 该条款规定："邮政普遍服务业务范围以外的邮件的损失赔偿，适用有关民事法律的规定。"这一规定的立法精神是《邮政法》第五章仅适用于邮政普遍服务业务范围内的邮件之损失赔偿，而无论是邮政普遍服务业务范围之外的邮件（含邮政企业寄递的快件）的损失赔偿，还是根本不属于邮件的非邮政企业寄递的快件之损失赔偿，均不适用具有经济法性质的《邮政法》第五章规定，而是适用有关民事法律规定。

[③] 关于快递服务实行限额赔偿的合理性，参见贾玉平：《快递服务合同研究》，法律出版社2019年版，第261页。

[④] 例如，顺丰速运在其2022年1月所使用的快递运单中载明，快件丢失损毁时，对月结客户按照资费的9倍进行赔偿，非月结客户按照资费的7倍进行赔偿。而根据《邮政法》第四十七条第一款第（二）项规定："未保价的给据邮件丢失、损毁或者内件短少的，按照实际损失赔偿，但最高赔偿额不超过所收取资费的三倍；挂号信件丢失、损毁的，按照所收取资费的三倍予以赔偿。"

户进行限额赔偿。[①]

上述情况表明，普服邮件寄递服务合同与快递服务合同无论在服务范围、合同性质、权利义务内容还是责任承担方面均存在较大差异，如不对两类纠纷在案由适用上作出进一步区分，将极易导致对二者的混淆和法律适用上的错位。事实表明，上述担心并非杞人忧天，而是早已在司法实践中现实存在。尽管伴随快递服务合同应用的日益广泛和社会公众对其认知的不断深化，已经有越来越多的法院认可其与普服邮件寄递服务合同存在质的不同，并在审理快递服务合同纠纷时既未将其列为"运输合同纠纷"，亦未列为"邮寄服务合同纠纷"，而是将其直接定性为当时案由规定中尚不存在的"快递服务合同纠纷"。但仍有更多裁判者尚未清晰认识到其与包括普服邮件寄递服务合同在内的其他寄递服务合同在性质上所表现出的不兼容性。而此次案由修正果断将少数先觉者对快递服务合同性质具有独立性的认识和在案由确定上勇于先行先试的实践成果予以吸收，不仅在客观上结束了一段时期以来此类纠纷案由适用上的混乱和认识上的困扰，而且表现出我国司法规范性文件制定具有较强的包容性和与时俱进观念。

三、从"主体司法论"到"行为司法论"

（一）现行《民事案件案由规定》对"主体司法论"之摒弃

改革开放初期，由于受到法律发展和主观认识渐进性之客观规律的制约，尤其是由社会经济发展的阶段性所决定，在较长一段时期内我国立法贯彻的是"主体标准"，即根据主体的不同对同类行为制定和提供不同法律规范。[②] 这种主体立法思想对司法活动的影响是案件定性和法律适用会"看人下菜碟"，从

---

① 当然，用户最终能够实际获得的赔偿数额还有可能受到违约责任中限制性赔偿规则的限制以及其自身举证能力的制约。

② 1999 年《合同法》颁行之前（该法颁行之初经常被称为"统一合同法"），《经济合同法》和《涉外经济合同法》两大合同法分立并存，就是我国当时"主体立法"思想的典型产物。虽然当时奉行"主体立法"思想是特定历史时期的需要和产物，但伴随我国社会经济和法治的发展，"主体立法"思想已时过境迁，取而代之的应为贯彻和体现平等原则的"行为立法"。

而使就同类案件对不同主体适用不同法律规范成为裁判之常态；而将非公经济主体与国有企业区别对待，就是此类现象中的典型表现之一。除思想认识方面的原因之外，在改革开放步伐迈进较快、相关立法跟进又不够及时甚至相对滞后时期，这种司法上的区别对待还会存在强大的现实基础。2009 年之前，虽然在 20 世纪 90 年代后于实践中大量产生的民营快递企业尚未被《邮政法》明确认可为邮政业发展中的重要主体，但其在我国社会经济生活中所发挥的不可或缺作用，已经在事实层面得到国家和社会的普遍认可，因此其"合法性地位"虽曾遭受质疑，但终被社会公众与司法实践所悄然接纳。在此背景下所产生的结果是，一方面，《民事案件案由规定（试行）》和 2008 年《民事案件案由规定》中的"邮政合同纠纷"与"邮寄服务合同纠纷"均被自然解读为仅含涉及邮政企业的纠纷；另一方面，非邮政企业从事快递服务虽然并未被认定为非法行为，但有关纠纷的定性会被人民法院作出不同于邮企纠纷之处理。正如前文所述，涉邮企纠纷几乎均被认定为当时案由规定中的"邮寄服务合同纠纷"，而非涉邮企纠纷则在 2009 年之前基本被定性为"运输合同纠纷"，2009 年之后虽然被越来越多的法院认定为"邮寄服务合同纠纷"，但继续作为运输合同纠纷处理的情形仍不乏其例。这种相同案件适用不同案由的做法，必然会导致法律适用上的不同，而这一结果显然与全面贯彻平等原则和以"行为立法""行为司法"取代"主体立法""主体司法"的当代法治思想潮流不符。

（二）涉邮企纠纷和非涉邮企纠纷案由适用上的统一

值得注意的是，新的案由规定虽然并未明确"快递服务合同纠纷"之具体适用范围，但从"行为立法"之解释论出发，其既应包括由邮政企业对用户提供快递服务所产生的纠纷，也应包括由非邮政企业提供快递服务所产生的纠纷。唯如此，才能与将平等原则之抽象观念全面贯彻到立法活动和司法环节中的时代大潮相符。由此可见，"快递服务合同纠纷"案由之独立，不但实现了与其他两种类似案由（"运输合同纠纷"和其他"邮政服务合同纠纷"）的分离，而且还同时实现了一个统一，即涉邮政企业快递服务合同纠纷与非涉邮政企业快递服务合同纠纷在案由适用上的统一，从而在以细分化实现案由确定的科学化之同时，亦在司法层面体现了对社会主义法治平等观的贯彻。

第三章　快件损失赔偿纠纷的原告适格性

发生快件损失赔偿纠纷时，对原告适格性的审查应以对案件诉由的明确为前提。这是因为就同一纠纷所选择的诉由不同，原告适格性审查所依托的法律关系也会不同。如前所述，涉及快件损失赔偿纠纷的诉由主要有两种，即违约之诉和侵权之诉。就违约之诉而言，实务中不仅对收件人是否具有原告资格存在较大分歧，而且各种纷繁复杂情况的存在亦导致对寄件人原告资格也会经常出现认识不一。快件损失赔偿侵权之诉中的问题则主要表现为涉及对原告资格发生争议或法院依职权对此进行审查时，无论是当事人还是人民法院，均非常易于将其审查因素与违约之诉发生混淆，且未能做到根据快件损失的不同情形进行类型化判断。考虑到复杂程度不一和结构平衡需要，本章将对上述两类诉由中的原告适格性问题分为以下三节加以讨论，即寄件人在违约之诉中的原告资格判定、收件人在违约之诉中的原告资格判定以及快件损失赔偿侵权之诉中的原告资格。

第一节　寄件人在违约之诉中的原告资格判定

【本节提要】

就快件损失赔偿违约之诉而言，实务中不仅对收件人是否具有原告资格存在较大分歧，而且各种纷繁复杂情况的存在亦导致对寄件人原告资格也会经常出现认识不一。就此，本节根据对当前审判实践的调研情况，梳理出三个方面较为突出的问题进行研究，包括名义寄件人与实际寄件人分离时的原告资格、寄件人使用虚拟姓名寄递时的原告资格以及居于出卖人地位之寄件人的原告资格。

关于名义寄件人与实际寄件人分离时的原告资格，从隐名职务代理与显名职务代理在判定原告资格时的区别、实际寄件人对名义寄件人所订合同的介入权、隐名代理与行纪行为的识别以及快递服务中双方代理的例外有效情形四个方面的问题进行研究。认为组织成员以自己名义与快递企业订立快递服务合同时，对原告适格性的判断应适用隐名代理的有关规范，而非职务代理的有关规范。在快递企业并不知道名义寄件人与实际寄件人存在代理关系时，应根据案涉合同的成立时间分别适用《合同法》第四百零三条第一款或现行《民法典》第九百二十六条第一款关于隐名代理中委托人介入权的规定，而非显名代理规定，亦非《合同法》第四百零二条或《民法典》第九百二十五条关于直接认定委托人之合同当事人地位的规定。在名义寄件人与实际寄件人发生分离时，还应注意隐名代理与行纪行为的区别。快递服务中名义寄件人与实际寄件人发生分离的情形并不符合行纪特征，因此无由适用行纪规范否定实际寄件人的原告资格，而是应根据庭审查明的案件事实和隐名代理的有关法律规范判断实际寄件人的原告适格性。在名义寄件人系经实际寄件人同意而填写了自身姓名的被告快递公司快递员时，若被告快递公司嗣后对快件进行了寄递并造成其损失，应认定案件中存在由隐名代理和职务代理所共同构成的双方代理，且符合有关共同代理法律规定中的例外有效情形，此时应认可实际寄件人的原告资格。

出于对个人信息或自身隐私的保护，有些用户在寄发快件时不使用其真实姓名，而是使用包括网名等在内的虚拟姓名。这一做法有可能导致其使用真实姓名提起诉讼时遭到被告快递企业对其原告适格性的质疑。对于此类案件，法院不能简单认定虚拟姓名的使用并未违反法律规定，而是应明确民事主体虽于通常情况下得依《民法典》或在《民法典》生效之前仍有效的《民法总则》或《民法通则》之有关规定使用虚拟姓名，但此种情况违反了《快递暂行条例》等邮政法律规范中的实名制规定，只不过该实名制规定并非能够影响所签快递服务合同效力的强制性规定。实际上，只要实名原告确系案涉合同之当事人，就应认定其为有权对快递企业提起违约之诉的适格原告。即此类案件判定原告适格性的焦点并非用户寄递快件时使用虚拟姓名的合法性，而是实名原告是否与使用虚拟姓名的寄件人确系同一民事主体。

当寄件人系与第三人订立的买卖合同中的出卖人，且因其交寄第三人的出卖物发生毁损而对快递企业提起诉讼时，案件涉及双重法律关系，即寄件人（出卖人）与第三人（买受人）之间的买卖合同关系和寄件人与案涉快递企业之间的快递服务合同关系。当案由确定为违约之诉时，判定寄件人原告适格性的审查因素既非其是否对快件享有物权，亦非买卖合同中的风险负担规则，而是原告是否为与案涉快递企业订立快递服务合同的合同主体。无论是将违约之诉的原告适格性审查混淆于侵权之诉，还是不能正确分隔交叉存在的不同合同关系，都将影响到原告适格性的正确认定。

一、名义寄件人与实际寄件人分离时的原告资格判定

快递服务过程中，寄件人通常会自行完成寄件活动，并在快递运单上的寄件人栏填写上自己的姓名。此种情况下，寄件人会当然被认定为与快递企业订立快递服务合同的当事人，并在对快递企业提起的违约之诉中能够成为适格原告。但实践中由于各种现实需要，寄件人委托他人代为完成寄件行为的情况时有发生。而由于交寄快件时核验身份证明的便利性需要以及其他各种原因，受托人往往并非以委托人名义完成寄递，而是会在寄件人栏填写上自己的姓名，由此造成名义寄件人与实际寄件人发生分离的情况不乏其例。此时，若所寄快件发生丢失毁损，则有可能面临以下问题，即无论是实际寄件人还是名义寄件人作为原告对快递企业提起违约之诉，均有可能会遭遇后者的抗辩，抗辩内容均为原告并非与其订立合同的当事人，因此其作为诉讼主体并不具有适格性。而在对中国裁判文书网公布的有关案例进行研究后发现，人民法院对此类案件的处理并不一致。究其原因，实际系对案涉法律关系的性质认识模糊甚至存在分歧。即使裁判结果完全正确的案件，其裁判理由亦往往过于简略，而判决所适用的法律依据，更是存在不应有的列明缺失。上述司法现状势必会影响到当事人对人民法院判决结果的认同，同时亦会加重社会公众对有关法律规范的误解与误用。有鉴于此，在对中国裁判文书网公布的相关案例进行检索研究后，笔者对名义寄件人与实际寄件人发生分离时的若干不同情况进行了类案归纳与梳理，意在发现和研究解决审判实践在此类案件中认定原告资格时所存在的共性及个性问题。

（一）隐名职务代理与显名职务代理在判定原告资格时的区别

1. 典型案例

在张某（以下称原告）与大连某速运公司（以下称被告）运输合同纠纷一案中，[①]原告称其于 2017 年 7 月 16 日在天猫平台某数码专营店销售了一部华为 Mate 9 Pro 手机，并在天猫网站上选择被告下单，由被告方快递员上门取货并当面验收打包寄送给收件人，但此件被被告丢失，故诉请法院判令被告赔偿其丢失快件的损失 4369 元，并承担本案诉讼费。被告除针对赔偿数额作出答辩外，还辩称原告仅系销售手机店铺的工作人员，其邮寄行为系被委托行为，因此原告个人并不具有本案的诉讼主体资格，本案适格原告应为原告所在公司。经审理，受诉法院确认了原告所称快件交被告寄递并被其丢失的事实；同时查明，原告系上海某电子商务有限公司股东，并认定其销售货物并办理邮寄的行为并非个人行为，而是职务行为，因此原告个人与被告之间并不存在运输合同关系，即便是被告将原告办理邮寄的货物丢失，也应由原告所在单位行使权利，原告向被告主张权利于法无据，故判决驳回其诉讼请求，并承担该案受理费 50 元。[②]

2. 案例评析

上述案件中，法院否定了名义寄件人的原告资格，同时实际对其所属单位的原告资格给予了肯定。该案于判决结果上是正确的，但在对案件的深入剖析和裁判所依据的法律规范陈述方面尚有进一步明确和精准化余地。

由于本案所涉合同缔结于 2017 年 7 月，因此其既不适用《民法典》有关规定，也不适用《民法总则》有关规定，而是应适用《合同法》《民法通则》等有关法律的规定。《合同法》第四百零二条规定："受托人以自己的名义，在委托人的授权范围内与第三人订立的合同，第三人在订立合同时知道受托人与委托人之间的代理关系的，该合同直接约束委托人和第三人；但有确切证据证明该合同只约束受托人和第三人的除外。"此系《合同法》分则在委托合同一

[①] 按照案件审理时的民事案件案由规定，本案案由应为"邮寄服务合同纠纷"。如第二章所述，本书所讨论的很多案例都存在这种案由适用上的不准确问题，后续不再一一指出。

[②] 案情来源于大连市沙河口区人民法院（2017）辽 0204 民初 7577 号民事判决书。

章中对隐名代理所作出的规定，[①] 其主要包含以下两方面信息：一是隐名代理虽亦为代理之一种，但其与显名代理的区别是受托人与第三人订立合同并非以委托人名义进行，而是以受托人自己的名义进行；二是以受托人名义所订合同虽然仍可直接约束委托人和第三人，但除遵守授权范围要求以外，还需同时具备以下两方面条件，即第三人在订立合同当时即知晓受托人与委托人之间存在代理关系（积极条件），且无确切证据证明该合同只约束受托人和第三人（消极条件）。这就意味着，在满足一定条件时，隐名代理所订合同的当事人仍为委托人和第三人，而受托人的法律地位实际仅为该合同之缔约人，而非当事人。由此产生的法律效果是若因该合同产生纠纷，则受托人并不具有诉讼主体资格，委托人方为适格原告或适格被告。本案中，原告虽然以自己的名义与被告缔结了案涉快递服务合同，但案情中所体现的具体缔约情况表明，被告在缔约当时即应当知道原告的寄递行为系接受其公司委托而进行的行为，且未出现法律规定的除外情形，因此本案显属前引《合同法》第四百零二条所规定的适用范围。即法院认定原告不适格并肯定其所属单位享有本案诉权之结论虽然是正确的，但值得关注的是，本案判决并未援引前述《合同法》第四百零二条之规定，亦未明确援引其他法律规定，而是仅笼统表达了否定原告适格性的理由是原告行为系职务行为，因此应由其所在单位行使权利。这很可能意味着，本案否定原告资格的法律依据并非《合同法》第四百零二条规定，而是与职务代理法律后果有关的规定。而需明确的是，本案中原告进行的寄递行为实际并非通常的职务代理行为，而是与通常职务代理行为存在一定差别。

《民法总则》和《民法典》颁行之前，我国《民法通则》及《合同法》均未对职务代理作出明确规定。[②] 但这并不意味着职务代理无法可依。根据《民

① 该规定已为现行《民法典》第九百二十五条所承继。

② 关于职务代理，《民法总则》第一百七十条第一款和《民法典》第一百七十条第一款均已作出明确规定："执行法人或者非法人组织工作任务的人员，就其职权范围内的事项，以法人或者非法人组织的名义实施的民事法律行为，对法人或者非法人组织发生效力。"在此之前，我国立法是否已经对职务代理作出直接规定，主要是《民法通则》第四十三条是否属于对职务代理所作出的规定，学界观点莫衷一是，但有关权威解释指出，我国在《民法总则》之前"对职务代理没有做出明确规定"。参见黄薇主编：《中华人民共和国民法典总则编解读》，中国法制出版社2020年版，第551页。

法通则》第六十四条第一款规定，委托代理属于代理的具体类型之一，[①]而职务代理的代理权实际来源于职务代理人所属组织的概括性授权，即其实际属于代理类型中委托代理的一种具体情形。[②]因此，在无特别法规范情况下，应对职务代理适用委托代理或者代理的一般规范。《民法通则》第六十三条第二款规定："代理人在代理权限内，以被代理人的名义实施民事法律行为。被代理人对代理人的代理行为，承担民事责任。"该规定系对通常代理即显名代理（又称直接代理，区别于间接代理或隐名代理）所进行的一般规范，[③]具体包含以下两方面信息：第一，显名代理是通常代理的典型特征；第二，遵守权限要求的显名代理所产生的法律后果直接由被代理人承受。在立法尚未对其作出专门规范时，职务代理作为代理的具体类型之一亦应适用上述规定，即组织成员在职权或授权范围内以所属组织名义进行民事活动所产生的法律后果应由其所属组织承担。也就是说，若组织成员在职权或授权范围内以组织名义与第三人订立合同，则该合同的当事人应为该组织和第三人，而非组织成员和第三人。这一法律后果体现在诉讼中，即该组织方为适格诉讼主体，而组织成员则既非适格原告，亦非适格被告。值得注意的是，本案中虽然原告与被告签订快递服务合同并非处理个人事务，而是在执行工作任务，但根据判决书所陈述的案情判断，其与被告订立该合同时系以其自身名义进行，因此其行为并不构成以所属组织名义进行民事活动为特征的显名职务代理。这就造成在对名义寄件人原告资格作出判断时，并不适合依据前述仅适用于显名代理（含显名职务代理）的《民法通则》第六十三条第二款规定，而是应

---

① 《民法通则》第六十四条第一款规定："代理包括委托代理、法定代理和指定代理。"

② 《民法典》颁布之前，学界对职务代理的性质实际有意定说、法定说和折中说三种不同观点。《民法典》出台后，不仅通过其第一百七十条对职务代理作出了明确规范，而且将该规定置于代理一章中的委托代理一节中，实际是明确肯认了其意定性质即委托代理性质。关于职务代理的性质，本书赞成三种学说中之意定说，亦即与《民法典》规定相一致的委托代理说。有关权威解释亦明确指出，职务代理虽然具有一定特殊性，但其基本性质仍系委托代理。参见黄薇主编：《中华人民共和国民法典总则编解读》，中国法制出版社 2020 年版，第 551～552 页。

③ 有权威学理解释指出，《民法典》第七章系对直接代理即显名代理的规定，其第九百二十五条、九百二十六条（分别继承了《合同法》第四百零二条和第四百零三条规定）系对间接代理的规定。参见黄薇主编：《中华人民共和国民法典合同编解读（下册）》，中国法制出版社 2020 年版，第 1327 页。

适用《合同法》分则第四百零二条对隐名代理（含隐名职务代理）的规定。也就是说，本案认定原告不适格之结论固然正确，但应将裁判依据明确为前引《合同法》分则第四百零二条之规定。

3. 案件小结

根据受托人与第三人进行民事活动是以委托人名义还是受托人自己的名义进行，可以将委托代理分为显名代理和隐名代理。根据前引法律规定，二者在代理效果上存在一定差别：如系前者，只要受托人遵守了权限要求，代理后果即可直接归属于委托人，因此委托人为受托人所订合同之当事人，并得在对该合同中之相对人提起的违约之诉中成为适格原告；而对于后者，则代理所生后果是否归属于委托人，将取决于案件是否满足法定条件——只有满足法定条件，委托人才能被判定为代理行为所订合同之当事人，并能够成为对该合同相对人提起违约之诉时的适格原告；否则，受托人方为以其名义所订合同之当事人，并得在因该合同而生的违约之诉中成为适格原告。上述区别决定了在名义寄件人与实际寄件人发生分离但二者存在委托关系时，应首先认定案件已构成隐名代理，进而不可一概肯定实际寄件人为名义寄件人所订快递服务合同之当事人以及其在有关违约之诉的原告资格，而是应结合具体案情和隐名代理的有关法律规定对名义寄件人与实际寄件人究竟何者得成为合同当事人以及违约之诉案件的适格原告作出具体判定。忽略对隐名代理和显名代理进行明确区分，或者将二者相混淆，势必会造成法律规范的误用，并有可能影响到案件裁判的科学性。

应予注意的是，职务代理虽然较通常代理具有一定特殊性，但其仍系委托代理的一种具体类型，即其同样包含显名代理与隐名代理两种具体情形。因此，对于快递服务过程中所出现的职务代理，亦应在具体辨明其系显名代理还是隐名代理的前提下，方可对能够对快递企业提起违约之诉的适格原告究竟是以自己名义寄发快件的具体工作人员还是其所属单位作出正确判断。

（二）实际寄件人对名义寄件人所订合同的介入权

1. 典型案例

在张某海（以下称原告）与北海市某快递公司（以下称被告）运输合同

纠纷一案中，原告称其系淘宝卖家，因 2015 年 8 月 26 日一吉林买家朱某在其网店购买了价格为 16900 元的南洋金珠一颗，其于次日将该商品交由被告保价寄往买家提供的其在吉林市的地址，收件人为朱某。后朱某反馈未收到该件，原告联系被告客服后，后者确认该件已丢失，并表示可按保价金额和保价条款约定赔偿原告经济损失 2000 元。但原告认为被告提供的保价条款不具有法律效力，遂请求人民法院判令被告按照其所丢失商品的全部价值 16900 元进行赔偿，并承担本案诉讼费。被告除对原告所提出的赔偿数额不予认可之外，还举证案涉快递单上所填写的寄件人姓名为张某强，而非原告本人，因此对原告在本案中的诉讼主体资格不予认可。法院审理后查明，张某强系本案原告张某海亲生兄弟，案涉商品确实由张某强交寄，并在快递运单上填写了自己的姓名。在当事人诉辩和法庭调查基础上，法院概括了本案争议焦点，其中包括原告是否在本案中具有诉讼主体资格。法院审理后认为，虽然案涉纠纷的寄件人系原告之弟张某强，但张某强的托运行为系基于原告与买家的交易，故应认定张某强的行为系对原告的代劳行为，其与被告所签运输合同应为原告所承受，遂认定原告具有本案诉讼主体资格。在对双方诉辩及举证进行审理后，法院最终判决被告赔偿原告经济损失 2000 元。[1]

2. 案例评析

本案中，原告与快递运单上填写的寄件人姓名张某强不一致，且与寄件人并非同一民事主体，但法院认可了其作为诉讼主体的适格性，理由是张某强的托运行为系基于原告与买家的交易，故认定张某强的行为系对原告的代劳，其与被告所签运输合同应为原告所承受。该案判决结果虽然是正确的，但在对事实认定过程的陈述以及裁判依据的列明方面仍存改进余地。

在事实认定方面，本案应查明涉诉纠纷中存在何种法律关系。本案中的法律关系并不是单一的，而是同时涉及以下三个方面，即原告与买家朱某的买卖合同关系、原告与快件交寄和运单填写人张某强的委托合同关系以及张某强与本案被告所缔结的快递服务合同关系。在查明案涉快递服务合同确系张某强与被告所签之后，法院应就张某强与原告是否同一主体以及在确认

---

[1] 案情来源于广西壮族自治区北海市海城区人民法院（2015）海民一初字第 1230 号民事判决书。

二者并非同一主体时是否存在委托关系予以查明（法院判决书中所称的"代劳"，其实际性质为委托关系）。相应地，原告亦应围绕其与张某强之间是否存在委托关系进行举证。也就是说，认定原告与张某强之间存在"代劳"即委托关系的直接证据应为二者已经就寄递案涉快件形成委托和接受委托的合意（可以是书面或者口头形式），而非原告与买家之间存在交易关系这一案外事实——后一事实虽然可能构成原告与张某强建立委托寄递关系的原因，但其既非委托关系本身，亦不必然导致二者之间产生委托关系。

在原告与张某强存在委托关系这一事实得以确定后，法院对原告适格性作出裁判还应基于明确的法律依据。如前案所述，由于作为受托人的张某强寄递快件系以其自身名义进行，因此该案裁判依据仍非《民法通则》第六十三条第二款对显名代理的有关规定，而是《合同法》对隐名代理的有关规定。[①] 但与前案不同的是，根据判决书所陈述的案情判断，案涉合同缔结时被告并不知道张某强与原告之间存在代理关系，因此其虽仍然构成隐名代理，但属隐名代理的另一种情形，即该案并不适用前案中的《合同法》第四百零二条规定，而是应适用同样针对隐名代理作出规范的另一法律规定，即《合同法》第四百零三条第一款规定。

《合同法》第四百零三条第一款规定："受托人以自己的名义与第三人订立合同时，第三人不知道受托人与委托人之间的代理关系的，受托人因第三人的原因对委托人不履行义务，受托人应当向委托人披露第三人，委托人因此可以行使受托人对第三人的权利，但第三人与受托人订立合同时如果知道该委托人就不会订立合同的除外。"[②] 该规定的核心是明确了委托人对受托人基于委托关系以自己名义与他人所订合同的介入权，学说上称之为"委托人介入权"。即在并未出现该条款中的"但书"情形时，若受托人基于委托人的委托以自己名义与第三人订立合同，则在第三人并不知道受托人与委托人之间存在代理关系情形下，受托人和第三人为所签合同的当事人；但在第三人不履行合同义务

---

① 由于案涉合同订立时间是 2015 年，因此其既不适用 2021 年 1 月 1 日生效的《民法典》规定，也不适用 2017 年 10 月 1 日生效的《民法总则》规定，而是应适用《合同法》有关规定。

② 我国现行《民法典》第九百二十六条第一款承继了上述规定。

或履行合同义务不符合约定时，若受托人向委托人披露了该第三人，则合同相对性原理将得以突破，从而使委托人有权行使受托人在其所订合同中对第三人的权利。显然，"委托人介入权"规定的实质是在一定条件下对合同相对性的突破。也就是说，合同相对性仅为合同效力的一般原则，在符合法律规定的特殊情形或特定条件时，其相对性会被允许突破。对此，我国现行《民法典》第四百六十五条第二款已明确规定："依法成立的合同，仅对当事人具有法律约束力，但是法律另有规定的除外。"《合同法》虽然既未对合同效力的相对性作出直接规定，亦未对允许通过法律的另行规定破除其相对性作出总括性规定，但实际已经明确规定了突破合同相对性的若干具体制度，这些具体制度不仅存在于《合同法》总则中，[①] 而且在《合同法》分则中亦可觅得踪迹，委托合同一章中对"委托人介入权"的规定即属其例。本案中，如庭审查明在运单上寄件人栏填写姓名的张某强与原告之间确实存在委托关系，且被告缔约时对二者委托关系并不知情，但并未出现《合同法》第四百零三条第二款之"但书"情形，只要发生快件损失后张某强向原告披露了其所订合同的相对人为本案被告，则原告即应享有对其与被告所签快递服务合同的介入权，亦即原告可以行使张某强在其所签快递服务合同中对被告所享有的诉权。本案判决中所称张某强与原告之间的"代劳关系"实际系委托代理关系，且为委托代理中的隐名代理，但系不同于前案之隐名代理的另一类情形，因此对原告资格作出裁判的依据并非《合同法》第四百零二条规定，而是应为《合同法》第四百零三条第一款规定。也就是说，本案判定被告所签运输合同应为原告所承受和原告具有本案诉讼主体资格无误，但应将张某强之"代劳行为"更为清晰地定性为隐名代理，且应明确将《合同法》第四百零三条第一款规定作为本案裁判依据。

3. 案件小结

本案将名义寄件人张某强与原告之间的关系定性为"代劳关系"，实际是对二者之间存在法律上的委托关系进了认定，但并未精准指出案件已构成隐名代理，更未对其属于何种类型的隐名代理作出进一步判定。实务中应予注意的是，由于《合同法》和现行《民法典》均未对隐名代理的效果归属作

---

① 例如，《合同法》第七十三条对债权人代位权的规定以及第七十四条对债权人撤销权的规定，均系于一定条件下对合同相对性予以突破的规定。

出整齐划一的规定，而是区分两类不同情形作出了不同规范，因此在确认案件构成隐名代理后，判定代理效果究竟归属于作为委托人的实际寄件人还是作为受托人的名义寄件人，还须根据缔约时第三人是否知道受托人与委托人之间存在代理关系而对两类规范进行选择适用。如缔约时第三人对委托关系的存在实际知情，即应适用《合同法》第四百零二条或《民法典》第九百二十五条之规定；但若并不知情，则应适用《合同法》第四百零三条第一款或《民法典》第九百二十六条第一款之规定。与显名代理仅需遵守权限要求代理后果即必然归属于委托人不同，两种情形下的隐名代理虽然在代理效果上均有可能使委托人享有受托人在其与第三人所订合同中的权利（包括对第三人行使诉权），但此种效果之产生应受到一定条件限制，且两种隐名代理之代理效果归属于委托人所应受到的条件限制存在一定区别：《合同法》第四百零二条之隐名代理除需排除"但书"情形外，还需第三人在订立合同时知道受托人与委托人之间存在代理关系，而《合同法》第四百零三条第一款则除排除"但书"情形外，则需受托人向委托人披露第三人。同时，立法对两种隐名代理"但书"情形的规定亦不相同。这就决定了因快递服务过程中名义寄件人与实际寄件人发生分离而需要对原告资格进行审查时，不但应排除显名代理规范之适用，而且还应准确界定案件属于上述两类隐名代理之何种情形，如此方能正确选择所应适用的法律规范，并根据具体案情对原告适格性作出准确判断。

（三）隐名代理与行纪行为的识别

1.典型案例

在赵某（以下称原告）与北京某快递公司兰州分公司（以下称快递公司）、某保险公司甘肃分公司（以下称保险公司）公路货物运输合同纠纷一案中，原告诉称其于 2014 年 5 月 14 日委托吴某将价值 48000 元的血球分析仪交由快递公司寄往山东省济南市某厂家，但因快递公司失误，该件错误发往他处，后几经辗转，直至 6 月 11 日济南厂家才收到仪器，但该仪器已彻底毁损并无法修复，致原告产生经济损失。原告与快递公司交涉责任承担事宜时，快递公司称由于该件交寄时并未保价，因此只能赔偿其 500 元。原告对此赔偿方案不能接受，遂起诉至人民法院，要求快递公司对其实际损失承担赔偿责任，并由案涉保险公司承担连带责任。法院审理后认为，本案所涉公路货物运输合同的运单系由吴某所填写，因此原告并不具有适格性，故裁定对其起诉予以驳回，案件受理费 2448 元予以退回。[①]

2. 案例评析

本案审理过程中，应首先对运单上所填写的姓名吴某与原告姓名不一致这一情况进行事实调查，调查结果可能涉及三种情形。情形一：吴某另有其人，且其寄递快件的行为系处理自身事务，与原告无关。此时根据合同相对性原理，吴某所缔结合同的权利义务不能归属于原告，因此原告并无资格成为案涉合同纠纷的诉讼当事人。情形二：吴某并非另有其人，而是原告寄递快件时出于保护个人信息等方面的考虑违反寄递实名制要求所使用的非正式姓名。此时根据案发时我国有关立法对姓名权问题所作出的规定，[②]只要原告能够证明完成寄递行为的主体吴某实际系其本人，则应认定其具有本案的诉讼主体资格。情形三：吴某确实另有其人，且系交寄快件和填写运单的实际行为人，但其完成上述寄递活动并非处理自身事务，而是基于原告委托处理其事务的行为。若情形三事实得以确认，则原告具有合法诉讼主体资格的可能性也是存在的：根据前述两案中所作分析，若被告在缔约时知晓吴某与原告之间存在代理关系，且无确切证据证明该合同只约束被告和吴某，则应根据前引《合同法》第四百零二条之规定，直接认定原告为案涉合同当事人，并认可其因此而享有对被告的诉权；若缔约当时被告虽并不知晓吴某与原告之间存在代理关系，但在发生快件损失后吴某向原告披露了与其缔结快递服务合同的相对人为被告，且不存在若缔约时被告知晓委托人为原告即不会同意缔结该合同之情形，则应根据前引《合同法》第四百零三条第一款之规定，认可原告可以享有受托人吴某作为合同当事人有权对被告行使的诉权。相反，如被告能够举证其于缔约当时并不知晓吴某与原告之间存在代理关系，且能

[①] 案情来源于甘肃省兰州市七里河区人民法院（2014）七民初字第 20360 号民事裁定书。

[②] 该案所应适用的《民法通则》第九十九条规定："公民享有姓名权，有权决定、使用和依照规定改变自己的姓名，禁止他人干涉、盗用、假冒。"有关此类案件的具体讨论详见本节后续有关内容。

够举证若其于当时知晓二者存在代理关系即会拒绝缔结该合同，或者吴某并未将其披露给原告，则不仅不能将原告判定为案涉合同之当事人，而且亦无由认可其有权享有吴某作为案涉合同当事人对被告所享有的诉权。

围于本案裁判文书所呈现信息的有限性，法院判定原告不适格究竟系基于对前述第一种情形的事实认定，还是在作出第二种事实认定后在法律适用上与笔者的理解不同，抑或在第三种事实情形下符合否定原告适格性的条件，目前尚不得而知。但基于本案判决书所呈现的信息，除应根据不同案件事实情况作出判断之外，还有以下问题值得关注，即应注意区分与委托有关的不同法律关系，以避免在法律适用上发生混淆。在委托基础上，委托人与受托人有可能建立各种不同具体类型的法律关系，较为常见的有代理关系、居间关系、行纪关系等，其中较易发生混淆的是代理关系和行纪关系，尤其是代理中的隐名代理关系与行纪关系。

由丁隐名代理是受托人接受委托人委托后以自己名义与第三人进行民事活动的行为，而行纪亦为受托人以自己名义为委托人需要从事民事活动，因此二者具有较为明显的相似性。但在对受托人从事委托活动所产生的法律后果归属上，立法对二者的规定截然不同。对于隐名代理，《合同法》第四百零二条、第四百零三条第一款以及继承了上述规定的《民法典》第九百二十五条、第九百二十六条第一款均规定，在满足一定条件时受托人与第三人所签订的合同要么将直接约束委托人和第三人，要么虽然所签合同的当事人仍为受托人和第三人，但得于特定条件下由委托人行使受托人在该合同中对第三人的权利。而《合同法》第四百二十一条第一款和继承了该规定的《民法典》第九百五十八条第一款在对行纪行为进行规范时均明确："行纪人与第三人订立合同的，行纪人对该合同直接享有权利、承担义务。"由此可见，在能够确定案件事实为前述第三种情形即吴某系接受原告委托以自己名义与被告订立合同时，本案原告适格性判定能否适用前述《合同法》第四百零二条或第四百零二条第一款规定，还应取决于吴某与原告之间究竟系隐名代理关系还是行纪关系。若为前者，则应适用前述《合同法》第四百零二条或第四百零三条第一款规定，并根据案件具体情况判断原告是否具有适格性；但若为后者，则应根据《合同法》第四百二十一条第一款关于行纪行为法律后果的规定，认定吴某为案涉合同的当事人，同时否定本案原告的适格性。亦即在后一情形下，吴某方为有权对本案被告提起违约之诉的适格原告，而本案原告如欲维护自身权利，则应基于其与吴某之间的委托关系，根据《合同法》第四百二十一条第二款规定向吴某另案起诉，并要求其对自身损失进行赔偿。[①]

那么，本案中吴某与原告之间究竟系隐名代理，还是构成行纪关系？

隐名代理与行纪主要有以下三方面的区别：一是存在领域不同。隐名代理在生产经营和日常生活中的适用范围较为广泛，只要不存在法律的禁止性规定且该行为的性质并不排斥代理即可进行；而行纪主要存在于贸易领域，[②]常见于代销行为等。二是对受托人资质和市场准入的要求不同。隐名代理仅要求受托人具有相应的民事行为能力，而行纪人则应取得特定资质，并经有关部门审批或登记后方得营业，且一般为专门为他人处理委托事务的营业者。[③]三是是否有偿和费用承担情况不同。隐名代理既可以是有偿的，也可以是无偿的，[④]且处理委托事务的费用应由委托人负担；[⑤]而行纪系典型的商事活动，因此在当事人并无特别约定情况下应为有偿的，[⑥]且除特别约定外，行纪

① 《合同法》第四百二十一条第二款规定："第三人不履行义务致使委托人受到损害的，行纪人应当承担损害赔偿责任，但行纪人与委托人另有约定的除外。"

② 有学者指出："行纪契约之标的，必须是事务之处理，而此种事务，必须是动产之买卖或其他商业上之交易"。参见梅仲协：《民法要义》，中国政法大学出版社1998年版，第429页。对于行纪主要适用于贸易领域之观点，我国多数学者持赞成态度。

③ 例如，我国1995年颁布的《经纪人管理办法》第六条即规定："具备下列条件的人员，经工商行政管理机关考核批准，取得经纪资格证书后，方可申请从事经纪活动：（一）具有完全民事行为能力；（二）具有从事经纪活动所需要的知识和技能；（三）有固定的住所；（四）掌握国家有关的法律、法规和政策；（五）申请经纪资格之前连续三年以上没有犯罪和经济违法行为。"而该《办法》中的经纪活动，即包括行纪在内。

④ 《合同法》第四百零五条规定："受托人完成委托事务的，委托人应当向其支付报酬。因不可归责于受托人的事由，委托合同解除或者委托事务不能完成的，委托人应当向受托人支付相应的报酬。当事人另有约定的，按照其约定。"《民法典》第九百二十八条对上述规定给予了承继。

⑤ 《合同法》第三百九十八条规定："委托人应当预付处理委托事务的费用。受托人为处理委托事务垫付的必要费用，委托人应当偿还该费用及其利息。"《民法典》第九百二十一条对上述规定给予了承继。

⑥ 《合同法》第四百二十二条规定："行纪人完成或者部分完成委托事务的，委托人应当向其支付相应的报酬。委托人逾期不支付报酬的，行纪人对委托物享有留置权，但当事人另有约定的除外。"《民法典》第九百五十九条对上述规定给予了承继。

人应自行负担处理委托事务所需要的费用。[①] 在上述三方面区别中，前两个方面系二者较为本质性的区别。结合本案情况，代为交寄快件的行为显系通常民事活动，而非贸易活动，且进行该项活动并不需要受托人具备特定资质和经有关部门审批或登记，因此应认定本案情形并不构成行纪，而是《合同法》第四百零二条或第四百零三条第一款所调整的隐名代理。也就是说，本案不应适用《合同法》第四百二十一条第一款关于行纪的规定对原告资格予以否定，而是应如前文所析，依据《合同法》第四百零二条或第四百零三条第一款关于隐名代理的规定，结合案件具体情况对原告资格作出认定。

3. 案件小结

在违约之诉中，如原告与案涉合同所显示的主体并不一致，不应不加分析地对其诉讼主体资格给予断然否定，而是应如前文所析，具体查明是否存在主体同一性以及原告与显名主体之间是否存在委托关系。在主体不一致但二者存在委托关系时，还应判断案涉情形属于行纪还是隐名代理。若构成行纪，应认定受托人为其所订合同的当事人，并为案件涉诉时的适格原告；若为隐名代理，则还需根据不同情况对原告资格认定作出不同处理。由于快递服务中名义寄件人与实际寄件人发生分离情形并不符合行纪特征，因此无由适用行纪规范否定实际寄件人的原告资格；而原告究竟是否具有适格性，还应根据庭审查明的案件事实和隐名代理的有关法律规范作出相应判断。

（四）快递服务中双方代理的例外有效情形

1. 典型案例

在谢某（以下称原告）诉湖南某快递公司（以下称被告）运输合同纠纷一案中，原告诉称其于 2017 年 11 月 5 日交由被告寄递的一台电脑主机于收件人收到后发现已发生毁损，故要求被告赔偿其经济损失 4180 元，并承担本案诉讼费。被告则在否认其对电脑毁损构成责任的同时，提出原告所提供的案涉运单表明寄件人为李某，而非原告本人，故对原告的诉讼主体资格予以否认。法院审理后查明，李某系被告快递公司快递员，2017 年 11 月 5 日，原

[①]《合同法》第四百一十五条规定："行纪人处理委托事务支出的费用，由行纪人负担，但当事人另有约定的除外。"《民法典》第九百五十二条对上述规定给予了承继。

告联系其上门收寄案涉电脑主机，经原告同意，李某在运单上的寄件人栏填写了自己的姓名。[①]庭审中，被告对电脑主机机箱及电源损坏的事实予以认可。在此基础上，法院认定本案争议焦点除被告是否应赔偿原告经济损失 4180 元之外，还包括原告是否在本案中具有诉讼主体资格。法院审理后认为，根据原告所提供的证据和李某当庭陈述，能够认定原告为实际的快递托运人，故对其在本案中的诉讼主体资格予以认可。在对本案其他争议进行审理后，法院最终判决被告赔偿原告损失 250 元，驳回原告其他诉讼请求；案件受理费 50 元由被告负担。[②]

2. 案例评析

与前述诸案的共性问题是，本案判决书只是基于对原告为案涉快件"实际托运人"这一事实的认定，就对其诉讼主体资格作出了判定，而案涉法律关系的性质以及作出这一裁判的法律依据是什么，则并未予以详细陈明。与前述诸案不同的是，虽然本案所涉运单中填写的寄件人姓名亦与原告姓名不一致，且名义寄件人与原告为不同民事主体，但该名义寄件人并非原被告之外的任意第三人，而是被告公司的工作人员。该案件事实无疑使本案另具特殊性，并在一定程度上增加了案件裁判的复杂性。

本案中，作为被告公司快递员，李某与被告之间构成职务代理关系。但其在缔结案涉快递服务合同时，还同时接受了原告委托代其与被告缔结案涉合同——虽然李某签订案涉合同时并未以原告名义进行，而是在运单上填写了自己的姓名，但这并不影响其与原告之间成立委托代理关系，只是该项代理并非显名代理，而是构成隐名代理，且根据案情判断，本案属于《合同法》第四百零二条适用范围内之隐名代理，故其代理效果应归属于原告。而与原被告同时形成职务代理和隐名代理关系，表明李某的行为实际已构成双方代理（亦称同时代理）。对于双方代理的效力，案涉合同订立时已经生效的《民法总则》第一百六十八条第二款规定："代理人不得以被代理人的名义与自己同时代理的其他人实施民事法律行为，但是被代理的双方同意或者追认的除外。"[③]即双方

---

① 对于将寄件人填写为李某姓名的具体原因，判决书内容并未予以体现。
② 案情来源于湖南省衡南县人民法院（2018）湘 0422 民初 367 号民事判决书。
③ 该条款已被《民法典》第一百六十八条第二款所承继。

代理仅被法律作出了一般禁止性规定，而若该双方代理行为已经被代理人双方同意或追认，则该代理行为仍会发生相应法律效力。本案中，对于李某系被告公司快递员这一事实，原告缔约时处于知情状态，而其仍然委托其代为签订案涉快递服务合同，说明其对李某进行双方代理的行为持认可态度。而被告一方在李某完成双方代理行为后实际履行了案涉合同，亦可据此认定其对李某的双方代理行为进行了追认。需要说明的是，虽然已经明确了可以将被代理人的实际履行行为认定为其对代理人的代理行为进行追认的《民法典》在时间效力上不能及于本案，[①] 但本案所应适用的《民法总则》第一百四十条第一款规定，行为人既可以明示方式作出意思表示，也可以默示方式作出意思表示。[②] 而默示方式是指行为人虽然并未以书面或口头等方式明确表示自己的意思，但其做出了一定行为，而根据该行为能够推定出其具有一定意思表示。据此，可以根据本案中被告实际履行案涉合同的行为推定出其实际对李某所进行的双方代理持认可态度，亦即其已通过实际履行合同这种默示方式对李某双方代理行为的效力进行了追认。简言之，本案中原告的事先同意和被告的事后追认，使李某所进行的双方代理符合了法律规定的例外有效情形，因此仍会产生相应代理效果，即其所签订的快递服务合同仍会对原告和被告产生约束力，亦即原告和被告仍会成为案涉合同的双方当事人，从而均对本案享有诉的利益，并因此能够成为本案的适格原告与适格被告。

3. 案件小结

本案中，李某与被告之间构成职务代理关系是显而易见的，但判定本案原告适格性还有以下问题不应被忽略：一是李某与原告之间亦构成代理关系，只是并非显名代理，而是隐名代理，且系第三人（本案被告）在缔约时知晓受托人（李某）与委托人（本案原告）之间存在代理关系之隐名代理情形，因此判断原告适格性应适用前引《合同法》第四百零二条之规定。二是李某的行为已构成双方代理。忽略对本案中存在隐名代理关系进行识别，将无法从法律上解释为何以李某名义进行的民事行为之法律后果应由原告所承受；而意识不到本

---

① 该法第五百零三条规定："无权代理人以被代理人的名义订立合同，被代理人已经开始履行合同义务或者接受相对人履行的，视为对合同的追认。"

② 该条款原文是："行为人可以明示或者默示作出意思表示。"

案中双方代理关系的存在，继而对其是否符合法律规定的特殊有效要件缺乏必要分析，则会导致判决中对原告诉讼主体资格的认可缺乏足够说服力。

二、寄件人使用虚拟姓名寄递时的原告资格判定

近年来，个人信息泄露事件于包括网络购物和快递服务在内的众多服务领域频繁发生，不仅给权利人带来极大困扰，而且由此进一步引发其他侵权案件甚至刑事案件的情况亦屡见不鲜。在此背景下，越来越多的民事主体在包括网络购物、快递服务等在内的服务领域中开始使用网名等虚拟姓名，从而在一定程度上起到了避免个人信息泄露和被非法使用的作用。但亦应引起关注的是，在有效防范信息泄露的同时，使用虚拟姓名也会带来一些负面作用。以下案例中，因虚拟姓名使用而在诉讼程序中所引发的原告适格性判定问题就是常见的负面效果之一。

1. 典型案例

在原告崔某霞与被告赤峰市某快递公司运输合同纠纷一案中，原告诉请被告赔偿其在邮寄过程中丢失的苹果手机价款3898元，并承担本案诉讼费用。被告则辩称，原告寄递时所使用的姓名与其身份证姓名不符，但同时同意在其未进行保价情况下按照有关规定对其赔偿1000元。法院审理后查明，2016年10月27日，原告委托任某为其在唯品会订购了一部苹果6 Plus手机，收货后发现与所购型号不符，遂于同年11月1日交由被告邮寄退货，但该手机在邮寄途中丢失，造成唯品会未能收到退货并拒绝向原告退款。虽然原告向被告交寄手机时所使用的姓名"崔某"系其在唯品会的注册用名，与其身份证姓名"崔某霞"不符，但法院认为，根据当事人陈述及原告提供的有关证据，能够认定原被告双方存在运输合同关系，且被告收寄后存在将手机丢失并造成原告经济损失之事实。法院还认定，虽然原告与被告签订运输合同时并未使用其身份证姓名，而是使用了其在唯品会注册时的虚拟姓名，但并不违反法律规定，因此不影响其要求被告赔偿损失的权利。结合其他案件事实并根据有关法律规定，法院最终判决被告赔偿原告经济损失3898元，案件受

理费减半收取 25 元，由被告负担。①

2. 案例评析

在上述案例中，原告与被告签订运输合同时并未使用身份证姓名，而是使用了其进行网购时的虚拟用名。庭审过程中，被告虽然指出了案件存在"两名不符"（即订立快递服务合同时用户所使用的姓名与本案原告姓名不一致）问题，但又对其与原告间存在合同关系和应对原告承担赔偿责任进行了自认。法院虽未因原告缔结快递服务合同时使用了虚拟姓名而对其原告适格性予以否认，且在庭审调查后最终支持了其要求被告承担损失赔偿责任的主张，但并未对在"两名不符"情况下依然认可了原告诉讼主体资格的事实和法律依据作出明确说明，只是笼统指出原告与被告缔结快递服务合同时使用虚拟姓名的做法并不违反法律规定。实际上，用户在寄递快件时使用虚拟姓名并不符合有关法律规定，且其寄递快件时使用虚拟姓名是否合法亦无关其是否在前案中具有原告适格性。

通常情况下，民事主体使用虚拟姓名存在明确的法律依据，该依据为《民法典》中有关姓名权的规定、《民法典》生效前《民法总则》中有关姓名权的规定以及《民法总则》生效前《民法通则》中有关姓名权的规定。就本案发生时间来看，其所应适用的法律应为《民法通则》中有关姓名权的规定。《民法通则》第九十九条规定："公民享有姓名权，有权决定、使用和依照规定改变自己的姓名，禁止他人干涉、盗用、假冒。"②即该条同时规定了姓名权的积极权能和消极权能，其中积极权能包括三项，即姓名决定权、姓名使用权和姓名变更权，③消极权能亦包括三项，即禁止他人干涉权、禁止他人盗

---

① 案情来源于内蒙古自治区巴林左旗人民法院（2017）内 0422 民初 1365 号民事判决书。

② 在人格权越来越受到重视的时代背景下，为进一步完善对姓名权的保护，我国《民法典》对上述《民法通则》规定既进行了继承，又给予了一定发展，主要表现为总分结构的建立、保护与规范的并重、积极权能和消极权能的分立、对积极权能的进一步丰富以及一定条件下对非正式姓名消极权能保护之拓展。具体内容参见《民法典》第一千零一十二条～一千零一十七条规定。

③ 在此基础上，《民法典》第一千零一十二条规定："自然人享有姓名权，有权依法决定、使用、变更或者许可他人使用自己的姓名，但是不得违背公序良俗。"即现行《民法典》已经将自然人姓名的积极权能拓展为四项，即决定权、使用权、变更权和许可他人使用权。

用权和禁止他人冒用权。①本案仅涉及姓名权的积极权能，且仅涉及其中的姓名决定权和姓名使用权。姓名决定权，是指除无民事行为能力人由其监护人通过行使监护权代为决定其姓名以外，其他所有自然人均有权自行决定自己的姓名而不受他人干涉。姓名使用权则是指除法律另有规定或当事人另有约定外，自然人在进行民事活动时有权决定是否使用其姓名、在何种情况下使用其姓名以及如何使用其姓名。值得注意的是，自然人在现实生活中所使用的姓名往往既有正式姓名，即该自然人在户口登记机关登记的姓名，亦即户口簿、身份证等法定身份证件上的姓名（本案中"崔某霞"即为原告的正式姓名），也有非正式姓名，包括艺名、笔名、译名、小名、微信昵称以及本案中所涉及的网络购物用名等。那么，《民法通则》中所规定的姓名权是否既包括对正式姓名的保护，也包括对非正式姓名的保护？或者说，本案中，原告以不同于其正式姓名的网名进行了淘宝注册，是否可以认定为系对其姓名决定权的运用？在与被告缔结快递服务合同时，原告仍未使用其正式姓名，而是选择使用了其网络购物用名，又是否系对其姓名使用权的依法运用？对此，无论是《民法通则》还是《民通意见》均未予明确，《民法总则》囿于其总则性规范之定位亦未有任何涉及。笔者认为，现行《民法典》人格权编中关于姓名权的有关规定，以及民法学中的有关基本原理，均可作为对《民法通则》中姓名权保护范围的解释参考和判断依据。

我国《民法典》第一千零一十七条规定："具有一定社会知名度，被他人使用足以造成公众混淆的笔名、艺名、网名、译名、字号、姓名和名称的简称等，参照适用姓名权和名称权保护的有关规定。"这表明对于自然人的非正式姓名，《民法典》亦提供了法律保护，但同时附加了一定限制性条件，即对该非正式姓名知名度的要求和被他人使用后所造成后果的要求。按照这一规定，只有符合上述两方面限制性条件的非正式姓名方得参照适用《民法典》第一千零一十七条规定之前关于姓名权保护的有关规定；同时依此进行推断，似乎一千零一十七条之前的第一千零一十二条和一千零一十四条均系仅针对自然人正式姓名所作出的保护与规范。而如此看来，若将《民法典》上述规

---

① 与《民法通则》不同的是，《民法典》第一千零一十四条对姓名权的消极权能以不穷尽列举方式作出了规定，从而亦对其消极权能的保护实现了拓展。

定作为《民法通则》中对姓名权保护范围的解释参考，则由于本案情形并不符合第一千零一十七条规定，因此原告在本案中对其非正式姓名的决定和使用似乎均于法无据。但事实并非如此。笔者认为，应从立法目的出发对《民法典》第一千零一十七条的适用范围进行限缩解释，即其要求符合两个方面限制性条件方可参照适用的姓名权保护性规定，仅指该法典第一千零一十四条对姓名权的消极权能所作出的保护性规定，[①]而不包括第一千零一十二条对其积极权能所作出的保护性规定。换言之，包含了对姓名决定权和使用权进行保护的一千零一十二条规定既应适用于对自然人正式姓名的保护，也应适用于对其非正式姓名的保护。否则，若在并未涉及公共利益保护情形下排除此条对非正式姓名之适用，必将造成对自然人行为自由的不当限制和保护不周，从而与民法中的意思自治原则相违背；[②]而一千零一十四条对姓名权消极权能的保护性规定须在符合一千零一十七条限制性条件时方得适用于对非正式姓名的保护，其原理亦为对民事主体的行为自由给予更为充分的保护。本案中，原告对其非正式姓名的决定与使用既未违反法律的强制性规定，亦不违背公序良俗，在《民法通则》中并不存在对自然人非正式姓名积极权能不予保护的排除性规定情形下，从最大程度保护民事主体行为自由出发，同时参考对《民法典》有关规定的理解，应对《民法通则》第九十九条规定中涉及积极权能的姓名权含义进行广义解释，即应认定其既包括对正式姓名的保

[①] 该条规定："任何组织或者个人不得以干涉、盗用、假冒等方式侵害他人的姓名权或者名称权。"

[②] 值得注意的是，对《民法典》的权威释义书在对第一千零一十七条进行解读时，指出本条意在明确只有符合一定条件的非正式姓名才能受到法律保护，但并未提出应对本条的适用范围进行限缩解释。参见黄薇主编：《中华人民共和国民法典人格权编解读》，中国法制出版社2020年版，第136页。但该书同时指出：《民法典》第一千零一十二条至一千零一十七条规定"主要"针对的是狭义的姓名（该书亦将其称为"正式姓名"）。这种部分涵盖式的描述，显然又间接表明《民法典》对姓名权的保护性规范可能亦对非正式姓名存在适用空间。参见该书第134页。此外该书还指出，非正式姓名无须像正式姓名一样"依法"决定，即无须遵循《民法典》及其他法律法规对姓名决定的强制性规定，这就意味着作者认可了自然人对非正式姓名不但有决定权，而且其所受到的法律约束要弱于正式姓名。而既然认可自然人对非正式姓名的决定权，就表明作者已经实际肯定了《民法典》第一千零一十二条亦适用于对自然人非正式姓名的保护，因而在事实上与本书观点相一致。

护，也包括对非正式姓名的保护。在此解释基础上，应依《民法通则》第九十九条对姓名权积极权能的规定明确认可原告在通常民事活动中具有决定和使用虚拟姓名之权利。当然，法律另有规定的除外。

但须明确的是，本案当事人在与被告快递企业签订快递服务合同过程中的姓名使用问题并非通常民事活动，而是存在特别法律规定。我国于2018年5月1日起施行的《快递暂行条例》第二十二条规定："寄件人交寄快件，应当如实提供以下事项：（一）寄件人姓名、地址、联系电话；……除信件和已签订安全协议用户交寄的快件外，经营快递业务的企业收寄快件，应当对寄件人身份进行查验……寄件人拒绝提供身份信息或者提供身份信息不实的，经营快递业务的企业不得收寄。"即我国对用户寄递快件实行的是实名制：用户与快递企业签订快递服务合同时须交验身份证，并在寄件人栏填写与其身份证记载相一致的正式姓名。这就意味着，用户在签订快递服务合同时，其姓名使用权受到了行政法规中强制性规定的限制。但应予指出的是，该强制性规定并非效力性强制性规定，而是违反后并不导致所签快递服务合同无效的管理性强制性规定，[①]因此若在《快递暂行条例》生效后发生与本案相类似的案件，尽管用户使用网名等非正式姓名进行寄递违反了实名制规定，法院仍应认定该行为并不影响所签快递服务合同的效力，进而亦应认可其仍为该合同中权利义务的享有者和承担者。值得一提的是，尽管本案裁判时《快递暂行条例》尚未颁行，但当时已经生效的《反恐怖主义法》第二十条第一款已经在快递服务领域中确立了实名收寄制度，[②]而该条中的这一强制性规范亦为违反后并不导致所签快递服务合同无效的管理性强制性规范。

由上述分析可见，用户寄递快件时使用虚拟姓名并不具有合法性，但虚拟姓名的使用既不影响对合同效力的评价，也无关诉讼主体的适格性。实际

---

① 关于对效力性强制性规范和管理性强制性规范之区分以及违反管理性强制性规范民事行为效力之分析，参见贾玉平：《快递服务合同研究》，法律出版社2019年版，第62～67页。

② 该条款规定："铁路、公路、水上、航空的货运和邮政、快递等物流运营单位应当实行安全查验制度，对客户身份进行查验，依照规定对运输、寄递物品进行安全检查或者开封验视。对禁止运输、寄递，存在重大安全隐患，或者客户拒绝安全查验的物品，不得运输、寄递。"即此条规定确立了快递领域中的实名收寄制度。

上，只要原告能够举证"崔某霞"与案涉合同签订人"崔某"均系其自身，则应认定其为案涉合同当事人，并应据此肯定其在本案中的诉讼主体资格。令人遗憾的是，本案审判中似乎遗漏或忽略了对该事实的查明。

3. 案件小结

伴随信息时代的来临和人格权法的倍受重视，个人信息在我国越来越具有不容忽视的经济价值和人格权意义。而由快递企业履行快递服务合同义务的需要所决定，寄件人在与其缔结快递服务合同时，必须提供包括其姓名、地址、联系电话等在内的个人信息，而这些信息均系个人信息中的敏感信息。在快递行业于飞速发展过程中尚未来得及建立高度完备的个人信息保护制度，同时相关技术保护手段亦有待提升之际，快递服务用户已经自行"发明"了一种简便易行的自我保护措施，即在寄发快件时不使用自己的真实姓名即正式姓名，而是使用包括网名等在内的各种化名，亦即虚拟姓名。此外，还有些用户出于保护个人隐私目的，也会在使用快递服务时避免使用其真实姓名。虚拟姓名的使用虽然能够在很大程度上帮助用户实现其"初衷"，但接受服务过程中一旦发生纠纷而涉及诉讼，却很有可能需要面对被告快递企业提出的其是否具有原告适格性的质疑。对于近年来审判实务中日趋常见的这一问题，法院审理和裁判时需注意以下两点。

在法律适用方面，对于原告使用非正式姓名缔结快递服务合同之行为，不能简单认定为其未违反法律规定，而是应在明确通常情况下民事主体得依《民法典》《民法总则》或《民法通则》规定享有姓名决定权和姓名使用权（均含对非正式姓名的决定权和使用权）的同时，指出案涉行为违反了国家基于寄递安全这一公共利益考虑而对快递服务用户姓名使用所作出的限制性规定，即《快递暂行条例》等邮政法律规范中关于实名制的特别法规定，只是该实名制规定并非能够影响所签快递服务合同效力的强制性规定。无论是未根据《民法典》等民事法律规定明确当事人于通常情况下使用非正式姓名缔结合同的行为系对其姓名权的依法行使，还是未能同时指出当事人在快递服务合同缔结过程中使用非正式姓名违反了邮政业规范中的特别法规定，抑或未能进一步指出该邮政法律规定并非违反后会导致所签合同无效的强制性规定，均会在影响案件裁判质量的同时，不能充分发挥司法审判对法律的宣传作用和对当事人以及其他民事主体的行为引导作用。

在事实调查方面，此类案件审理时不应遗漏对一个重要事实的查明，即在"两名不符"情况下，对快递企业提起违约之诉的原告是否和与案涉快递企业订立快递服务合同的寄件人系同一民事主体。只要实名原告确系案涉合同之当事人，就应认定其为有权对快递企业提起违约之诉的适格原告。即此类案件判定原告适格性的焦点并非用户寄递快件时使用虚拟姓名的合法性，而是查明实名原告是否与使用虚拟姓名的寄件人确系同一民事主体。

三、居于出卖人地位之寄件人的原告资格判定

与传统社会交易行为通常所具有的单一性特征不同，在社会分工日益复杂化的当今时代，某一商业活动经常并非孤立存在，而是会与其他法律关系相伴而生、相随而行。用户与快递企业之间快递服务合同关系的建立也是如此，往往既有其"前因"，也有其"后果"。其中，较为常见的一种合同缔结"前因"，是寄件人作为出卖人已经与作为买受人的收件人先行订了买卖合同，其与快递企业签订快递服务合同，不过是作为其向买受人交付出卖物的一种义务履行手段而已。尤其是在日益普及的电子商务活动中，借助第三方快递企业提供的快递服务向买受人交付出卖物，已经成为网络经营者向客户履行买卖合同义务不可或缺的手段。而发生快件损失时网络经营者或其他出卖人对快递企业提起违约损失赔偿之诉时，一些问题也随之出现，主要表现为无论是案件当事人（主要是作为被告的快递企业一方），还是受诉法院，均往往会在纠纷处理过程中将买卖合同这一案外法律关系与快递服务合同法律关系发生串位，即动辄将买卖合同法律关系中的某些事实和法律因素错位适用于对快递服务合同纠纷解决的判断与思考，从而影响了案件裁判的科学性，其中亦包括经常会影响到原告适格性判断的正确性。鉴于此，本书选取其中的典型案例进行剖析，意在明确此类纠纷处理过程中，必须将不同法律关系进行区分和予以廓清，以实现在对寄件人原告资格以及其他相关问题进行判断时排除无关法律关系的干扰，同时明确此类案件中审查寄件人原告适格性时所应考虑的具体因素。

1. 典型案例

在牛某（以下称原告）与山东某速运公司（以下称被告）运输合同纠纷一案中，原告诉称其作为卖方于 2016 年 12 月 17 日与买方杜某（本案中的第三人）订立了"西周青铜内戈"买卖合同，第三人将双方约定的价款 35000元支付给原告后，原告将该"西周青铜内戈"交付给被告托运给第三人。第三人收到后称包装箱有明显摔裂痕迹，且"西周青铜内戈"已断裂毁坏，其实际价值已不存在。故原告向法院提起诉讼，请求判令被告赔偿其"西周青铜内戈"损毁赔偿金 35000 元，并承担本案诉讼费用。被告除辩称快件损毁系发生于快递过程中还是在第三人领取之后无法确定以外，还指出根据合同法规定，原告与第三人之间的买卖标的物之所有权已经在原告委托被告承运后转移给第三人，因此原告诉请赔偿没有法律依据。

法院根据双方诉辩和所提交的证据进行审理后查明，原告与第三人就涉案物品"西周青铜内戈"达成了买卖协议，第三人给付了原告价款 35000 元，原告于 2016 年 12 月 17 日将该物品交被告寄递，被告收取其邮寄费 24 元，随后将案涉物品送至目的地速递易柜后通知了第三人领取。第三人取回后，于 2016 年 12 月 19 日 20 时 51 分致电被告，称案涉物品损坏。法院认为，《合同法》第一百四十五条规定："当事人没有约定交付地点或者约定不明确，依照本法第一百四十一条第二款第（一）项的规定标的物需要运输的，出卖人将标的物交付第一承运人后，标的物毁损、灭失的风险由买受人承担。"据此，自原告在将买卖标的物"西周青铜内戈"交付被告承运时起，原告即对该标的物毁损所致损失已不具有请求权利，故原告就"西周青铜内戈"毁损价值要求被告赔偿于法无据，遂依照《合同法》第一百四十五条、《民事诉讼法》[①]第二百四十四条规定判决驳回原告诉讼请求，并承担本案受理费 338

[①] 该法于 1991 年 4 月 9 日第七届全国人民代表大会第四次会议通过，根据 2007 年 10 月 28 日第十届全国人民代表大会常务委员会第三十次会议《关于修改〈中华人民共和国民事诉讼法〉的决定》第一次修正，根据 2012 年 8 月 31 日第十一届全国人民代表大会常务委员会第二十八次会议《关于修改〈中华人民共和国民事诉讼法〉的决定》第二次修正，根据 2017 年 6 月 27 日第十二届全国人民代表大会常务委员会第二十八次会议《关于修改〈中华人民共和国民事诉讼法〉和〈中华人民共和国行政诉讼法〉的决定》第三次修正。根据 2021 年 12 月 24 日第十三届全国人民代表大会常务委员会第三十二次会议《关于修改〈中华人民共和国民事诉讼法〉的决定》第四次修正。

元。[①]

2. 案例评析

本案审理过程中虽然并未明确提及诉讼主体的资格问题，但不仅被告进行抗辩时实际涉及了这一问题，而且法院判决原告败诉的实质性因素亦系认为其对本案并不享有诉的利益，即其并非本案适格原告，只是法院作出该判定的理由与被告抗辩的具体内容并不相同而已。上述情况表明，是否具有诉讼主体上的适格性，实际是原告能否在本案中胜诉的重要前提和关键因素之一。

分析原告是否对其诉讼请求享有诉的利益，首先应明确案件的诉由，然后将案涉纠纷锁定于其所依存的具体法律关系进行讨论。如为侵权之诉，则原告是否具有适格性应首先取决于其是否为损失快件的物权人，案件事实调查的重心亦应为与物权归属和变动紧密相关的事实因素。但若为违约之诉，则应着重审查案件中是否存在合同关系以及存在何种合同关系。在案件同时存在多重合同关系时，还应继续审查案件案由系基于何种合同关系而确立，以及原告是否系被告在该合同关系中的相对人。在本案诉由已明确为合同纠纷而非侵权纠纷，且具体案由已确定为"运输合同纠纷"前提下，判断原告是否对本案享有诉的利益，并不需要查明其对案涉快件是否享有相应物权，而是应确定其是否与被告订立了案涉运输合同，以及其合同权利是否因被告违反运输合同而遭受了损害。这就意味着，不管被告所称"原告与第三人之间的买卖标的物所有权已经在原告委托被告承运后转移给第三人"之观点是否能够成立，其将物权变动因素作为否定原告在违约之诉中诉讼主体资格的抗辩定系缘木求鱼。另需关注的是，法院虽然最终确实否定了原告的诉讼主体资格，但其判定并非基于被告从案涉快件所有权变动角度所进行的抗辩，从而表明法院实际对被告抗辩予以了否定，这无疑是正确的。但其转而将独立于运输合同之外的买卖合同的风险负担规则作为否定原告在运输合同纠纷中诉讼主体适格性的理由是否恰当，还需进一步讨论。

上述案件中实际存在两个完全不同的合同关系：一是原告作为卖方与买方（案件中的第三人）之间的买卖合同关系；二是原告作为寄件人与被告之间的运输合同关系。本案审理时，应首先明确案涉纠纷发生在上述哪一合同

---

① 案情来源于山东省梁山县人民法院（2017）鲁 0832 民初 4220 号民事判决书。

关系中，然后根据该合同关系的主体要素和内容要素判断原告是否对该案享有诉的利益，以及其诉讼请求能否得到法律支持。

在买卖合同中，原告与案件中的第三人互为合同相对人，且原告负有按约向第三人交付出卖物即案涉"西周青铜内戈"的义务。据此进行分析，原告于该合同关系中就"西周青铜内戈"损毁可能会在以下两种情况下对第三人构成违约责任：情形一——双方将合同履行地明确约定为第三人所在地，且有关证据表明，"西周青铜内戈"毁损发生于第三人受领前；情形二——双方将合同履行地明确约定为原告所在地，或虽未对合同履行地作出约定或约定不明，但根据《合同法》第六十二条所规定的条款约定不明的补缺性规则得将合同履行地确定为原告所在地，①且有关证据表明"西周青铜内戈"毁损发生于交寄被告之前。相应地，原告对第三人不构成违约责任的情形亦包括两种：情形一——双方将合同履行地明确约定为第三人所在地，且有关证据表明"西周青铜内戈"毁损发生于第三人受领后；情形二——双方将合同履行地明确约定为原告所在地，或在履行地约定不明情况下适用补缺性规则后确定为原告所在地，且有关证据表明"西周青铜内戈"毁损发生于交寄被告之后。这就意味着，若第三人以其与原告之间的买卖合同为基础对原告提起违约之诉，则判断原告是否对第三人构成违约责任须同时查明以下两方面事实：一是该买卖合同的履行地究竟为原告所在地还是第三人所在地；二是"西周青铜内戈"发生毁损的事实究竟发生在哪个时间段。在查明上述事实基础上，还应确定是否存在风险负担规则的适用余地，以及适用何种风险负担规则。而无论是对上述事实审查的忽略，还是对风险负担规则的误用，均会造成对原告是否构成违约责任的误判。

但显而易见的是，本案诉讼并非基于买卖合同而发生，而是基于运输合同所提起。因此，原告是否对其诉请享有诉的利益，应取决于其是否为被告在案涉运输合同中的合同相对人。而其诉讼请求能否获得支持，则取决于被告在案涉运输合同中应对原告负担何种合同义务，以及其是否违反了此种义务。判决书中所陈述的案情表明，原告确系被告在案涉运输合同中的合同相

---

① 根据《合同法》第六十二条所规定的条款约定不明的补缺性规则，此时双方合同的履行地应为履行义务一方所在地，亦即原告所在地。

对人，因此法院应据此肯定原告的适格性。而由于快递企业在运输合同中负有在约定时限内将快件安全送达收件人的义务，因此原告诉请能否获得支持的焦点，应系"西周青铜内戈"毁损是否发生于原告交寄被告之后和第三人受领之前——如发生于交寄之后受领之前，则原告诉求成立，被告应对其承担违反运输合同的违约责任；但若发生于交寄之前或第三人受领之后，则并不能判定被告存在违约行为，亦无由判定被告对原告构成违约责任。这表明，本案所涉运输合同纠纷与前述假设之买卖合同纠纷存在明显区别：前述假设的买卖合同纠纷之解决不仅有必要查明快件损毁的发生时间，而且需要根据当事人约定或《合同法》总则有关规定确定合同履行地，或者直接根据《合同法》分则中关于买卖合同的有关规定确定标的物风险于何时发生转移，但运输合同纠纷之解决不仅无须对合同履行地进行补缺（双方当事人已经在合同中将履行地明确约定为收件人所在地），而且完全无关买卖合同中有可能涉及的风险转移问题，其需要查明的关键事实仅为案涉快件的损毁究竟发生于何时——如发生于原告交寄之前或第三人受领之后，则被告不构成违约责任；但若发生于交寄之后、受领之前，则在并不存在免责事由情况下，被告应被判定构成违约责任。[①]

3. 案件小结

本案启示主要在于在案件涉及双重甚至多重法律关系时，判定原告是否具有合法的诉讼主体资格，应首先明确引起本案诉讼的是其中的哪一种法律关系，以及案件诉由系违约之诉还是侵权之诉。如果说本案被告抗辩失败的主要原因是其混淆了侵权之诉和违约之诉截然不同的原告适格性审查因素，那么另外一种必须注意避免的倾向就是将当事人所交叉共处的不同法律关系混为一谈，从而将并未引发诉讼的另一法律关系中的原告适格性考察因素错位适用于案涉纠纷中。在寄件人作为出卖人与第三人（买受人）订有买卖合同，并将出卖物交由快递企业寄递给第三人时，若其基于与快递企业之间的快递服务合同就快件损失对后者提起违约之诉，则判定寄件人原告适格性既无须审查其是否对案涉快件享有所有权或其他物权，亦不涉及并未涉案的买

[①] 被告此时究竟是否构成违约责任还应结合案件其他因素进行审查。比如，案涉快件包装是由谁完成的以及包装质量是否对快件损毁产生了影响等。

卖合同中的风险负担规则之适用，而是仅需对原告是否为被告在案涉快递服务合同中的合同相对人进行审查即可。如审理查明其为被告快递企业在案涉快递服务合同中的合同相对人，即应对其原告资格予以认可；否则应否定其原告适格性，并对案件作出驳回起诉处理。

第二节　收件人在违约之诉中的原告资格判定

【本节提要】

　　关于收件人是否得在对快递企业提起的违约之诉中成为适格原告，《民法典》颁行前的司法实践中同时存在"肯定说"和"否定说"两种不同判决，且后一做法系这一阶段的主流。二者分歧的实质在于是否认可快递服务合同的涉他性，而造成类案异判和"否定说"成为主流的根源则主要在于当年的《合同法》存在立法漏洞和对其第六十四条规定的解释并不统一。

　　《民法典》颁行后，原有法律漏洞得到填补，表现为立法对"向第三人履行合同"的两种情况均作出了调整，同时也对二者分野作出了明确规定。自此，法院判定第三人是否对债务人直接享有请求权以及其是否得在对债务人提起的违约之诉中成为适格原告，须首先对所涉合同的类型进行二元识别。其判定依据是当事人是否于合同中就第三人可得对债务人直接行使履约请求权作出了明确约定，以及第三人是否对此予以了明确拒绝。立法规定该识别标准的法理依据主要是合同自由原则，同时亦有对效率价值的兼顾。考虑到我国现实情况，对合同中是否存在第三人可以直接请求债务人向其履行债务之当事人约定，应作适度的宽松化解释，其解释依据既应遵循《民法典》有关规定，又要考虑到合同涉他性解释的特殊性。其核心解释依据应为"合同目的"，而对"合同目的"的判断又应结合第三人是否与债权人之间存在"特定背景关系"。若第三人能够举证于债权人和债务人的合同关系之外，存在债权人需要或愿意将其与债务人合同关系中的全部或部分权益彻底归属于第三人的特定情由，且缔约时债务人知晓债权人存在基于这些情由使第三人获得履约请求权之缔约意图时，应认定该合同系"真正利益第三人合同"，即第三人对债务人享有直接诉权。但若债权人和第三人并不存在"特定背景关系"，或该"特定背景关系"表明第三人并非合同利益的最终归属者，则应认定债权人并不具有将受领利益彻底归属于该第三人之缔约目的，此时该第三人仅为债权人的债务履行辅助人，因此其也就无权作为原告自行对债务人进行追索。

由"合同目的"的多样性所决定，快递服务合同是否为真正利益第三人合同需要具体情况具体分析。在快件系电商件时，快递服务合同系真正利益第三人合同，收件人在对快递企业提起的违约之诉中可以被认定为适格原告。但在收件人仅为寄件人所选定的代收人、寄件人将快件寄交收件人仅意在由后者进行维修等情况下，收件人并不享有对快递企业的履约请求权，亦不具备对快递企业提起违约之诉的原告资格。此外，即使寄件人与收件人存在以转移所有权为目的的买卖、赠予等合同关系，但若快递企业在与寄件人签订快递服务合同时并不对此存在知情同意，则该快递服务合同仍非真正的利益第三人合同，因此应依《民法典》第五百二十二条第一款之规定，认定寄件人方为对快递企业享有履约请求权和违约诉权的民事主体，即收件人此时并不具有原告资格。

在对快递企业提起违约之诉时，与寄件人原告资格似乎在法律上不存在任何疑问，但实务中纷繁复杂的具体情况又会使裁判者时常面临各种困惑不同，收件人是否可以在对快递企业提起的违约之诉中成为适格原告这一问题本身就充满分歧，但具体争议较为单一，争议的焦点通常是快递服务合同是否具有涉他性、对收件人原告资格的判断在《民法典》生效之前是否应适用《合同法》第六十四条规定，以及于《民法典》生效后应适用其第五百二十二条第一款规定还是第二款规定。

一、《民法典》颁行前收件人原告适格性认定的司法实践

（一）否定收件人原告资格的典型案例及评析

在王某（一审原告，二审中的上诉人）与苏州甲快递公司（一审被告，

二审中的被上诉人）、上海乙物流公司（一审被告，二审中的被上诉人）邮寄服务合同纠纷一案中，王某在一审中诉称，2014 年 12 月 10 日，其女友郑某从浙江某地给其寄送手表一只，保价 1 万元，但其未能收到，因此要求二被告归还手表，并承担其他若干项民事责任。一审法院审理后认为，邮寄服务合同是邮寄企业与寄件人之间达成的确定相互权利义务关系的协议，但王某并非寄件人，而是收件人，且本案快递费系由寄件人支付，因此王某并非案涉邮寄服务合同的当事人，亦不具备本案诉讼主体资格，遂裁定对其起诉予以驳回。王某不服原判提起上诉，乙物流公司在二审中辩称原审裁定符合法律规定。二审法院审理后认为，王某作为收货人（即收件人）并未参与案涉邮寄服务合同的磋商和订立，其并非案涉邮寄服务合同的当事人，即其与被上诉人之间并不存在合同关系，因此有权向被上诉人主张权利的民事主体应为托运人（即寄件人郑某），原审法院认定王某诉讼主体不适格并无不当，遂裁定驳回其上诉，维持原裁定。①

上述案件中，与被告快递企业签订案涉快递服务合同的民事主体系寄件人郑某，而对其提起违约之诉的原告并非该寄件人，而是作为收件人的原告。对此，一审法院否定了原告在案涉合同中的当事人地位，并据此认定其不具备本案诉讼主体资格，进而作出了驳回其起诉的裁定。二审法院维持了该裁定，且主要裁判理由实际与原审法院一致。针对本案审理，有必要对以下两个方面的问题进行评析。

一是合同当事人与合同签订人的关系问题。在违约之诉中，认定原告适格性往往会首先审查其是否为案涉合同之当事人——如其当事人地位得到肯认，则其原告适格性亦将得到肯认。需要注意的是，实务中极易将合同当事人与合同签订人相混淆，但二者并非同一概念，而是存在以下诸多方面区别：第一，含义不同。合同当事人又称合同主体，是指合同权利义务的享有者和承担者，亦即合同所产生法律后果的归属者；而合同签订人是指以其自身行为实际完成磋商谈判和签约事务的人。第二，所包含的主体类型不同。合同当事人既可以是自然人，也可以是法人或者非法人组织；而合同签订人则仅有可能是自然人。第三，法律要求不同。在现代法治国家，具备民事权利能

---

① 案情来源于江苏省苏州市中级人民法院（2015）苏中商终字第 01188 号民事裁定书。

力的所有民事主体均得成为合同当事人；而合同签订人则必须具有与所签合同相适应的民事行为能力，否则将会影响所签合同的效力。本案实际涉及的主要是二者在第一方面的区别，即判定原告是否为案涉合同的当事人，主要应从其是否为案涉合同权利义务的归属者这一角度进行识别，而其是否具体参与了合同的磋商与订立，则仅系其是否为合同签订人的判断依据，而并非其是否构成合同当事人的判断依据。应予指出的是，实践中的合同当事人与合同签订人既有可能合而为一，也有可能会因代理行为的发生而出现分离。这就意味着，如原告并未直接参与案涉合同的磋商订立，只能说明其并非合同缔约人，但尚不能据此判定其并非案涉合同的当事人，原因即在于实践中的合同当事人往往会由于各种原因并未亲自处理缔约事务，而是通过法定代理、委托代理等方式由他人代为签订某些合同，从而在并未亲自参与缔约情况下，仍旧使他人所签合同产生的权利义务归属于自身，并由此成为合同当事人。由此可见，本案如欲判定原告是否为案涉合同之当事人，不能仅将其是否实际参与了案涉合同之缔结作为判断依据，还应对其是否与"郑某"之间存在代理关系进行调查。

二是合同当事人与诉讼当事人的关系问题。合同当事人与诉讼当事人也是既有区别又有联系的两个不同概念。前者是合同权利义务的享有者和承担者，亦即合同实体权利义务的归属者，而后者是指在民事诉讼中享有程序性权利、承担程序性义务并承担诉讼后果的人。我国《民事诉讼法》第一百二十条规定："起诉必须符合下列条件：（一）原告是与本案有直接利害关系的公民、法人和其他组织；……"合同当事人作为合同实体权利义务的享有者和承担者，必然与案件具有直接利害关系，因此根据上述规定，其当然可以成为合同纠纷中的原告。应予指出的是，虽然合同当事人地位获得认可必然意味着其诉讼主体地位亦会得到认可，但并非未能被认可为合同当事人必然会导致其不能成为诉讼主体。原因在于，与案件有利害关系的民事主体并不限于合同当事人，而是还有可能涉及其他民事主体。例如，在真正利益第三人合同中，第三人并非合同当事人，但由于其在合同中享有实体性权利而亦构成案件的利害关系人，因此根据前引《民事诉讼法》规定，其同样有权作为原告就有关合同纠纷提起诉讼，从而仍得成为诉讼当事人。这就意味着，在合同纠纷中，合同主体与诉讼主体合而为一的情形虽为常态，但亦会在某些情况下发生分离。因此，不能将合同当事人等同于诉讼当事人，亦不能根据某民事主体并非合同当事人而当然否定其诉讼主体资格。就本案而言，即使庭审调查后未能将原告认定为案涉合同当事人，亦不能就此否定其诉讼主体资格，还应对案涉合同是否具有涉他性以及原告是否属于合同中的利益第三人进行分析——只有在案涉合同的涉他性或原告的利益第三人地位被否定情形下，方能对原告的诉讼主体资格予以否定。[①]

（二）肯定收件人原告资格的典型案例及评析

在严某勇（以下称原告）与连云港某速运公司（以下称被告）快递服务合同纠纷案中，原告诉称其在东海县某珠宝公司购买了价值 2.18 万元的二颗碧玺裸石（两小一大，其中较大的一颗价值 18562 元），在委托东海县某镶嵌店完成加工之后（其中较大一颗加工成 18K 金钻石镶嵌碧玺吊坠，较小两颗加工成 18K 金钻石镶嵌碧玺戒指），又委托该店老板严某华于 2017 年 1 月 6 日将三件首饰交被告某营业点快递给原告，并办理了保价，保价金额 3 万元。2017 年 1 月 7 日，原告收到快件当场验收时发现其中的碧玺吊坠已发生损坏，遂拒收，并由被告快递员带回处理。但被告将吊坠儿修复后再次交付时，原告发现该吊坠发生了更为严重的新损坏，且无法再行修复，遂又拒收并让被告将碧玺带回。后双方就赔偿事宜多次交涉未果，原告诉至法院，要求被告赔偿其损失 26057 元（其中碧玺裸石 18562 元，加工费 7495 元），并承担本案诉讼费等费用。被告提出多项抗辩，其中指出原告并非案涉运输合同的当事人，因此无权在此运输合同纠纷中对其提起诉讼。针对这一抗辩，原告向法院提供了镶嵌店老板严某华向其出具的索赔授权书，证明其对被告享有索赔权。法院认为，本案系快递服务合同纠纷，并在审理后认定了原告所述事实的真实性，同时查明原告出具的索赔授权书内容是："由我厂寄往徐州严某

[①] 对中国裁判文书网公布的案例进行研究的结果表明，将合同当事人等同或混同于诉讼当事人的情形并非个例。例如，在东莞某木业公司与某快递公司东莞分公司运输合同纠纷上诉案中，法院亦仅因否认了收件人的合同当事人地位而对其在诉讼中的原告资格未予认可。参见广东省东莞市中级人民法院（2013）东中法民二终字第 550 号二审民事判决书。

勇的快件（单号 92780147××××、运费 12 元），出现损坏。经我方研究决定，现将索赔权利及赔偿金接受权转移给徐州严某勇与贵公司处理相关理赔事宜。"就此法院认为："快递服务合同是典型的为第三人利益合同，本案原告虽然不是案涉合同的当事人，但其作为收件人及托寄物的所有权人，属于合同利害关系人，因而享有针对被告的请求权。且寄件人严某华已出具索赔授权书将索赔权利及赔偿金接受权转移给原告。故原告享有对被告的索赔权，其主体适格。"在对原告资格给予肯定基础上，法院又进行了其他方面的审理，并作出了相应裁判。①

与前案不同的是，本案裁判虽亦认定原告并非案涉合同的当事人，但并未就此否定其原告资格，而是仍然肯定了其作为该案诉讼主体的适格性。值得注意的是，该案认定原告适格性的理由并不是单一的，而是同时涉及三个方面，即该合同系为第三人利益合同、原告系托寄物所有权人以及寄件人对索赔权的转移。以下主要针对上述三个方面的认定理由进行评析。

首先，本案裁判者并未因为原告并非案涉合同当事人即对其诉讼主体资格给予否定，而是注意到了快递服务合同的涉他性，并在判决主文中将其明确定性为"典型的为第三人利益合同"（即真正的利益第三人合同）。在快递服务合同尚属新兴合同，社会各界对其认知还较为有限情况下，这一认识实属难能可贵。但该案后续并未清晰延续"为第三人利益合同"这一前判思路就此认定原告作为案涉合同中利益第三人的原告适格性，而是同时夹杂了对其他理由（甚至包括与本案案由并不兼容的理由，详见下文）的陈述，从而造成模糊、淡化甚至无形中否定了将案涉合同明确为"为第三人利益合同"对于本案认定原告资格的法律意义，亦在一定程度上表明裁判者实际尚对快递服务合同系真正利益第三人合同这一裁判理由缺乏足够信心。

其次，本案在已经将案由明确为"合同纠纷"这一前提下，又基于原告系毁损托寄物所有权人这一理由认定其作为本案诉讼主体的适格性，有逻辑不自洽或与本案所确定的案由类型不兼容之嫌。也就是说，原告对托寄物是否享有物权之讨论，实际对应的案由应为"侵权纠纷"，而非本案所确定的

---

① 案情来源于徐州市鼓楼区人民法院（2017）苏 0302 民初 4189 号民事判决书。

"合同纠纷"。若将本案定性为合同纠纷，实际应从原告是否对本案享有合同利益的角度进行分析。具体而言，本案应着重分析案涉合同是否系涉他合同以及原告是否系该合同中的利益第三人。

最后，判决书仅根据镶嵌店老板严某华出具了索赔授权书即认定其已经将向被告索赔的权利转移给原告（即构成债权转让），其判断依据或对依据的陈述并不充分。或者说，上述证据尚不能证明已经在原告与严某华或后者所代表/代理的镶嵌店之间发生了对被告产生效力的债权转让。严某华交寄快件后，即在严某华或镶嵌店与被告之间成立了快递服务合同，严某华或镶嵌店及被告亦随之成为该合同的双方当事人。[①] 但即便严某华或镶嵌店在本案中享有对所寄快件的索赔权，[②] 其将该项债权对原告进行转让的行为亦须符合特定条件方能对双方及被告均产生效力：一方面，原告应与严某华或镶嵌店之间达成转让索赔权的协议。即在本案诉讼中，原告应首先向法院提供其与严某华或镶嵌店之间存在债权转让即索赔权转让的协议，以证明案涉索赔债权已经在其与严某华或镶嵌店之间发生了转让。而原告在诉讼中提供的仅有严某华一方签字的索赔授权书，严格来说只能证明严某华或镶嵌店具有转让债权的单方面意愿，但尚不能证明原告方对该项转让的同意。另一方面，案发时仍应适用的《合同法》第八十条第一款规定："债权人转让权利的，应当通知债务人。未经通知，该转让对债务人不发生效力。"这就意味着，即便转让人与受让人达成债权转让协议，该协议的直接效力亦仅为对转让方和受让方构成约束，而如欲使此项索赔权的转让对被告发生效力，亦即使原告获得对被告进行索赔的权利，还须就此项转让对被告进行通知。但原告并未在诉讼中提交已经就该项转让向被告进行通知的任何证据，且原告索赔授权书的提交对象实际系受诉法院，而非本案被告。即使对《合同法》就债权转让规定的通知方式进行宽松解释，将原告向法院提交索赔授权书的行为间接认定为构

---

① 严某华与镶嵌店之间究竟构成代表、代理关系还是其自身即为案涉合同的当事人，取决于镶嵌店系法人单位、个体户以外的非法人组织还是个体户。对于有关事实，判决书中并未提及。

② 事实上，在寄件人指定其他民事主体为收件人时，寄件人是否还享有快件受领权以及基于合同关系的快件损失赔偿请求权，应视情况而定。详见本节后文讨论。

成对被告的通知，①法院在裁判时亦应对此作出相应的阐释。或者说，法院认定严某华或镶嵌店已经将索赔权转移给原告并对被告发生效力，还应在事实调查以及对法律依据进行阐释的周密性方面予以加强。

（三）《民法典》颁行前收件人原告资格认定之小结

从上述代表性案例可知，《民法典》颁行之前，对于收件人是否能够作为对快递企业提起违约之诉的原告，法院存在否定和肯定两种截然不同的判决。而在中国裁判文书网进行案例检索的情况表明，否认收件人原告资格的情形更为常见，且其否定理由均在于，收件人既然并非快递服务合同当事人（快递服务合同的当事人系寄件人和快递企业），因此根据合同相对性原理，应认定其并不享有对快递企业提起违约之诉的权利。即"否定说"在遵循合同相对性原理进行裁判的同时，亦对快递服务合同的涉他性给予了否定。而在持"肯定说"的裁判中，虽然存在认可快递服务合同涉他性并据此肯定收件人原告资格之情形，但以较为模糊甚至亦此亦彼的理由作出裁判的情形并非特例。上述情况表明，《民法典》颁行前，我国司法实践对收件人原告适格性产生分歧的原因主要在于对快递服务合同是否具有涉他性存在不同认识，且"肯定说"不但未占据主流，而且其自身态度亦往往缺乏足够自信，甚至在一定程度上存在摇摆。造成此种情况的原因虽然是多方面的，但当时《合同法》有关立法缺憾对合同涉他性认定所产生的消极影响显然不容忽视。

《合同法》第六十四条规定："当事人约定由债务人向第三人履行债务的，债务人未向第三人履行债务或者履行债务不符合约定，应当向债权人承担违约责任。"这一规定明确了向第三人履行的履行规则。此项规定虽系实体法规范，但其实际亦同时回答了程序法中的诉讼主体资格问题，即在向第三人履行合同中，若对债务人提起违约之诉，只有债权人方得作为原告，第三人则

---

① 本书提出该观点的参考是现行《民法典》第五百六十五条规定："当事人一方依法主张解除合同的，应当通知对方。……当事人一方未通知对方，直接以提起诉讼或者申请仲裁的方式依法主张解除合同，人民法院或者仲裁机构确认该主张的，合同自起诉状副本或者仲裁申请书副本送达对方时解除。"

并不具有诉讼主体资格。据此,"否定说"认为,寄件人与快递企业约定由后者向作为第三人的收件人履行合同义务,若快递企业违反合同约定,应当向居于债权人地位的寄件人承担违约责任。即只有寄件人方得作为对快递企业提起违约之诉的原告,而收件人并非适格原告。上述理解看似法律依据明确,但实际情况是,根据一般法理及合同实践,约定向第三人履行的合同性质并不是单一的,而是包含两种不同的具体类型,即"真正的利益第三人合同"和"不真正的利益第三人合同"。[①] 两者共同点是,当事人订立合同时均在合同中为特定第三人设定了一定权利或利益,即合同中均约定了债务人应将特定给付向特定第三人完成,从而使该第三人成为双方所订合同的受益人。但不同之处在于,"真正利益第三人合同"中的第三人不仅享有受领合同中约定给付的权利,而且在债务人未履行或未按照约定履行债务时,还进一步享有直接请求债务人向其完成履行之请求权,并可基于此项请求权对债务人提起诉讼。而"不真正利益第三人合同"中的第三人,则仅对债务人给付享有消极被动的受领权,在债务人未按合同约定完成给付时,其并无权利对债务人行使请求权或提起诉讼,即无论是履约请求权还是违约诉权,均只能由债权人享有和行使。但令人遗憾的是,《合同法》制定时并未同时对此两类涉及第三人的合同作出全面规范,而是仅通过其第六十四条对"不真正利益第三人合同"作出了规定,而"真正利益第三人合同"则并未在立法中得到明确认可。[②] 这就造成在以成文法为传统,同时法理的法源性质受到严格限制之国情条件下,[③] 我国审判实务中对涉及向第三人履行的合同纠纷,往往会直接依据《合同法》第六十四条规定进行处理,即一概认定第三人并不享有对债务

---

① 关于两类合同的名称,本书采用了全国人大常委会法制工作委员会民法室主任黄薇主编、中国法制出版社 2020 年 7 月出版的《中华人民共和国民法典合同编解读》一书中所使用的称谓,参见该书第 205 页。此外,学界还有一些不同称谓,较为常见的有"利益第三人合同"和"经由被指令人而为交付的合同"、"纯正的利益第三人合同"和"不纯正的利益第三人合同"等。

② 也有观点认为,《合同法》第六十四条规定肯定了第三人履行请求权。参见黄薇主编:《中华人民共和国民法典合同编解读》,中国法制出版社 2020 年版,第 204 页。

③ 在法无明文规范时,我国司法实践中可以将蕴含了某一法理的基本原则作为裁判依据,但不能将法学原理本身直接作为裁判依据,而是只能在裁判文书中的"法院认为"部分用于说理。

人的违约诉权，从而对其在有关违约之诉中的原告资格予以否定。这就造成在因快件损失赔偿所引发的合同纠纷中，多数法院亦会秉持上述处理向第三人履行合同纠纷时的通常做法，要么毫不迟疑地对收件人原告身份表现出否定态度，要么不能信心十足地对其原告适格性给予充分肯定。也就是说，《合同法》第六十四条规定难免使人产生立法对"真正利益第三人合同"不予认可之狭隘理解，而这显然与一般法理及实践需要相违背。鉴于以上情况，有必要对《合同法》规定进行检讨，并作出相应改进。

二、《民法典》第五百二十二条第二款规定释解

（一）《民法典》对《合同法》第六十四条规定的承继与发展

《民法典》颁布后，与许多体现了重要立法发展的新规定一样，其中的第五百二十二条也在业内引起了广泛关注。该条包含两款规定，即："当事人约定由债务人向第三人履行债务，债务人未向第三人履行债务或者履行债务不符合约定的，应当向债权人承担违约责任。""法律规定或者当事人约定第三人可以直接请求债务人向其履行债务，第三人未在合理期限内明确拒绝，债务人未向第三人履行债务或者履行债务不符合约定的，第三人可以请求债务人承担违约责任；债务人对债权人的抗辩，可以向第三人主张。"显然，上述规定是对《合同法》第六十四条的承继与发展。与《合同法》规定相比较，其明显变化是在原条文基础上增加了第二款，即保留原规定作为第一款继续调整不真正利益第三人合同，同时增加第二款调整真正利益第三人合同，从而使《民法典》对向第三人履行合同的两种不同类型作出了全面规范。在两类合同均得到立法明确认可情况下，随之而来的变化应该是，关于第三人是否可以直接请求债务人向其履行债务并对后者享有诉权，司法实践不能再继续不加分析地一味作出单一化处理，而是应首先对案件所涉及的向第三人履行合同进行类型识别，判定其究竟为真正利益第三人合同还是不真正利益第三人合同。

那么，究竟应如何对两类合同进行区分？或者在有关违约之诉中，何时应依《民法典》第五百二十二条第一款规定否认第三人的原告资格，何时又可根

据其第二款规定允许第三人作为原告？《民法典》颁布前，学界对两类合同的区分标准不乏讨论。有学者认为，应"依据具体的合同内容以及交易习惯进行分析"；[①] 还有学者指出判断标准有两个：一是合同性质，二是依合同或交易习惯可推知的合同目的。[②] 上述两种观点虽然在表述上不尽相同，但实际均认可应首先从合同自身出发对其具体类型进行分析。《民法典》颁行后，根据前引第五百二十二条第二款规定，真正利益第三人合同的判定标准包含以下两个方面：第一，存在第三人享有履行请求权的法律规定或当事人约定；第二，第三人未在合理期限内明确拒绝。可以看出，前一方面是前提，后一方面是关键。而当并不存在法律规定时，当事人是否在合同中对第三人可以行使履约请求权作出了约定以及第三人是否未予明确拒绝，就成为判断问题的核心。这一规定意味着，《民法典》对前述学者观点进行了吸收，但仅为有限吸收，即一方面认可了应从合同自身出发对合同类型作出判断，另一方面并未对交易习惯这种间接判断依据予以认可，而是在并不存在法律规定时，将识别标准完全系于合同自身的约定。这表明涉及合同相对性原理的突破，立法者既着意于对法律的发展，又秉持了较为严格审慎的态度。上述立法发展不仅是我国学术研究成果的体现，而且也是对域外先进立法例进行借鉴的结果。[③]

（二）真正利益第三人合同判定之法理

通常情况下，第三人并无权利享有他人所订合同中的权利和利益；将当事人约定和第三人未予明确拒绝作为真正利益第三人合同核心判定依据之法理，是合同自由原则。

在合同法基本原则体系中，合同自由原则居于最核心地位。根据这一原则，合同的效力范围应仅及于直接或间接参与了缔约谈判的合同当事人，[④] 而

[①] 参见韩世远：《试论向第三人履行的合同》，载《法律科学》2004 年第 6 期。

[②] 参见尹田：《论涉他契约》，载《法学研究》2001 年第 1 期。

[③] 参见黄薇主编：《中华人民共和国民法典合同编解读》，中国法制出版社 2020 年版，第206 页。

[④] 实务中，若合同签订人和当事人合二为一，就意味着当事人直接参与了缔约活动；但若基于代理制度发生了合同签订人与合同当事人的分离，则可因法定授权或委托授权的存在，认定合同当事人间接参与了缔约活动。

不能及于任何第三人，否则即构成对第三人合同自由的侵犯。但同样是基于合同自由原则，债权人完全有权在合同缔结过程中根据自身需要自行忖度是否为第三人设定权利，即是否愿意将其在合同中对债务人所享有的某些权利或利益向第三人进行全部或部分的"让渡"。而由于此项权利"让渡"亦会对债务人权益产生一定影响，因此同样根据合同自由原则，无论债权人欲对第三人进行何种程度的利益"让渡"，均须事先通过合同约定获得债务人的认可。即除法律另有规定外，第三人是否有权对债务人行使原本应由债权人行使的债务履行请求权，并在此基础上享有诉权，应取决于债权人和债务人是否通过对自身合同自由权的行使而以合同约定方式对其进行了"共同授权"。应予指出的是，不仅当事人享有合同自由，第三人亦享有合同自由。同样是基于合同自由，合同当事人对第三人所进行的"共同授权"，并不当然对第三人产生效力。即便是基于债权人和债务人"授权"所生之利益，第三人亦无须"顺来顺受"。原因在于，每个人是自己利益的最佳判断者，他人眼中的利益，未必亦是自己心中的利益，更未必是自己所愿意接受的利益。正是因为如此，尽管当事人的"授权"是前提，但第三人的同意方为关键。但与义务加身时的"逆来顺受"不同，考虑到毕竟是面对通常具有普遍有益性的权利之让渡，加之应尽量不损及交易效率，立法并未要求第三人以明示方式表示同意，而是将其沉默即未予明确拒绝亦认可为同意。即立法将当事人双方的明确约定和第三人的默示同意共同作为真正利益第三人合同的判定标准，其基础实际是"三方合意"，其核心法理是合同自由，但亦同时兼顾了当今时代商事性质极强的合同法对效率的一般追求。

（三）对第三人履约请求权是否存在当事人约定的司法认定

实践中的理想状态是，当事人欲使第三人获得履约请求权，就会在合同中对此作出直接、明确的语言表述。若果真如此，仅需借助对合同文本的文义解释就能对该合同是否具有涉他性作出明确认定。而现实情况是，实践中当事人往往会由于各种原因仅在合同中笼统约定债务人应当就特定债务向第三人履行，而并未进一步通过文字表述直接明确债务人不按约定向第三人履行时，后者是否有权直接请求其履行或对其提起诉讼。即使是在已经对这一问题作出明确引领性规范的《民法典》颁行之后，受法律知识普及程度之局限，恐仍难以避免当事人虽有允许第三人行使请求权之意愿，但继续疏于在合同中对此作出明确约定的情形发生。在此现实条件下，如仅将立法中对第三人享有履行请求权的"当事人约定"狭义理解为当事人对此作出了"直接、明确的约定"，将既不利于对第三人的权益保护，更有可能与当事人的真实意愿不符。鉴于此，在具体案件处理中，应对当事人是否存在使第三人获得履约请求权的约定持较为宽松化的态度。即《民法典》第五百二十二条第二款中的"当事人约定"不应仅被狭义理解为当事人在合同中专门对第三人可得享有履约请求权作出了直接、明确的约定，或者认为无此明确约定即可断然否认当事人具有对第三人的"赋权"意图，而是应结合所涉合同具体情况，对当事人约定"向第三人履行"的具体意图进行合同解释，并据此确定双方当事人是否具有将受领权和请求权一并赋予第三人之意愿。也就是说，"向第三人履行"这一约定本身是含义模糊或具有多义性的，其既包括仅允其享有受领权之可能，也包括赋予第三人请求权之可能。而当事人究竟为何种意图，应依《民法典》第四百六十六条第一款和第一百四十二条第一款或《合同法》第一百二十五条规定中合同条款的解释规则进行合同解释。需要说明的是，此时并非应依《民法典》第五百一十条或《合同法》第六十一条规定进行条款补缺，原因在于，后者仅适用于对当事人就合同非必要条款没有作出约定或约定不明之补救，而第三人是否得享有履约请求权之有待确定，实际系"向第三人履行"之约定的多义性所导致的条款含义不清，因此其问题之解决应依赖于合同解释，而非进行合同条款的补救。而在进行合同解释之前，不能仅根据当事人未就第三人得享有履行请求权作出直接约定即否定该合同的利他性质。

《民法典》第四百六十六条第一款规定："当事人对合同条款的理解有争议的，应当依据本法第一百四十二条第一款的规定，确定争议条款的含义。"根据这一指引性规定，合同解释的直接依据应为《民法典》第一百四十二条第一款规定，即"有相对人的意思表示的解释，应当按照所使用的词句，结合相关条款、行为的性质和目的、习惯以及诚信原则，确定意思表示的含义"。据此，合同解释的首要依据是条款所用词句，即首先应对模糊条款进行文义解释；在文义解释不达目的时，则应结合合同中与争议条款有关的条款即关联条款进行体系解释；如体系解释仍不达目的，则应依次进行行为性质和目的解释、习惯解释以及诚信解释。需要指出的是，上述系列解释规则是《民法典》针对通常合同解释问题所提供的一般规范，而对于法律所严格限制突破的合同相对性问题，则并非均存适用余地。具言之，涉及合同相对性是否能够得以突破之合同解释问题，文义解释、体系解释以及合同性质或目的解释这些与合同自身因素有关的解释规则仍得适用并应依次适用，但习惯解释和诚信解释这些间接判断依据，则不应被适用于解释确定"向第三人履行"这一约定的确切含义。原因在于，习惯解释是根据习惯确定合同条款的含义，属于立法者对当事人意愿的推定，而诚信解释是根据善意保护和利益兼顾要求所进行的权衡，又系司法者在一定规则约束下所进行的裁量拟制。这就导致进行习惯解释和诚信解释的结果，实际均已有别于真正的当事人意愿。而合同相对性原理的精神实质是对民事主体自身之自由意志进行较高程度的保护，因此此时可以适用的解释规则只能局限于更加能够直接锁定当事人意愿的文义解释、体系解释以及合同性质、合同目的解释。

需要进一步讨论的是，在文义解释、体系解释运用无果而确需借助于目的解释确定当事人是否对第三人具有赋权意图时，法官应如何对具有一定隐蔽性的当事人合同目的作出判定？笔者认为，此时应查明于缔约当时，债权人是否具备使第三人获得履约请求权的缔约意图，以及债务人对此意图是否知晓和表示过反对。如债权人缔约时具备对第三人的"赋权"意图，而债务人在实际知晓其意图情况下并未对此明确表示反对，则应认定当事人缔约时具有使第三人获得履约请求权之合同目的，从而视为双方存在将履约请求权赋予第三人的合同约定。实践中，第三人作为原告提起诉讼时，应当就案涉合同当事人存在赋予其履约请求权的缔约目的进行举证。例如，其可以提交有关的当事人证言，或提交证据证明其与债权人之间存在能够使其借以取得履约请求权的"特定背景关系"。对于第三人是否与债权人之间存在"特定背景关系"，法院审查重点应为在债权人和债务人的合同关系之外，是否存在债权人需要或愿意将其与债务人合同关系中的全部或部分权益彻底归属于第三人的特定情由。这些情由可以是债权人与第三人之间存在以前者为债务人、后者为债权人的约定之债（包括买卖、租赁、赠予等），也可以是以前者为债务人、后者为债权人的法定之债（如侵权行为之债、前者对后者负有法定赡养义务等）。在第三人能够举证存在上述背景情由，且债务人于缔约时实际知晓债权人存在基于这些情由使第三人获得履约请求权的缔约意图时，即应考虑对第三人原告资格给予认可。[①] 但若债权人和第三人并不存在"特定背景关系"，或该"特定背景关系"表明第三人并非合同利益的最终归属者，则应认定债权人并不具有将受领利益彻底归属于该第三人之缔约目的，此时该第三人仅为债权人的债务履行辅助人，即双方仅存在"代为"受领债务人履行的关系。而作为"过手财神"，该第三人当然也就无权作为原告自行对债务人进行追索。此时，债权人仍为合同利益的真正享有者和唯一享有者，因而仍旧独家保有要求债务人承担违约责任的原告资格。

三、收件人在快件损失赔偿违约之诉中是否具有原告资格的判定

（一）目的解释在相关案件中的应用

从目前实践中的快递运单来看，其条款内容通常并不包含作为快递服务合同第三人的收件人是否享有请求权的直接约定，同时亦难发现可对此进行推定的关联条款。但基于前述讨论，此时尚不宜就收件人是否对快递企业享有履约请求权或违约诉权得出否定性结论，而是应根据不同快递服务合同之不同缔结目的作出具体分析。即应予考察寄件人是否具有将合同利益即所寄快件之所有权移转归属于收件人之意愿，且作为完成寄递服务这一义务履行债务人的快递企业是否于缔约时实际知晓并默示接受了寄件人的这一意愿。若法院查明寄件人具有将所寄快件所有权移转归属于收件人所有之缔约目的，且快递企业于缔约时知道或应当知道其具有该目的而并未明确表示反对，则应认定二者形成了使收件人获得履约请求权之约定。若收件人并未在合理期限内对此明确表示拒绝，则可根据《民法典》第五百二十二条第二款

---

① 如前所述，第三人原告资格的取得还应取决于前者是否在合理期限内对该约定给予了明确拒绝，只有在其未曾明确拒绝这一前提下，上述举证才具有法律意义。

规定认定收件人为适格原告。相反，无论是寄件人并无将快件所有权移转于收件人之意愿，还是快递企业缔约时对其移转意愿并不知情（更遑论与寄件人形成约定），则均应适用《民法典》第五百二十二条第一款规定对收件人的原告资格予以否定。这就意味着，无论是对收件人原告资格给予一概否定还是一概肯定，都是既不符合事实，也不符合法律规定的武断认识。即收件人能否在对快递企业提起的违约之诉中成为适格原告并无统一结论，而是应取决于对个案的具体分析。

（二）收件人是否具有原告资格的类型化例解

根据当前快递服务合同缔结的常见原因，可以把快递服务合同分为网购快递服务合同和非网购快递服务合同。在目前较为常见的网购快递服务合同中，收件人应在对快递企业提起的违约之诉中享有诉权，即其在该违约之诉中具有原告适格性。原因在于，作为寄件人的电商企业之所以与快递企业签订以收件人为第三人的快递服务合同，是由于其与收件人存在另一背景法律关系，即寄件人和收件人订有以前者为卖方、后者为买方的网购买卖合同。在该买卖合同中，寄件人（卖方）负有将特定商品所有权移转于收件人（买方）之合同义务；寄件人与快递企业签订快递服务合同，其目的即在于完成上述所有权移转，即使收件人成为该快递服务合同履行利益的最终享有者。而作为承担寄递服务义务之债务人的快递企业在依快递服务标准上门收寄时，亦会自然了解到寄件人的电商身份及其缔约目的，而其在知情基础上依然对快件进行揽收，可以认定为其对寄件人之缔约目的构成默示同意。也就是说，就电商件寄递所订立的快递服务合同而言，通常可基于缔约目的认可当事人存在使收件人享有履约请求权之合同约定，在收件人并未于合理期限内明确拒绝情形下，可将该合同认定为真正的利益第三人合同，此时应根据《民法典》第五百二十二条第二款规定，认定收件人具有对快递企业提起违约之诉的原告资格。

与前情不同的是，在收件人仅为寄件人所选定的代收人、寄件人将快件寄交收件人仅意在由后者进行维修等情形下，寄件人实际并不具有将合同利益归属于收件人之缔约目的，因此若快递企业未能如约履行合同，收件人并不享有对快递企业的履约请求权，亦不具备对快递企业提起违约之诉的原告资格。此外，虽然寄件人与收件人存在以转移所有权为目的的买卖、赠予等合同关系，但若快递企业在与寄件人签订快递服务合同时并不对此存在知情同意，则仍不能认定快递企业和寄件人存在将合同利益交由收件人享有之合同约定，因而此时该快递服务合同仍非真正的利益第三人合同，而是属于不真正利益第三人合同，因此应依《民法典》第五百二十二条第一款规定，认定寄件人方为对快递企业享有履约请求权和违约诉权的民事主体，即收件人此时并非适格原告。

第三节　快件损失赔偿侵权之诉中的原告资格

【本节提要】

判定财产损害赔偿纠纷中的原告适格性时，应注意避免混淆违约之诉和侵权之诉两类诉由的不同审查事项。根据《民事案件案由规定》，当快件损失赔偿案件的案由被确定为"财产损害赔偿纠纷"时，其诉由性质实际系侵权之诉。此类案件审理中若涉及原告的适格性判定，被告一方当事人和受诉人民法院的分歧焦点经常在于，此时原告适格性的判断标准究竟为其与被告之间是否存在合同关系，还是其是否为案涉财产之物权人，抑或仅需在两者中占据其一，即可肯定原告的适格性。上述问题被凝练提出之后的回答虽并不具有疑难性，但其在审判实务处理上却广泛存在分歧。需要明确的是，对于原告是否"与本案有直接利害关系"不能进行孤立判断，而是必须置于特定诉由背景中作出具体分析。与违约之诉不同的是，在侵权之诉中，原告是否与案件存在直接利害关系仅取决于其是否为损失快件的物权人，而与其是否与被告存在合同关系无关。

需要指出的是，在严格遵循物权归属认定规则对财产损害赔偿纠纷中的原告资格进行审查时，应注意区分快件损失的不同情形来对原告适格性作出具体判定。在发生快件丢失、内件为可分物时的数量短少或快件被收件人拒收时，由于案涉快件并未依约完成交付，即其物权并未依物权变动规则转移至收件人，而是仍旧归属于寄件人，因此有权对快递企业提起财产损害赔偿之诉的适格原告只能是寄件人，而非收件人；此时收件人的权益维护应借助其他途径来实现。但在因快件延误、损毁而对快递企业提起的诉讼中，由于快递企业已根据合同约定将案涉快件交付于收件人，即收件人已成为案涉快件之所有权人，因此只有收件人才能成为该财产损失赔偿案件的适格原告，而寄件人并不具有原告适格性，其权益维护只能借助于其他途径。

一、侵权之诉原告资格认定中的焦点问题

用户在对快递企业提起侵权之诉时，无论是依据 2001 年《民事案件案由规定（试行）》、2008 年《民事案件案由规定》、2011 年《民事案件案由规定》抑或 2020 年《民事案件案由规定》，人民法院都会将其案由明确为"财产损害赔偿纠纷"，而"财产损害赔偿纠纷"的上级案由在 2001 年《民事案件案由规定（试行）》中是"财产所有权纠纷"，在 2008 年、2011 年和 2020 年的《民事案件案由规定》中则均为"物权保护纠纷"。而无论是"财产所有权纠纷"，还是"物权保护纠纷"，均意味着人民法院开庭审理时应首先对起诉方是否为损失快件的物权人进行审查与确认，以确定其是否具有原告资格。但不尽如人意的是，对中国裁判文书网进行案例检索的情况表明，此类案件审理过程中，不但被告抗辩时往往会以错误理由对原告资格给予否定，而且个别法院有时也会对此时应以何种标准对原告适格性进行判定存在一些模糊认识。

1. 典型案例

案例一：

在珠海市某家居用品有限公司（原审原告，二审的上诉人和被上诉人，以下称原告）与广州某国际货运代理公司（原审被告，二审上诉人和被上诉人，以下称被告）财产损害赔偿纠纷案中，原告将包括 5 件铜制工艺品和 8 件木制家具的货物委托被告运输，但被告将其中的 8 件木制家具丢失，双方为赔偿事宜成讼。庭审中，双方对 8 件木制家具已丢失的事实均予确认，但对赔偿数额不能达成一致意见。法院认为当事人对赔偿数额的举证欠充分，

遂根据市场行情并结合当事人举证情况对赔偿数额作出了判决。判决后双方均对赔偿数额有异议并均提出上诉，且被告还在上诉中提出原告并未能够举证其为丢失家具的权利人。二审法院审理后认为，原审法院对赔偿数额的认定公平合理，且原告有权向被告主张权利，理由是原告已经和被告之间成立运输合同关系，因此其有权依据该合同关系向被告主张损害赔偿，而其是否为涉案货物的所有权人，与其是否有权依据合同关系主张权利并无关联，遂判决驳回当事人上诉，维持原判。①

案例二：

在尚某（以下称原告）诉东莞市某货运代理有限公司（以下称被告）财产损害赔偿纠纷案中，原告诉称，其于 2014 年 2 月 18 日将一部全新原装 16G 金色苹果 5S 手机交给某快递公司快递员徐某，要求寄递给佛山某地的收件人，并委托代收货款 4400 元。因徐某未携带快递单据，原告同意徐某将托寄手机带回公司包装并自行填写单据后寄递。2 月 19 日，徐某告知原告该手机已交由被告进行运送。后因收件人并未收件，该件依原告要求被退回。但 2014 年 2 月 23 日原告在被告处看到被退回的并非其所寄手机，而是一部模型手机，故起诉到法院，请求法院判决被告赔偿其手机货款损失 4400 元和处理索赔事务过程中所产生的交通费、误工费等多项损失，并承担本案诉讼费。庭审中，案外人徐某证明了原告所述内容的真实性，并称因其所在公司无法代收货款而委托了被告对该手机进行寄递和对 4400 元手机款进行代收，但因保价费太贵并未选择保价。被告则辩称，原告与被告之间没有合同关系，因此不存在损害赔偿的侵权关系，故请求对原告诉讼请求予以驳回。法院审理后确认了原告所称事实，并归纳了包括原告在本案中是否具有诉讼主体资格在内的三个焦点问题。关于原告资格，法院认为虽然案涉快递服务合同系由案外人徐某与被告订立，但本案是财产损害赔偿纠纷，而徐某作为持有所寄物品的寄件方承认该物品的所有人为原告，原告以自己名义提起诉讼符合法律规定，故对其诉讼主体资格予以认可。在对其他事项进行审理后，法院依法作出了相应判决。②

---

① 案情来源于广东省广州市中级人民法院（2015）穗中法民二终字第 609 号民事判决书。
② 案情来源于广东省东莞市第一人民法院（2014）东一法寮民一初字第 611 号民事判决书。

2. 案例评析

上述两案审理过程中，均涉及原告是否具有合法诉讼主体资格的判定问题。两案存在一定相似之处，即案件案由均被确定为"财产损害赔偿纠纷"，且在应以何种标准审查原告是否具有适格性这一问题上，均存在被告和人民法院认识上的不一致。在案例一中，被告主张由于原告并未举证其系案涉物品的权利人，因此应对其原告资格予以否定，而受诉法院则判定原告有权依其与被告之间的合同关系在本案中主张权利。在案例二中，被告认为原告与其不存在合同关系，因而不可能在两者之间产生损害赔偿侵权关系，而受诉法院则认为本案系财产损害赔偿纠纷，因此根据原告系寄递物品所有人这一事实即可肯定其诉讼主体资格；至于案涉合同系由案外人与被告订立之事实，并不影响对本案原告资格的认定。[①] 不难看出，两案当中关于原告的适格性判定，被告一方当事人和受诉人民法院的分歧焦点均在于，对原告适格性的判断标准究竟为其与被告之间是否存在合同关系，还是其是否为案涉财产的物权人，抑或仅需在两者中占据其一，即可肯定原告的适格性。上述分歧极具代表性，可以说是此类案件中最为常见的问题。

对于上述分歧，应明确以下两点：

第一，判定原告是否有权对被告提起诉讼，不能孤立理解《民事诉讼法》第一百二十二条所规定的"与本案有直接利害关系"，而是应结合原告起诉时所选定的诉由类型进行具体分析。或者说，是否"与本案有直接利害关系"并不是一个孤立判断，而是必须置于具体诉由中对原告是否与案件有利害关系进行研判。抛开具体诉由去讨论是否存在"利害关系"，无异于无的放矢。

第二，双方存在合同关系时，原告既可能就其所受到的财产损失对被告提起违约之诉，也有可能提起侵权之诉，而对于违约之诉和侵权之诉这两种不同诉由，判定原告资格时的审查因素会截然不同。前者审查因素应为原告是否与被告存在合同关系，或其是否为以被告为一方当事人的利益第三人合同中之利益第三人。而后者则应为原告是否为损失财产之物权人。在案件案

[①] 事实上，该快递服务合同之缔结是隐名代理的产物，且属于《民法典》第九百二十六条第二款所规定的情形。根据这一条款规定，原告享有对委托合同的介入权，即其有权在对案涉快递企业的违约之诉中成为适格原告。

由已明确为"财产损害赔偿纠纷"前提下，由于其上级案由系"财产所有权纠纷"或"物权保护纠纷"，[①]因此说明原告实际已经在起诉阶段将其诉由明确为"侵权纠纷"，而非"合同纠纷"。这就意味着，判断原告是否"与本案有直接利害关系"，应取决于其是否为案涉财产之物权人。即无论是原告自身的举证，还是法院根据被告抗辩或依职权对原告诉讼主体资格进行审查，均应围绕此点来进行。在原告能够证明或法院能够查明原告系损失财产的物权人时，即应肯定其作为诉讼主体的适格性，否则应对其原告资格予以否定。而原告与被告之间是否存在合同关系，则仅为原告将违约之诉作为其诉由时的审查因素。即无论原告与被告之间是否存在合同关系，均不影响对其在财产损害赔偿纠纷中的诉讼主体资格判定，亦即原告是否与被告存在合同关系，根本就不是此类案件判断原告适格性的审查事项。判定财产损害赔偿纠纷中的原告适格性时，必须注意避免将两类诉由的不同审查事项相混淆。

二、侵权之诉原告资格认定的类型化分析

如前所述，如依"财产损害赔偿纠纷"之案由受理案件，起诉方应为案涉快件之物权人，否则其将因不享有诉的利益而不具备原告资格。实践中需注意的是，此时一方面应严格遵循物权归属的认定规则对纠纷中的原告资格进行审查，另一方面还须注意区分快件损失的不同情形作出具体判定。

（一）内件短少、快件丢失或被拒收情形下的原告资格认定

如发生快件损失的具体案情是发生了快件丢失、内件为可分物时的数量短少或快件被收件人拒收，则均意味着案涉快件并未依约完成交付，因此其物权亦未依物权变动规则转移至收件人，而是仍旧归属于寄件人。[②]此时，若寄件人以原告身份提起财产损害赔偿之诉，则可认定其对案涉快件的财产保

---

① 如前所述，"财产损害赔偿纠纷"的上级案由在 2001 年《民事案件案由规定（试行）》中是"财产所有权纠纷"，在 2008 年、2011 年和 2020 年的《民事案件案由规定》中则为"物权保护纠纷"。

② 此处之寄件人系指实际寄件人，而非名义寄件人。

护或所有权保护享有诉的利益，进而应肯定其原告资格。但若此情形下起诉方为收件人，则应明确其因案涉快件未完成交付而并未取得相应物权，因此其对案涉快件的财产保护或所有权保护并不享有诉的利益，其原告资格亦应被予以否定。

应予指出的是，否认收件人于上述情形下的原告适格性，并不意味着其合法权益无法得到法律保护。在能够确认案涉快递服务合同为真正利益第三人合同时，人民法院应通过释明由收件人自行决定是否将诉由调整为违约之诉，从而使其有可能获得以原告身份参加到诉讼中的机会。但若案涉合同为不真正利益第三人合同，则即使将诉由变更为违约之诉，收件人仍不具备原告资格。此时，人民法院可继续行使释明权，告知其可转依与寄件人之间的法律关系另案对后者提起诉讼，或与寄件人协商进行债权转让，抑或取得后者授权，由其以寄件人代理人身份对快递企业提起侵权之诉或违约之诉，并以代收人身份直接受领案件胜诉的诉讼利益。[1]

1. 典型案例

在原告杨某与被告北京某速运公司财产损害赔偿纠纷一案中，原告诉称其于 2017 年 12 月 20 日委托被告邮寄一部苹果 8 256G（IMEI：3567020806 73495）国行金色手机给贵州贵阳的陈某，并在顺丰快递的三轮车上拍摄了所寄手机的有关信息留作证据。该手机系原告通过闲鱼网出售给陈某，售价5300 元。快递运单号为 27845483××××，快递费用 18 元。该件于 12 月 23 日到达派送，于上午 9：44 显示被签收，但上午 10：01 又显示被拒签。下午 3：30，原告接到被告短信称快件被拒签后，立即联系被告对快递派送签收情况提出质疑，并要求被告确认有无发生调包。次日，被告工作人员通过邮箱给原告发送了开箱验货视频，视频显示手机 IMEI 号为 356704082276889，与原告寄出的不符。原告立刻联系被告请求查清事实。被告客服称快递员曾在派件过程中未经原告允许将邮寄手机拿给收件人充电。原告多次与被告沟通指出其违规操作导致快件被调包并造成原告损失，但被告同意进行赔偿的金额远低于原告寄出手机的价值。原告遂向法院提起诉讼，请求判令被告

---

[1] 在取得寄件人授权委托后，收件人虽然有权对诉讼利益进行受领，但并不意味着其有权直接获得该诉讼利益。在符合条件时，收件人可以就受领利益向寄件人主张抵销。

赔偿其财产损失 5300 元，并承担本案诉讼费。被告对涉案运单通过被告托运的事实予以认可，但辩称涉案运单记载的寄件方姓名为杨某，手机号为 177××××××××，收方为陈某，而原告既非运单上记载的寄件人，也不是收件人，因此不认可原告是涉案快件的所有权人以及其发生了 5300 元的财产损失。双方当事人均围绕己方主张提交了相关证据。法院审理后认定：（1）根据原告提交的手机号为 177×××××××× 的中国电信信息单及涉诉快件下单情况，可以确认原告为涉诉快件的寄件人（对此被告在质证环节亦予以确认）；（2）因收件人拒收留存在被告处的手机与原告寄出的手机不符；（3）涉诉手机系原告通过闲鱼网出售给收件人，而收件人拒收，则意味着涉诉手机尚未完成交付，其所有权尚未在买卖双方之间发生转移，故原告作为涉诉手机的所有权人主张财产损害赔偿并无不当。关于赔偿数额，法院亦进行了相关审理，并判决被告赔偿原告寄递物品损失 5300 元。[①]

2. 案例评析

在将案由明确为"财产损害赔偿纠纷"即原告诉由为侵权之诉前提下，本案对于原告是否具有诉讼主体上的适格性进行了以下两方面的事实审查：一是原告身份是否与寄件人身份具有同一性；二是在上述审查得出肯定性结论后，又对案涉手机投递过程进行了查明，从而认定了本案存在原告所称收件人拒收之事实。在上述事实认定基础上，法院根据动产物权随交付方能发生转移这一物权变动规则，判定案涉手机所有权并未在寄件人和收件人之间发生转移，即寄件人仍为案涉手机之所有权人，因此对其提起侵权之诉的主体适格性给予了肯定，其分析思路清晰严谨，其所适用的法律依据也是正确的。

（二）快件延误或损毁时的原告资格认定

在案由被确定为"财产损害赔偿纠纷"时，若原告方系因快件延误、损毁而对快递企业提起诉讼，由于快递企业已经根据合同约定将案涉快件交付于收件人，根据动产物权随交付而发生转移之物权变动规则，此时之收件人已经成为案涉快件之所有权人，[②]而寄件人物权则随之丧失，因此原告方如系

[①] 案情来源于北京市顺义区人民法院（2018）京 0113 民初 6822 号民事判决书。

[②] 此处之收件人系指实际有权收取快件的民事主体，而非仅具有代收人身份的民事主体。

收件人，其诉讼主体资格应得到肯定，但若为寄件人，则应被予以否定。

值得一提的是，实践中发生快件延误或损毁时，收件人虽然能够成为财产损害赔偿纠纷的适格原告，但不能排除其基于对各种因素的综合衡量放弃此种维权途径，并转而选择基于其与寄件人的相关法律关系（如买卖合同关系）对后者进行索赔。在电商件寄递发生延误或毁损时，此种情形更为常见。由此可能发生的情况是，寄件人根据其与收件人之间的买卖合同等法律关系对后者进行赔偿后，转而对直接造成快件损失的快递企业提起财产损害赔偿之诉时，却会因原告不适格而被驳回起诉。为避免这种简单处理影响电商对消费者承担赔偿责任的积极性，人民法院可在驳回起诉的同时对寄件人释明其可将诉由调整为违约之诉，或告知其得在取得收件人委托授权（包括诉讼代理权和对诉讼利益的直接受领权）或与收件人达成债权转让协议之后，仍可对被告提起侵权之诉。

1. 典型案例

在魏某（以下称原告）与莆田市某快递公司（以下称被告）财产损害赔偿纠纷中，原告诉称被告迟延派送导致其所收到的海参变质，要求被告赔偿其海参损失 2368 元。被告则以多种理由拒绝按照原告诉求进行赔偿。法院审理后认为，原告系快递收件人而非货物托运人，其与被告之间不存在合同关系。原告在诉状中称其系快递货物的买受人，庭审时又陈述其系快递货物的出卖人，案涉快递行为的发生原因是买受人将从其处所购的货物对其进行退还。但原告无法证实其在收货前系该货物的所有人，且其收件后已自行将货物丢弃，亦无法证实收货时货物已发生损毁以及该货物的品种、数量和价款。此外，原告亦未提供证据证明托运人与被告对投递时间有特别约定，以及被告投递行为与货物损毁之间有因果关系。原告要求被告对其主张的货物损毁承担赔偿责任缺乏依据，因此判决不予支持。[①]

2. 案例评析

本案中，原告诉求未能得到支持的原因主要是其对自身诉求存在多个方面的举证不能。但值得关注的是，判决同时指出"原告无法证实其在收货前系该货物的所有人"，似乎在以此为由质疑原告作为本案诉讼主体的适格性。

---

① 案情来源于福建省莆田市涵江区人民法院（2017）闽 0303 民初 3308 号民事判决书。

值得肯定的是，由于本案案由为"财产损害赔偿纠纷"，而根据案件审理时的《民事案件案由规定》，该案由的适用说明原告对被告提起诉讼时所选择的诉由为侵权之诉，因此原告在本案中是否具有适格性，确实应取决于其是否为案涉快件之物权人。但应明确的是，原告并不需要证明其在"收货前"系该货物的所有人，或者说，即使其在"收货前"系该货物的物权人，亦不足以证明其在本案中具有原告资格。原告诉讼主体资格是否能够得到认可，应取决于其能否证明其于"起诉时"为案涉快件之物权人。其所应提交的证据包括：其与作为案外人的买受人之间存在以案涉快件内件为标的物的买卖合同关系之证明、其已向买受人交付出卖物之证明、买受人存在将出卖物作为案涉快件内件并以其为收件人寄出退货的证明以及其已经对案涉快件进行签收领取的证明。由于动产物权的变动规则是"交付"，因此买受人受领出卖物后即已取得该出卖物之物权，但其又以快递方式向原告退货且原告对快件进行签收后，该出卖物之物权就又会因为"交付"而实现了物权回转，即原告"失而复得"，重新成为案涉快件之物权人。而庭审中原告又自述其已将所收到的快件抛弃，因此其起诉时已因对该快件的抛弃行为而不再是该快件之物权人。也就是说，原告在该财产损害赔偿纠纷中并非适格原告，但其可通过将诉由变更为违约之诉维护自身权益。

第四章　快件损失赔偿违约之诉的被告适格性

第一节　不同经营模式下快递企业的被告适格性

【本节提要】

在母子公司模式下，子公司相对于母公司具有独立法人资格，前者造成用户损失时，其自身应成为独立被告；后者既不应作为独立被告，亦不应作为共同被告。同时，同一母公司下的若干子公司亦彼此独立，只有与用户缔结快递服务合同的子公司才能在有关该合同的违约之诉中成为适格被告，于业务协作中直接造成快件损失的其他子公司仅有可能在用户提起的侵权之诉中作为被告，而无由在后者提起的违约之诉中作为独立被告或共同被告。

在总分公司结构下，关于分公司等分支机构和总公司是否具有被告适格性，学界和实务中均存不同观点。但分公司和领取营业执照的其他分支机构能够成为适格被告不仅存在实体法基础，而且具有直接的程序法依据；而总公司作为分支机构补充责任的承担者，亦与案件有直接利害关系，因此用户为充分、便宜实现自身权益计，可以将总公司列为单独被告或共同被告的方式自由行使其诉讼权利；分公司作为独立被告时，亦有权基于经营自主权而申请将总公司列为共同被告。无论是原告的自由选择权，还是被告分支机构的经营自主权，法院均应予尊重，而不得依职权干预或自行决定。另需指出的是，在特定情形下，认为在违约之诉中仅有合同相对人才能作为适格被告的认识是有失全面的。

加盟经营是两个或两个以上均具有法人资格的快递企业之间以加盟经营合同为纽带而建立起来的一种稳定性较强的合作关系。加盟经营造成快件损失，用户提起违约之诉时既可以将加盟方作为被告，也可以将被加盟方作为被告，还可以将二者作为共同被告，并要求前者承担赔偿责任，后者承担补充责任。

目前，我国快递企业的主要经营模式有两种。一是直营模式，以中国邮政速递物流股份有限公司（简称 EMS）和顺丰速运为代表；二是加盟模式，以"通达系"快递企业为代表。直营模式以快递企业总部对下属公司的人、财、物以及经营管理权实行一定程度的直接掌控为特征。根据掌控程度的不同，直营快递企业又分为母子公司模式和总分公司模式两种具体类型。[①] 与此不同的是，加盟模式在快递企业总部（被加盟方）与加盟快递企业之间并不存在任何直接掌控关系，而是以契约关系为纽带各自进行独立运营。由于上述不同经营模式提供快递服务时所涉及的快递企业均非单一主体，因此用户发生快件损失后对快递企业提起违约之诉时究竟应将哪一主体作为被告，在司法实践中往往不乏争议。鉴于此，本书将分别对直营模式下的母子公司结构和总分公司结构以及加盟模式下快递企业的被告适格性问题展开讨论。

一、母子公司模式下的适格被告

（一）子公司与母公司之间的人格独立性

子公司是母公司的对称，是指达到被控股程度甚至其全部股份被另一公司控制，或根据协议被另一公司实际控制的公司，[②] 而基于控股事实或双方协议对子公司进行控制的公司则为母公司。《公司法》[③] 第十四条第二款规定：

---

① 应予指出的是，在母子公司结构中，子公司又可能会以分公司、营业部等方式设立分支机构，从而形成两种经营模式在同一快递企业中并存的情形。

② 参见范健、王建文：《公司法》，法律出版社 2011 年版，第 82 页。

③ 该法于 1993 年 12 月 29 日由第八届全国人民代表大会常务委员会第五次会议通过；根据 1999 年 12 月 25 日第九届全国人民代表大会常务委员会第十三次会议《关于修改〈中华人民共和国公司法〉的决定》第一次修正；根据 2004 年 8 月 28 日第十届全国人民代表大会常务委员会第十一次会议《关于修改〈中华人民共和国公司法〉的决定》第二次修正；2005 年 10 月 27 日第十届全国人民代表大会常务委员会第十八次会议修订；根据 2013 年 12 月 28 日第十二届全国人民代表大会常务委员会第六次会议《关于修改〈中华人民共和国海洋环境保护法〉等七部法律的决定》第三次修正；根据 2018 年 10 月 26 日第十三届全国人民代表大会常务委员会第六次会议《关于修改〈中华人民共和国公司法〉的决定》第四次修正。

"公司可以设立子公司，子公司具有法人资格，依法独立承担民事责任。"即在母子公司结构下，作为子公司的快递企业虽然在重大决策、重大人事安排等方面会受到母公司的一定控制，但其具有独立法人资格，既有独立的名称和章程，也有完全独立的产权和财务核算，因此其在以自己名义与用户订立、履行快递服务合同造成用户损失后，完全能够独立承担民事责任，即母公司对子公司行为既无须承担直接责任，亦无须承担连带或补充责任。由上述人格上的独立性所决定，在子公司与用户签订快递服务合同并由此造成用户损失时，后者不仅不得将母公司作为独立被告，而且不得在对子公司提起诉讼的同时将母公司列为共同被告。即用户就快件损失提起违约之诉的适格被告只能是与其签订合同的子公司，母公司不得以任何形式被列为被告，除非用户能够举证证明涉诉子公司与母公司之间发生了人格混同。

（二）协作子公司之间的人格独立性

由于快递服务往往具有跨地域性特征，因此快件从收寄到投递的全过程经常需要由同一母公司所属的若干个子公司共同协作才能完成。那么，在发生快件损失时，用户是否可将服务环节中直接造成快件损失的任何一家子公司作为被告提起诉讼？此时，被告适格性的判断应首先取决于用户以何种诉由提起诉讼。如为侵权之诉，则处于各服务环节的不同子公司均可因其涉嫌侵权行为而成为适格被告；但若为违约之诉，则根据《民法典》第四百六十五条第二款除法律另有规定外"依法成立的合同，仅对当事人具有法律约束力"之规定，[①]只有与用户签订快递服务合同的子公司方得被认定为适格被告，而其他子公司虽然参与了合同的履行，甚至用户能够举证其损失实际系其他参与合同履行的子公司所造成，法院亦不得认可其被告适格性，且只能判决与用户具有直接合同关系的子公司对其承担赔偿责任。也就是说，与用户签订合同的子公司不但在人格上独立于其母公司，而且亦独立于与其存在协作关系的其他子公司。当

---

① 《民法典》颁行之前，《合同法》虽然并未对合同相对性作出明确的全面性规定，但除合同相对性为公认法理之外，其第一百二十一条亦专门针对合同责任的相对性作出了直接规定，即"当事人一方因第三人的原因造成违约的，应当向对方承担违约责任。当事人一方和第三人之间的纠纷，依照法律规定或者按照约定解决"。

然，与用户具有直接合同关系的子公司承担赔偿责任之后，有权依据法律规定或合同约定，另案向直接造成用户损失的其他子公司提起追偿之诉。

（三）典型案例评析

在张某（以下称原告）诉中国邮政速递物流股份有限公司（以下称被告）邮寄服务合同纠纷一案中，原告诉称其于 2013 年 12 月 27 日在被告下属的丹阳市邮政丹凤支局网点交寄了一份寄给丹阳市云阳镇人民政府的信息公开申请材料，缴纳了 22.50 元邮寄费。后原告向丹阳市人民法院起诉丹阳市云阳镇人民政府，要求其公开相关信息，但法院审理后认为原告交寄的材料并未送达丹阳市云阳镇人民政府，并由此认定后者并不存在未依其申请进行政府信息公开的行为。原告认为，被告未能将邮件送达给收件人，并致其下落不明，故诉至法院，请求法院判令被告立即返还其邮寄费用 22.50 元、赔偿其相应利息损失并承担该案诉讼费用。被告则辩称其与原告之间不存在邮寄服务合同关系，承揽本案业务的是江苏省邮政速递物流有限公司。法院审理后查明，原告于 2013 年 12 月 27 日在丹阳市丹凤邮政支局向丹阳市邮政速递物流公司交寄了一份收件人为丹阳市云阳镇人民政府的信息公开申请，中国邮政速递物流股份有限公司官方网站查询显示，原告交寄的邮件由丹阳市邮政速递物流公司城区揽投部投递，并由收件人单位收发章签收。在原告于 2014 年 2 月 14 日向法院提起的要求丹阳市云阳镇人民政府依法履行政府信息公开职责的行政诉讼中，法院经审理认为原告提交的证据并不能证明其交寄的信息公开申请已经送达给丹阳市云阳镇人民政府，故依法裁定驳回原告起诉。就此法院认为，原告认为邮件详情单由被告监制，且邮件信息能够在被告官方网站查询即能说明原、被告之间存在邮寄服务合同关系之观点不能成立。原告在丹阳市丹凤邮政支局交寄邮件，其发出要约的受要约人并非被告，被告对邮件详情单进行监制的行为也不构成承诺之意思表示，且原告无证据证明被告与丹阳市丹凤邮政支局存在委托关系，被告亦未收取邮寄费用，故可认定原、被告之间并不存在订立合同的意思联络。案涉邮件系由江苏省邮政速递物流有限公司下属的丹阳市分公司进行揽收和投递，而江苏省邮政速递物流有限公司为独立法人，有完全民事行为能力。被告在其官方网站对邮件信息进行登记和提供统一查询电话，系对集团业务的内部统筹，并无受下属独立法人公司业务经营后果约束的意思。故判决认定原、被告之间不存在邮寄服务合同关系，并驳回了原告的诉讼请求，同时判决由原告负担减半收取的案件受理费 25 元。[①]

本案所涉及的寄递服务主体有三个，即本案被告、江苏省邮政速递物流有限公司（以下称江苏公司）和丹阳市邮政速递物流公司（以下称丹阳公司）。三公司之间的法律关系是，被告与江苏公司之间系母子公司，江苏公司与丹阳公司之间系总分公司。而本案与原告订立快递服务合同关系的主体系丹阳公司，因此相关违约责任应根据有关法律规定和案件具体情况由丹阳公司或江苏公司承担，[②] 而江苏公司在案发时为具备独立法人资格的子公司，因此不管作为母公司的被告与江苏公司存在哪些业务上的统筹与协同关系，均不会造成二者发生法律上的人格混同，即子公司自身营业行为所产生的民事责任应由其独立承担，母公司无须对其民事行为相对人承担任何法律责任，因此后者也就不存在于诉讼程序上成为适格被告的实体法基础。

应予特别说明的是，中国邮政速递物流股份有限公司已于 2015 年 5 月实行了公司管理体制改革，将母子公司两级法人体制改革为总分公司一级法人体制，即原来居于子公司地位的各省级公司均已改制为中国邮政速递物流股份有限公司的分公司，因此在上述改制之后，各省公司业务所产生的民事责任是否应由中国邮政速递物流股份有限公司承担，或者在诉讼程序上中国邮政速递物流股份有限公司能否在其各分公司业务涉讼时成为适格被告，将不再依母子公司关系解决，而是应依总分公司之间的责任承担规则进行处理，详见本节下文讨论。

二、总分公司模式下的适格被告

（一）分公司等分支机构的被告适格性

从我国目前实践情况来看，在总分公司模式快递企业中，总公司的分支

---

① 案情来源于江苏省丹阳市人民法院（2014）丹商初字第 588 号民事判决书。
② 关于总分公司的责任承担问题，详见本节后文讨论。

机构既包括省市两级的分公司，也包括在市级分公司之下设立的取得营业执照的营业部，而总公司和省一级的分公司通常并不经营现业，即与用户缔结、履行快递服务合同的行为主要由市级分公司或市级分公司下设的营业部来完成。那么，在总分公司模式下，与用户缔结合同的分公司或其营业部是否得成为快件损失赔偿违约之诉的适格被告？对此学界有观点认为，由于分公司在独立主体资格上具有欠缺性，因此只有总公司方得作为快递服务损失赔偿纠纷的适格被告。[1] 依此观点，营业部将同样不能或更加不能作为此类纠纷中的适格被告。对于分支机构的被告适格性问题，实务界也一直存在争议，其中否认说的依据是分支机构并不具有法人资格，也有观点将分支机构不能独立承担民事责任作为否定其被告适格性的理由。[2] 而与上述认识相关联，虽然在诉讼中并未对分支机构被告适格性予以明确否认，但仅判决由总公司承担民事责任的案件亦屡见不鲜。例如，在高某与烟台顺丰速运有限公司顺海分公司龙口营业部、烟台顺丰速运有限公司顺海分公司、烟台顺丰速运有限公司公路货物运输合同纠纷一案中，法院指出，被告烟台顺丰速运有限公司顺海分公司龙口营业部、烟台顺丰速运有限公司顺海分公司均系被告烟台顺丰速运有限公司的分支机构，二者并不具备法人资格，因此该案赔偿责任应由具有法人资格的烟台顺丰速运有限公司承担。[3] 又如，在廖某与雅安市旺达速递有限公司、雅安市旺达速递有限公司石棉分公司财产损害赔偿纠纷案中，法院亦认为，被告雅安市旺达速递有限公司石棉分公司不具有法人资格，因此其民事行为所生民事责任应由被告雅安市旺达速递有限公司承担。[4]

事实上，上述直接或间接提出分支机构不能成为适格被告的观点并无法律依据。与此相反，关于分支机构是否可以作为适格被告，我国立法中早已存在较为明确的肯定性规定。

具有民事主体地位是被告适格的一个前提条件，而我国有关实体法规范

① 参见郑佳宁：《从结束开始：快递末端投递法律问题再审视》，载《大连理工大学学报（社会科学版）》2016 年第 4 期。
② 参见沈德咏主编：《最高人民法院民事诉讼法司法解释理解与适用》，人民法院出版社 2015 年版，第 228 页。
③ 案情来源于山东省龙口市人民法院（2014）龙商初字第 902 号民事判决书。
④ 案情来源于四川省石棉县人民法院（2015）石棉民初字 1395 号民事判决书。

早就明确肯定了分支机构的民事主体地位。在《民法总则》和现行《民法典》颁行之前，我国《合同法》第二条第一款规定："本法所称合同是平等主体的自然人、法人、其他组织之间设立、变更、终止民事权利义务关系的协议。"即除自然人、法人之外，包括分支机构在内的"其他组织"亦可作为第三类民事主体成为合同当事人。[①]《公司法》第十四条第一款则规定："……设立分公司，应当向公司登记机关申请登记，领取营业执照。……"该规定允许分公司进行工商登记并领取营业执照，表明立法允许分公司以自己名义进行民商事活动，亦即该法直接认可了分公司这种具体类型"其他组织"的市场主体地位。《民法总则》第二条亦规定："民法调整平等主体的自然人、法人和非法人组织之间的人身关系和财产关系。"即该法继续认可了包括分支机构在内的"非法人组织"系民事主体的三种具体类型之一，只是将之前立法中"其他组织"之称谓修改为"非法人组织"这一更为科学的表述。[②]《民法总则》第一百零二条第一款还规定："非法人组织是不具有法人资格，但是能够依法以自己的名义从事民事活动的组织。"这一规定不仅对"非法人组织"作出了明确定义，而且也更为直接地肯定了"非法人组织"的民事主体地位。现行《民法典》则完全承继了上述《民法总则》规定。[③] 由此可见，我国自1999年《合同法》出台始至《民法典》颁行期间的不同立法，分别通过"其他组织""非法人组织"等不同表述一以贯之地对分支机构的民事主体地位给予了认可，从而为分支机构在民事诉讼中被认可为适格被告奠定了实体法基础。

除应具备民事主体地位这一先决条件之外，能否成为适格被告最终取决于涉诉案件是否与其存在直接利害关系。而有关法律规范和司法解释所体现

---

① 此处所言"其他组织"系民事主体之一种并得成为合同当事人，并不意味着所有"其他组织"均具有民事主体地位并得成为合同当事人。具体到"分支机构"这种"其他组织"而言，其能否成为适格被告应取决于其是否依法取得了营业执照。详见下文。

② 该条款中所规定的"非法人组织"，实际就是《合同法》第二条第一款中的"其他组织"。两法使用的称谓不同，但均认可了第三类民事主体。关于第三类民事主体法定称谓问题的讨论，参见李适时主编：《中华人民共和国民法总则释义》，法律出版社2017年版，第324～325页。但亦有观点认为，"非法人组织"和"其他组织"并非仅为表述上的不同，而是存在实质性区别。参见张新宝：《〈中华人民共和国民法总则〉释义》，中国人民大学出版社2017年版，第113页。

③ 参见其第二条和第一百零二条第一款规定。

出的分支机构应承担因其民事行为所生民事责任并可作为案件被执行人之规定，已明确表明分支机构系因其民事行为而致涉诉之案件的利害关系人。《民诉法解释》[①] 第四百七十条规定："……执行中作为被执行人的法人或者其他组织分立、合并的，人民法院可以裁定变更后的法人或者其他组织为被执行人……。"其第四百七十一条亦规定："其他组织在执行中不能履行法律文书确定的义务的，人民法院可以裁定执行对该其他组织依法承担义务的法人或者公民个人的财产。"上述司法解释表明，除法人组织之外，包括分支机构在内的"其他组织"亦属民事案件的被执行对象，即间接表明了"其他组织"亦可成为民事判决中的责任承担者。而司法解释之所以规定"其他组织"可以作为被执行对象，是因为现实中出于运营需要，有很多分支机构实际拥有一定由其自行管理的资产。在商业银行、保险公司、各类央企以及直营模式的快递企业中，由分支机构直接掌控足以对债权人承担责任之资产的情况更为普遍。故此，《民法总则》和《民法典》第七十四条第二款均规定："分支机构以自己的名义从事民事活动，产生的民事责任由法人承担；也可以先以该分支机构管理的财产承担，不足以承担的，由法人承担。"即自该两部法律颁行起，分支机构可以被判决承担民事责任已经存在更为直接和明确的法律规定。[②]

尽管根据有关法律规范可以认定分支机构不仅是我国民事主体之一种，而且其与因自身民事行为所生案件具有责任承担之直接利害关系，但被告适格性认定毕竟属于民事诉讼过程中的一个重要程序性问题，因此仅仅依靠对有关规

---

① 该司法解释于 2014 年 12 月 18 日由最高人民法院审判委员会第 1636 次会议通过；根据 2020 年 12 月 23 日最高人民法院审判委员会第 1823 次会议通过的《最高人民法院关于修改〈最高人民法院关于人民法院民事调解工作若干问题的规定〉等十九件民事诉讼类司法解释的决定》第一次修正；根据 2022 年 3 月 22 日最高人民法院审判委员会第 1866 次会议通过的《最高人民法院关于修改〈最高人民法院关于适用《中华人民共和国民事诉讼法》的解释〉的决定》第二次修正，该修正自 2022 年 4 月 10 日起施行。

② 自《民法总则》生效起，已经有越来越多的法院认识到并在案件中判决由分支机构承担民事责任，例见罗某与贵阳天天快快递有限公司镇远营业部服务合同纠纷案和潘某与霍某、河北顺丰速运有限公司邢台分公司达活泉营业部服务合同纠纷案，分别参见贵州省黔东南苗族侗族自治州中级人民法院（2018）黔 26 民终 1491 号民事判决书和河北省邢台市桥西区人民法院（2018）冀 0503 民初 2021 号民事判决书。但值得关注的是，认为不具有法人资格即不能被判承担民事责任和不能作为独立被告的认识至今仍未绝迹。

范进行延伸解释或法律推理，实际并非最为理想的现实操作方案。为给人民法院尤其是诉讼当事人提供更为明确和直接的指引，我国《民事诉讼法》早在其颁行之初即在其第四十八条第一款规定："公民、法人和其他组织可以作为民事诉讼的当事人。"《民诉法解释》第五十二条则规定，上述《民事诉讼法》规定中的"其他组织"包括依法设立并领取营业执照的法人的分支机构。① 因此，根据上述规定，与用户建立合同关系的快递企业分公司以及依法取得营业执照的分公司营业部，均得作为快递服务纠纷中的适格被告。《民事诉讼法》对包括分支机构在内的"其他组织"的诉讼当事人地位予以明确认可，是对民事主体多元化之社会发展现状的回应。实践中，分公司、取得营业执照的营业部不仅是合同的实际签订人，而且同时是合同权利的实际享有者与合同义务的实际承担者，因而其不但更为了解合同的缔结和履行情况，而且也是所订合同的利害关系人。立法对其诉讼主体地位给予明确认可，显然会更加有利于案情的查明，也有利于贯彻现代民事责任制度中的"自负其责"原则。

需要说明的是，《公司法》第十四条第一款"……分公司不具有法人资格，其民事责任由公司承担"之规定，并不意味着在《民法总则》和《民法典》颁行之前分公司不能作为独立被告，也不能表明分公司不能作为民事责任的承担者。这是因为，前述与《公司法》同期的相关法律规定和司法解释已经明确，取得营业执照的分支机构不但是我国民事主体之一种，而且可以作为其民事行为所生责任的承担者。故此，应将上述《公司法》规定置于我国整个法律体系中进行体系解释。即结合其他有关规范，上述《公司法》规定应理解为分公司虽系民事主体之一种，但并不具有独立人格，或者说其仅具有不完全人格，因此一方面应由其承担因其自身行为所产生的民事责任，并可在民事诉讼中将其作为独立被告，另一方面还应认可其并不能独立承担民事责任，其所属的法人

---

① 该解释原文是："民事诉讼法第五十一条规定的其他组织是指合法成立、有一定的组织机构和财产，但又不具备法人资格的组织，包括：（一）依法登记领取营业执照的个人独资企业；（二）依法登记领取营业执照的合伙企业；（三）依法登记领取我国营业执照的中外合作经营企业、外资企业；（四）依法成立的社会团体的分支机构、代表机构；（五）依法设立并领取营业执照的法人的分支机构；（六）依法设立并领取营业执照的商业银行、政策性银行和非银行金融机构的分支机构；（七）经依法登记领取营业执照的乡镇企业、街道企业；（八）其他符合本条规定条件的组织。"

机构应对其行为承担补充责任，即兜底责任。正是基于上述理解，《民法总则》和《民法典》均在之前规范体系基础上对分支机构责任承担作出了更为明确的规定，指出分支机构可以其管理的财产承担责任，但不足部分应由其所属法人承担。这就意味着，在《民法总则》《民法典》生效后，根据"新法优于旧法"之法律适用规则，在涉及分支机构责任承担时，应直接根据该两法的规定，认可分支机构为责任主体；只有对于两法颁行之前的分公司责任承担问题，方得适用前述《公司法》规定，并应对其作出正确的体系化解释。而对虽与民事责任承担相关联，但又另具独立性的被告适格性问题，则不论是两法施行前后，均应直接以前引《民事诉讼法》第五十一条第一款规定和《民诉法解释》第五十二条规定为依据，明确认定涉案分支机构为民事诉讼中的适格被告。实际上，在最高人民法院有关负责人主编的对民诉法司法解释的释义性著述中也已指出，民诉法对分支机构诉讼主体地位的规定系程序性规定，其与实体法中对民事责任主体的规定并不冲突。[①]

（二）总公司的被告适格性

对中国裁判文书网所公布的判决文书进行检索和研究的结果表明，我国目前司法审判中不仅对分支机构的被告适格性存在不同认识，而且对总公司的被告适格性裁判亦未实现应有的统一。具体表现为，虽然多数判决会认可总公司的被告适格性，但亦存在一些否认其被告资格的判例。例如，在张某（一审原告，二审上诉人）与中国邮政速递物流股份有限公司（一审被告，二审被上诉人）邮寄服务合同纠纷案中，原告在一审中诉称其曾分别于 2017 年的多个时间与被告之福州市分公司和厦门市分公司发生多笔业务，并酿成纠纷。原告请求受诉法院确认被告的适格性，[②]并判令被告对福州市分公司和厦

---

① 参见沈德咏主编：《最高人民法院民事诉讼法司法解释理解与适用》，人民法院出版社 2015 年版，第 228 页。

② 上诉人在其起诉状的事实和理由部分指出，由于邮政分公司不具备法人资格，因此并非《公司法》第十四条和《民法总则》第七十四条所承认的适格民事责任承担主体，故作为邮政总公司的被上诉人应承担邮政分公司以自己名义从事民事活动所产生的民事责任。上诉人关于分支机构不能作为责任主体和适格被告的言论实际是错误的，关于分支机构的被告适格性，见前文讨论。

门市分公司的违约行为承担民事责任。一审法院认为，在原告起诉涉及的多个民事行为中，被告均非其在所涉邮寄服务合同中的合同相对人，原被告之间并不存在合同关系，因此对原告要求确认被告是民事责任承担人的诉讼请求不予支持。由于经释明后原告并未将福州市分公司和厦门市分公司追加为被告参加诉讼，因此一审判决驳回了原告的全部诉讼请求。二审中，上诉人继续请求确认被上诉人的主体适格性，同时请求判令被上诉人承担福州市分公司和厦门市分公司行为对其产生的民事责任。二审法院认为，上诉人邮寄服务合同所涉及的民事主体系福州市分公司和厦门市分公司，而非被上诉人，由于福州市分公司和厦门市分公司均可依法对外独立承担民事责任，被上诉人并非本案适格被告，故裁定对上诉人的起诉予以驳回。[①]

上述案件中，一审法院否认了案涉总公司的被告适格性，理由是其与原告并不存在合同关系，其并非原告在案涉合同中的合同相对人。二审法院仍以同样理由否定了总公司的被告适格性，但将一审法院在认定被告不适格前提下作出驳回原告诉讼请求的错误处理纠正为对上诉人的上诉予以驳回。

上述以"非合同相对人"为由否认总公司被告适格性的观点在司法裁判中极具代表性，但该观点实际并不存在任何法律依据。具体就本案而言，首先，案件发生时中国邮政速递物流股份有限公司已经实行了"子改分"，案涉福州市分公司和厦门市分公司均并非其子公司，而是其分公司即分支机构。其次，根据判决原文中所记载的案情，本案所涉邮寄服务合同有的签订于《民法总则》实施之前，有的签订于其实施之后，但无论是《民法总则》实施之前的《公司法》第十四条第一款，还是《民法总则》生效后该法中的第七十四条第二款，均明确规定了总公司应对其分支机构以自己名义进行的民事活动承担责任。据此，总公司系分公司案涉纠纷的利害关系人，因此原告将总公司作为被告实际存在明确的法律依据，即本案对总公司的被告适格性应予认可。需要指出的是，在合同纠纷中，是否系原告合同相对人并非被告适格性的唯一考察因素，即在并非原告合同相对人时，被告还可能会由于其他原因而与案件存在其他利害关系，并由此能够成为案件的适格被告。这些原因除案涉合同系利益第三人合同且被告为该合同之利益第三人、被告系作

---

① 案情来源于福建省福州市中级人民法院（2018）闽 01 民终 7409 号民事裁定书。

为无民事行为能力人或限制行为能力人之合同当事人的法定代理人等常见情形之外，本案所涉及的在以总分模式进行经营的企业中，总公司因需对其分支机构行为承担民事责任而与案件存在利害关系，亦为并非合同当事人或合同相对人而仍得成为适格被告的典型情形之一。

值得注意的是，在认可总公司因其系分支机构民事行为责任人而能够成为涉分支机构案件适格被告的观点中还存在一种认识，即尽管总公司在通常情况下具有被告适格性，但在分支机构具有较强偿付能力或法律有特别规定时，则应仅以分支机构为被告，而不得将总公司列为共同被告或独立被告，理由是总公司往往位于北京、上海等个别大城市，而分公司则分布于全国各地，若在分公司有偿付能力情况下仍将总公司作为被告，既不利于当事人参加诉讼，也不便了人民法院审理，因此即使是原告坚持将总公司作为被告，人民法院也不应准许。[①] 对此笔者认为，尽管《民诉法解释》第四百七十一条规定了民事执行中的责任主体变更制度，即"其他组织在执行中不能履行法律文书确定的义务的，人民法院可以裁定执行对该其他组织依法承担义务的法人或者公民个人的财产"，从而在仅将分支机构作为被告时仍然能够在执行阶段确保债权人利益的实现，但需要指出的是，原告在确定对被诉对象时的考虑因素往往具有多元性，而并非仅为债权之实现。因此在法律并不存在除权规定情况下，[②] 如进行释明后原告仍坚持将总公司作为被告或与分支机构一起列为共同被告，人民法院应尊重其对诉讼对象的选择权，以保持自身中立地位和贯彻司法为民理念。实际上，被列为被告的总公司完全可以基于其与分公司之间的管理关系委托分公司参加诉讼，从而摆脱讼累，而此种处理实际亦不会给法院审判带来较为明显的不便。

另需指出的是，在涉分支机构案件中，在是否将总公司列为共同被告这一问题上，除应尊重原告选择权之外，亦应认可已被列为被告的分支机构的选择权，即应认可分支机构有权根据实际情况决定是否提出将总公司列为共

---

① 参见沈德咏主编：《最高人民法院民事诉讼法司法解释理解与适用》，人民法院出版社2015年版，第228～229页。

② 在我国规范体系中，确实已经出现了对分支机构所涉案件不允许将总公司列为被告的规定，例见《担保法解释》第一百二十四条关于商业银行、保险公司分支机构涉保证案件被告适格性问题的规定。

同被告。原因在于，虽然《民法典》和《民诉法解释》均已明确了总公司的补充责任，但此类法律规定仅应在缺乏当事人意志情况下方能得到适用，而总公司是在分支机构责任不足时方承担补充责任，还是在诉讼阶段即与分支机构协商确定各自的责任承担份额，应属于企业经营自主权的范畴。[①] 因此，在分支机构与其所属的总公司存在若败诉即按一定份额分摊责任的潜在诉求，从而由分支机构提出将总公司追加为共同被告时，人民法院应予准许。但在原告未将总公司列为被告或共同被告时，人民法院既不得要求原告将被告更换为总公司，亦不得依职权将总公司列为共同被告，从而在不违反法律规定和不影响诉讼目的实现的同时，能够使原被告双方依法参与诉讼的权利均可得到充分尊重。

综上，关于总分公司结构下的被告适格性问题，尽管快递企业的分公司、营业部并不具有法人资格，但其既是民事主体之一种，亦能在其经营管理的财产范围内承担民事责任，同时我国《民事诉讼法》及有关司法解释已经明确领取营业执照的分支机构可以成为民事诉讼当事人，因此与用户缔结合同的快递企业分公司或其营业部可以作为快件损失赔偿纠纷的适格被告。而分支机构独立人格之欠缺，以及由其经营管理的资产并非在任何类型企业中均较为充足之实践现状，又决定了总公司须对其民事行为承担补充责任，甚至全部责任，因此总公司亦得成为此类纠纷中的适格被告。具体案件中，用户有权根据个案情况对被告进行选择，包括将分支机构作为独立被告、将总公司作为独立被告或将二者作为共同被告。无论采用何种诉讼方案，均系原告为充分、便宜实现自身权益而对其诉权的自由行使，人民法院应予尊重并不得非法干涉。分支机构被作为独立被告时，其亦有权根据企业自身情况自行决定是否将总公司申请追加为共同被告。即是否将总公司作为被告或共同被告，仅应依用户自由选择权或被告快递企业的经营自主权决定，而不得由受诉法院依职权进行干预或自行决定。

[①] 此处观点深受张新宝教授关于涉分支机构责任承担应由债务人享有选择权而非债权人享有选择权之论述的启发。参见张新宝：《〈中华人民共和国民法总则〉释义》，中国人民大学出版社 2017 年版，第 141 页。

三、加盟经营中的适格被告

（一）快递服务加盟经营法律关系解析

快递加盟是指两个以上快递企业按照合同约定采用统一的商标、商号、运单以及服务和收费标准，对业务流程、服务质量、安全保障、跟踪查询、投诉处理等进行统一管理的快递经营模式。在加盟经营中，提供商标等无形资产使用权的一方称为被加盟方或企业总部；获准使用前者无形资产的一方，称为加盟方或加盟企业。由于具有在不增加自身资本金情况下能够迅速扩大市场的明显优势，加盟经营近年来在我国快递领域尤其是民营快递企业中得到广泛应用。目前，除中国邮政速递和顺丰速运以外，国内绝大部分快递企业普遍开展了加盟经营。

加盟经营具有以下两大方面的特征：

主体上的彼此独立性。加盟经营涉及两个以上经营快递业务的企业，而根据《邮政法》第五十一条第一款及第五十二条规定，经营快递业务须取得快递业务经营许可，而获得该许可应具备法人条件。这就意味着，在依法组成的加盟经营中，无论是被加盟的快递企业总部还是加盟快递企业，均应为具有法人资格的企业，而法人企业最为核心的特征就是具有人格上的独立性。因此，不但同时加盟同一快递企业总部的各加盟企业之间具有人格上的独立性，而且各加盟企业亦非企业总部的内部组成部分，而是分别独立于企业总部。

经营上的合同联结性。虽然各加盟企业和企业总部在法律人格上均彼此独立，但其经营活动却靠各加盟企业与企业总部之间签订的加盟经营合同联结在一起。依照加盟经营合同，快递企业之间产生以下两大方面的权利义务关系。一是企业总部与加盟企业之间的关系。企业总部的主要义务是将其己经在市场上享有一定声誉的较为成熟的商标、字号和式样统一的快递运单许可加盟企业使用，并向用户提供统一的快件查询和投诉处理服务；其主要权利是向各加盟企业收取加盟费，并对各加盟企业在服务质量、安全保障和业务流程等方面实行统一管理。而各加盟企业的主要权利是依约获得企业总部商号、商标和服务运单的使用权，主要义务则是分别按照约定向企业总部交纳加盟费，并遵守合同中的各项服务约定。二是各加盟企业之间的关系。加盟经营合同的双方当事人是企业总部和各加盟企业，即企业总部和各加盟企业在加盟经营合同中互为合同相对人，而各加盟企业之间并不存在直接的合同关系。但各加盟经营合同分别订立以后会由企业总部依约对全国范围内的各加盟企业在业务流程、服务质量和安全保障等方面实行统一管理，且由快递服务的全程全网性所决定，使用同一商标、商号和服务运单的不同加盟企业会基于加盟经营合同的履行而在客观上形成一种区域上的协作关系，即对同一快件包括收寄、分拣、运输和投递四个不同主要服务环节在内的寄递服务，经常会由不同区域、同一品牌下的若干加盟企业合作完成。如此一来，各加盟企业就会因其各自与企业总部之间缔结的加盟经营合同之履行而在彼此之间建立起了业务上的协作关系。

（二）我国司法审判中对加盟经营被告资格认定的不同观点

由上述分析可知，由于企业总部和加盟企业以及各加盟企业之间存在既相互独立、又彼此联结的复杂关系，因此实务中涉及责任承担或被告资格认定时经常会产生分歧。其主要分歧点在于，于实体法方面主要是用户产生快件损失时的赔偿责任究竟应由与其直接签订合同的加盟企业承担，还是应由作为商标、商号所有人的企业总部承担。而在与此问题相对应的程序法方面，分歧则主要表现为适格被告究竟应为加盟企业还是企业总部。从中国裁判文书网公布的有关案例来看，对上述问题主要存在持三类不同观点的典型案例。

1. 认为应由企业总部独立承担责任的典型案例

认为应由企业总部独立承担责任，实际是在诉讼主体上持"被加盟方被告适格说"。在持此种观点的判例中，法院主要裁判理由是"企业总部合同主体说"，即认为企业总部系与用户签订快递服务合同的主体，因此应由其对用户损失承担赔偿责任。在"企业总部合同主体说"中，关于加盟企业与企业总部的法律关系性质又存在一些不同认识，主要有内部管理关系说、债务履行辅助人说和代理关系说。

在原告邓某、周某等与被告上海安能聚创供应链管理有限公司（以下称上海安能公司）、姚某、资兴市炜涛安能物流有限公司（以下称炜涛物流公司）、湖南安能物流有限公司郴州资兴二部（以下称安能资兴二部）快递服务纠纷中，原告诉称其交由被告邮寄的一部价值为 6888 元的苹果 8 手机在寄递过程中丢失，要求法院判决四被告对其赔偿并承担连带责任。法院审理后认定了原告交寄上述手机及该手机在寄递过程中被丢失的事实，同时查明姚某（系邵东安能快递一部开办者）、炜涛物流公司和安能资兴二部三被告均系被告上海安能公司的加盟方。法院认为，用户损失应当获得赔偿，但在案涉主体这一问题上，一方面指出邓某系收件人而非合同主体，因此不具备请求赔偿的资格，[①] 另一方面认为三加盟商履行的是为上海安能公司进行收件、运输和派件的服务，而均非与原告订立案涉邮寄服务合同的主体，其责任承担属于被告上海安能公司"内部管理事务"，因此判决本案赔偿责任仅由上海安能公司承担，而对原告周某要求三加盟商与被告上海安能公司连带赔偿其手机款的诉讼请求则并未予以支持。[②] 也就是说，该案判决认为企业总部才是与用户缔结合同的主体，加盟企业与企业总部系"内部管理关系"，因此企业总部应为加盟经营责任的唯一承担主体；其对外承担责任之后，可以依其"内部管理关系"对本案其他被告进行追责。即依此责任主体观点，被加盟方会被认定为案件中的唯一适格被告。

也有法院虽亦认定企业总部系用户一方的合同相对人，并应对后者损失独立承担民事赔偿责任，但具体裁判理由并非认为加盟双方存在内部管理关系，而是认为加盟企业是企业总部的债务履行辅助人。例如，在扬州君正经贸发展有限公司（以下称原告）与上海韵达速递有限公司（以下称上海韵达）、济宁韵达快递有限公司（以下称济宁韵达）运输合同纠纷一案中，原告购买的一批男装由卖方交济宁韵达运送至扬州原告处，但货到扬州时快递员联系收件人后将快件置于原告楼下离开，致快件丢失，原告诉请法院判决两被告连带赔偿其损失 123796 元。法院审理后认定，上海韵达系在全国范围提供快递服务的企业，以直营、加盟形式在各地设有多家揽派件的公司、门店、中转站和分拨点，统一使用上海韵达统一编号的快递运单，统一提供网络查

---

① 该判决否认收件人原告资格是不恰当的，有关讨论参见本书第三章第二节有关内容。
② 案情来源于湖南省资兴市人民法院（2018）湘 1081 民初 1081 号民事判决书。

询服务，每单业务由揽件人揽收、收费并运至中转站、分拨点，经中转、分拨后运送至下一站点，最后由派件方派送，各流程资费由上海韵达根据公司有关规定发放。就此法院认定，两被告为加盟关系，同时认为济宁韵达仅系"接受上海韵达指令"对货物进行接收的揽件人，上海韵达方为本案承运人，因此判决由上海韵达对原告损失承担赔偿责任。[①] 判决中关于上海韵达为承运人，而济宁韵达仅系"接受上海韵达指令"完成揽收行为之观点，其实质是认为作为企业总部的上海韵达方为合同主体，而作为加盟企业的济宁韵达不过是上海韵达的"债务履行辅助人"，因此用户损失不应由仅作为"债务履行辅助人"的济宁韵达承担赔偿责任。

亦有法院同样判决由企业总部对用户损失独立承担赔偿责任，但其裁判理由是基于对加盟企业与企业总部代理关系的认定，即认为加盟企业系企业总部的代理人，因此企业总部应对加盟企业的代理行为承担责任。例如，在原告倪某诉上海中通吉速递服务有限公司（以下简称中通吉公司）、上海斌斌速递有限公司（以下简称斌斌公司）运输合同纠纷一案中，原告称其交斌斌公司运往吉林白山市的东北野山参发生货损，因此诉请法院判决被告赔偿其损失。法院审理后查明，斌斌公司与中通吉公司签订有加盟合同，前者为加盟企业，后者为企业总部。加盟合同中约定，中通吉公司将其在南汇地域范围内拥有的中通快递特许经营权授予斌斌公司独占使用。据此法院认定，斌斌公司为中通吉公司在南汇使用中通快递特许经营权之"代理人"，因此对于原告损失，应由作为被代理人的中通吉公司承担赔偿责任。[②]

2. 认为应由加盟企业自己承担责任的典型案例

认为应由加盟企业自己承担责任，实际是在诉讼主体上持"加盟方被告适格说"。在持此观点的司法裁判中，法院主要裁判理由可以概括为"加盟方合同主体说"。在此认识基础上，具体裁判理由又可细分为"独立法人说""独立法人说＋服务实际提供者说"以及"总分公司说＋内部责任不具有外部对抗性说"。

---

① 案情来源于江苏省扬州市广陵区人民法院（2013）扬广商初字第 0245 号民事判决书。
② 案情来源于上海市浦东新区人民法院（2013）浦民一（民）初字第 15697 号民事判决书。

"独立法人说"认为，与用户建立快递服务合同关系的主体是加盟企业，且其具有独立的法人资格，因此应由其对用户损失独立承担赔偿责任。例如，在张某与北京申通快递服务有限公司（以下称北京申通公司）、申通快递有限公司（以下称申通公司）邮寄服务合同纠纷案中，张某在案件一审中诉称其交寄给北京申通公司的笔记本电脑在寄达收件人时发现内件不符，因此诉请法院判决申通公司、北京申通公司连带赔偿其货款损失。法院审理后确认，张某与北京申通公司办理寄递手续后即形成邮寄服务合同关系，而北京申通公司与申通公司系各自独立的法人，应独立承担民事责任，张某在本案中要求申通公司承担连带赔偿责任的请求无事实和法律依据，因此仅判决北京申通公司对其损失承担赔偿责任，对其要求申通公司承担连带责任的主张未予支持。北京申通公司不服此一审判决提起上诉，提出申通公司亦应对用户承担赔偿责任。二审法院认为，一审判决认定事实清楚、适用法律正确，北京申通公司上诉请求不能成立，遂判决驳回其上诉，维持原判。[1] 另在上海韵达货运有限公司与喜玛尔图（中国）户外用品有限公司、沈阳妍智韵达快递有限公司邮寄服务合同纠纷案中，一审判决由被加盟方和加盟方对用户损失承担连带责任，但二审改判为用户损失仅由加盟企业承担赔偿责任，改判理由实际亦为"独立法人说"。[2]

还有法院在"独立法人说"基础上，进一步指出由加盟企业独立承担责任还有另一理由，即加盟企业系对用户快递服务的实际提供者，从而形成了"独立法人说＋服务实际提供者说"。例如，在日照三金焊料有限公司（以下称原告）与日照东坤快递有限公司（以下称被告）邮寄服务合同纠纷案中，原告诉称其交被告快递给客户的快件丢失，请求法院判决被告对其承担赔偿责任。被告在诉讼中承认其确实承运过原告丢失的货物，但对应就本案承担责任的主体提出抗辩，认为原告应要求济宁市金乡县圆通快递对其损失进行赔偿。法院审理后查明，被告系圆通速递有限公司在日照的加盟网点，但原告系与被告建立的寄递服务合同法律关系，且被告为独立法人，并系向原告

---

[1] 案情来源于北京市第三中级人民法院（2017）京03民终3577号民事判决书。

[2] 具体案情及裁判内容参见辽宁省沈阳市中级人民法院（2018）辽01民终2289号民事判决书。

实际提供快递服务的企业，因此原告要求被告赔偿其损失符合法律规定，故法院对被告关于责任主体的抗辩未予采信，并判决由被告即加盟企业对原告损失承担赔偿责任。[1]

在同样认可"加盟方合同主体说"的司法裁判中，也有法院并未认识到加盟方的独立法人地位，而是将被加盟方与加盟方之间的关系认定为"总分公司关系"，并认为二者之间存在内部责任分配问题，但该内部责任分配对用户并无对抗力，因此仍应由作为合同主体的加盟企业对用户损失承担赔偿责任，从而形成"内部责任不具有外部对抗性说"。例如，在原告邵某与被告上海金山申通快递有限公司服务合同纠纷案中，原告借助丰巢软件及其快递柜向被告交寄的平板电脑于运递过程中丢失，遂请求法院判决被告赔偿其快件损失。案件审理中，被告除辩称丰巢公司也应承担部分责任之外，还提出由于原告快件系在总公司中转站遗失，因此更大责任在于总公司。对于被告提出的"总公司责任"，法院认为本案所涉服务合同的相对方是被告，而非其总公司，被告与总公司的内部责任分配不能对抗本案原告，故对被告提出的总公司亦应对用户承担赔偿责任的意见未予采纳。[2]

3. 认为应由企业总部承担连带责任的典型案例

认为应由企业总部承担连带责任，实际是在诉讼主体上持"共同被告说"。前述两类判例中，无论是仅认可企业总部为责任主体，还是仅认可加盟企业为责任主体，其共同裁判理由均系"合同主体说"，只是二者所认可的合同主体并不相同。但在认为应由加盟企业与企业总部共同承担赔偿责任的判例中，则已经安全抛开了对"合同主体"的认定，而是将分析问题的视角转向了对行为主体的认定，即认为对用户的快递服务行为系由加盟企业和企业总部的共同行为因素所完成，因此应由加盟企业和企业总部共同对用户损失承担赔偿责任，同时通常会具体裁判为由加盟方承担责任，被加盟方承担连带责任。在"共同行为说"中，不同法院又有不同裁判理由：有的认为加盟双方系合作运营关系，有的认为是共同运输关系，还有的认为双方构成统一管理关系。

---

[1] 案情来源于山东省日照市东港区人民法院（2018）鲁 1102 民初 5951 号民事判决书。
[2] 案情来源于上海市金山区人民法院（2018）沪 0116 民初 3290 号民事判决书。

有法院会基于"合作经营"或共同经营关系之认定，在判决加盟企业承担责任的同时，认定企业总部对其承担连带责任。在江苏天马网络科技集团有限公司（以下称天马公司）与杭州百世网络技术有限公司（以下称百世公司）、连云港曼迅贸易有限公司（以下称曼迅公司）等快递运营纠纷中，天马公司在案件一审中要求百世公司、曼迅公司等赔偿其所寄递货物丢失的经济损失。一审法院认定曼迅公司系百世公司的加盟商，二者系合作运营关系，因此判决二者对天马公司损失承担连带赔偿责任。百世公司不服提起上诉，请求撤销一审判决，改判驳回天马公司要求其承担赔偿责任的诉讼请求。二审法院继续确认了百世公司与其他被告的加盟关系，同时亦认为其与加盟方系共同运营关系，因此百世公司亦应对天马公司交寄货物丢失所受损失承担赔偿责任，遂驳回了百世公司上诉，维持了确认其应与加盟方承担连带责任的一审判决。[①]

也有法院作出加盟企业承担赔偿责任、企业总部承担连带赔偿责任之判决，系基于对二者存在"共同承运"关系的认定。在上海锐翔体育用品有限公司（以下称上海锐翔公司）与武汉仟帆物流有限公司（以下称武汉仟帆公司）、武汉全峰达快递有限公司（以下称武汉全峰达公司）、北京全峰快递有限责任公司（以下称北京全峰公司）运输合同纠纷一案中，上海锐翔公司称其交武汉仟帆公司快递给客户的货物在寄递途中被烧毁，请求法院判决被告对其承担损失赔偿责任。一审法院查明，武汉仟帆公司系武汉全峰达公司的加盟公司，武汉全峰达公司系独立法人，北京全峰公司则系武汉全峰达公司的股东。法院审理后认为，根据上海锐翔公司举证无法认定武汉仟帆公司有违约行为，因此判决驳回了其诉讼请求。后上海锐翔公司提起上诉。经审理，二审法院认为，武汉仟帆公司经由武汉全峰达公司而成为北京全峰公司的加盟商，而其是与上海锐翔公司订立合同并实际收取运费的承运人，应对全程运输承担责任。同时，武汉仟帆公司只是借由全峰快递网络在快件始发或终到时承担揽收和派送义务，北京全峰公司系承担主要运输义务的实际承运人，也是本案的"共同承运人"，案涉货物烧毁亦发生在其运输途中，因此其应依法承担连带责任。故二审撤销了一审判决，裁判由武汉仟帆公司赔偿上海锐

---

① 案情来源于江苏省连云港市中级人民法院（2018）苏 07 民终 3722 号民事裁定书。

翔公司损失，并由北京全峰公司承担连带责任。[①]

　　还有法院认为，由于被加盟方对加盟方存在统一管理关系，因此前者应对后者承担连带责任。在原告风某与宝鸡市畅通快递有限公司眉县分公司（以下简称畅通公司眉县分公司）、宝鸡市畅通快递有限公司（以下简称畅通公司）、上海圆通速递有限公司（以下简称上海圆通公司）邮寄服务合同纠纷案中，原告称其将 21 公斤中草药太白米交畅通公司眉县分公司快递给北京用户，但该件到达北京后在送件途中被上海圆通公司北京潘家园分公司丢失，故请求法院判决被告赔偿其经济损失 25200 元，同时提出畅通公司眉县分公司无法人资格，故应由畅通公司承担赔偿责任，而畅通公司眉县分公司使用了上海圆通公司的快递运单进行收寄，因此上海圆通公司应与畅通公司共同承担责任。法院审理后，确认了案涉快件被畅通公司眉县分公司以圆通公司招牌揽收后丢失以及上海圆通公司与畅通公司系加盟关系之事实，认为畅通公司眉县分公司并无法人资格，因此应由畅通公司承担其民事责任；而上海圆通公司系其下包括加盟方在内的速递业务之"统一管理者"，其与畅通公司在加盟合同中对后者经营活动所生责任由其自行承担之约定不得对抗善意第三人，因此判决由作为加盟方的畅通公司对原告进行赔偿，同时认定被加盟方上海圆通公司对本案承担连带责任。[②]

（三）加盟经营索赔规定的解释论与立法论

　　虽然加盟经营在我国快递领域已经实际存在了很长时间，但直至《快递暂行条例》出台，才对该经营模式下的责任承担进行了规范。《快递暂行条例》第十九条第三款规定："用户的合法权益因快件延误、丢失、损毁或者内件短少而受到损害的，用户可以要求该商标、字号或者快递运单所属企业赔偿，也可以要求实际提供快递服务的企业赔偿。"对此，有权威释义书指出：该条款规定了"快递加盟模式下用户权益的救济"，同时认为其明确了"用户

[①] 案情来源于武汉铁路运输中级法院（2016）鄂 71 民终字 1 号民事判决书。
[②] 案情来源于陕西省眉县人民法院（2013）眉民一初字第 00113 号民事判决书。

向总部企业、加盟企业的求偿选择"。① 即该条款不仅明确了用户遭受损失时的求偿途径或索赔对象，而且也间接对加盟经营的责任承担作出了规定。据此可以认为，发生快件损失时，不但加盟方可以作为适格被告，而且被加盟方亦得作为适格被告，甚至将加盟方、被加盟方作为共同被告，亦系该法律规定的应有之义。② 这就意味着，在被告适格性方面，前述三种裁判观点均符合《快递暂行条例》规定。但应予指出的是，尽管前述三种裁判观点均得到了嗣后出台的《快递暂行条例》的认可，③ 但其各自的裁判理由仍有值得讨论之处。

1. 被加盟方得作为责任主体或适格被告的理由探讨

从解释论角度看，《快递暂行条例》规定用户可以要求被加盟方承担责任（即认可被加盟方可以作为适格被告）符合法理，但并非基于前述案例中所持的"内部管理关系说""债务履行辅助人说"或"代理说"。原因在于：

第一，"内部管理关系说"的实质是抹杀或否认了被加盟方和加盟方各自的独立主体地位。由于被加盟方和加盟方均系独立法人，二者并非同一民事主体，即加盟方并非被加盟方的内部组成部分，因此基于加盟合同建立起合作关系的二者之间也就不可能存在所谓的"内部管理关系"。

第二，"债务履行辅助人说"所存在的问题是对行为主体认识有误，甚至颠倒了被加盟方和加盟方在合同签订与履行过程中地位上的主次关系。在加盟经营中，虽然有被加盟方提供商标、商号和许可运单使用的行为，但加盟方实际在快递服务合同签订和履行中居于主导地位，且加盟方才是合同利益

---

① 参见司法部、国家邮政局编著：《快递暂行条例释义》，中国法制出版社 2018 年版，第98、91 页。

② 《立法法》第八条规定，"民事基本制度"只能由法律（狭义）作出规定。同时，《民法典》第一百七十八条第三款规定，"连带责任"由法律规定或当事人约定。若认"连带责任"系"民事基本制度"之组成部分，则根据《立法法》规定，《民法典》第一百七十八条第三款中的"法律"应为狭义。《快递暂行条例》系行政法规，并无权限对连带责任作出规定。但应该是考虑到快递服务合同的无名性和司法实践对相关法律规范的急迫需要，《快递暂行条例》还是对加盟经营中的用户权利救济作出了目前规定，只是基于立法权限约束，并未使用涉及"责任"或"连带责任"之措辞。

③ 《快递暂行条例》于 2018 年 5 月 1 日生效，前述案件有的发生于该法生效之前。

的直接归属者和享有者，因此并不能认为被加盟方系加盟方的"债务履行辅助人"。

第三，加盟方与被加盟方也不构成代理关系。原因在于，虽然加盟方使用被加盟方商标、商号和运单与用户订立合同的行为似乎具备了代理之表征，但被加盟方并无由加盟方代理其进行民事活动之意思表示，且加盟方缔约、履约的法律效果直接归属于其自身，即被加盟方亦非合同利益的直接归属者和享有者，而这根本就不符合代理在行为后果上直接归属于被代理人这一核心特征。[①]

第四，被加盟方需对用户承担责任，或者其能够成为适格被告的法理基础实际在于"意思自治"和"权利义务相一致"之基本法理。由于加盟人与用户签订快递服务合同时系假之以被加盟人名义，因此用户作出缔约决定时实际往往是基于对被加盟人商誉的信赖与认可。即用户缔约的本意通常是与被加盟人建立起快递服务合同关系。于被加盟人一方而言，其既然明知并同意加盟人使用其名义，就应当认为其并不反对抑或接受用户欲与其缔约之后果。在不违反法律或行政法规强制性规定时，当事人的自由意志应受到保护和尊重。而双方自由意志的内容，既包括权利之享有，也包括义务之归属，还包括义务被违反后的责任承担。即被加盟人作为损失赔偿责任的承担者或适格被告，是法律保护用户及被加盟人自由意志的结果。与此同时，虽然加盟方订立和履行快递服务合同所产生的合同利益并不直接归属于被加盟方，但被加盟方会基于加盟经营合同所约定的加盟费之收取而间接获取合同收益，并且其还负有对全网正常运行进行统筹管理之义务，因此基于权利、义务、风险、责任相一致之通常法理，被加盟方根本不可能超然于加盟经营所产生的责任之外。也就是说，《快递暂行条例》规定用户可要求被加盟方对其快件损失承担赔偿责任并非基于"内部管理说""债务辅助人说"或"代理说"，但同时存在"意思自治"和"权利义务相一致"这两大方面的法理基础。

2. 加盟方得作为责任主体或适格被告的法理探讨

从另一方面来看，《快递暂行条例》规定用户也可以要求加盟方承担责任

[①] 关于加盟并不具备代理性质更为全面的分析，详见贾玉平：《快递服务合同研究》，法律出版社 2019 年版，第 223 页。

（即认可加盟方可以作为适格被告）亦符合法理。在持加盟方被告适格说的各种司法观点中，"独立法人说＋服务实际提供者说"更有说服力。

首先，"总分公司说＋内部责任不具有外部对抗性说"显然是站不住脚的。原因在于，根据有关法律规定，无论是加盟经营中的被加盟方还是加盟方，均具有法人资格，因此不能仅根据存在被加盟方在特定事项上的"统筹管理"，就简单认定加盟方是被加盟方的分公司，继而否定其独立承担民事责任的能力。更何况前文已述，即便二者确系总分公司关系，亦不妨碍由分公司在具体案件中对外承担民事责任或作为适格被告。

其次，仅以"独立法人说"支持加盟方的责任主体或适格被告地位，其说服力有欠充分。这是因为，独立法人地位之具备仅能说明加盟方能够在理论上成为责任主体，或者说法人地位之具备仅仅使加盟方具备了成为责任主体的可能性，但尚不能解释为何其在加盟经营中造成用户快件损失时能够实际成为责任主体或适格被告。"服务提供者说"的加入则引入了对行为主体的分析与观察，而正是"行为主体"这一事实因素和"自己责任"之民法原理相互叠加所形成的"独立法人说＋服务实际提供者说"，才有力支撑了加盟方责任主体论或加盟方被告适格论。

3. 共同被告说之解析

值得一提的是，有些法院虽然认可被加盟方的被告适格性，但并不认可加盟方可以作为共同被告；也有的法院与此相反，仅认可加盟方的被告适格性，但不支持将被加盟方列为共同被告。[①] 二者均反对"共同被告说"，且两类裁判观点具有共同的反对理由，即被告之确定应受到合同相对性原理之约束；其不同则在于前者认为用户在案涉快递服务合同中的相对人是被加盟方，

---

① 例见范某与宁波市江北玖信速递有限公司鼓楼分公司、宁波市圆通速递有限公司邮寄服务合同纠纷案和邵某与上海金山申通快递有限公司服务合同纠纷案。前者原告在一审中将被加盟方圆通公司列为共同被告，但二审中法院指出玖信公司鼓楼分公司才是与上诉人（一审原告）所订合同的相对人，因此认定根据合同相对性原理，一审法院判决仅由玖信公司鼓楼分公司承担赔偿责任并无不当。后者被告（加盟方）要求追加被加盟方作为共同被告参加诉讼，亦被法院以合同相对性原理为依据否认了被加盟方的被告适格性。详细案情分别参见浙江省宁波市中级人民法院（2018）浙02民终285号二审判决书；上海市金山区人民法院（2018）沪0116民初3290号民事判决书。

因此被加盟方应为适格被告；而后者则认为是加盟方才是用户的合同相对人，并因此而得成为适格被告。事实上前已述及，是否系受到损害一方的合同相对人，只是违约之诉中判断责任主体或被告适格性的标准之一，而非唯一标准。或者说，虽然在通常的违约之诉中只有受害人的合同相对人才能成为适格被告，但并不排除在特殊类型案件中，其他与案件有直接利害关系的民事主体亦得成为适格被告。而正是加盟经营所具有的特殊性，才导致二者均具有被告适格性，[①] 并由此使双方能够成为共同被告。

另需指出的是，尽管被加盟方和加盟方作为快件损失赔偿的责任承担者或此类案件中的适格被告均存在较为充分的法理基础，但将《快递暂行条例》第十九条第三款规定进一步延伸理解为加盟方和被加盟方作为共同被告时应由二者承担连带赔偿责任，则不仅存在一定法理障碍，而且亦与相关法政策不符。相反，由加盟方作为第一责任人，同时被加盟方承担补充责任则是一条可取之道。原因在于：

首先，虽有裁判者观察到了快递服务合同之缔结和履行有加盟方和被加盟方的共同参与，并在此基础上提出了"共同行为说"，但这一确实存在一定事实基础的学说并未分清表象与实质，更未厘清加盟方和被加盟方在共同行为中主次地位的不同，其核心特征就是将加盟方和被加盟方所起到的作用等量齐观。实际上，尽管有被加盟方的名义参与和一定的统筹管理，但在合同订立和履行中实际起主导和主要作用的无疑还是加盟方。同时，加盟方也是快递服务合同所生全部收益的直接享有者和归属者，而被加盟方不过是通过收取加盟费的方式间接获得一小部分收益。因此，以肯认连带责任的方式将二者作等量观不但不符合事实，而且有违权利义务相一致之通常法理。而充分认可加盟方在合同缔结和履行过程中所处的主导地位以及其合同受益人身份，就不宜肯认目前《快递暂行条例》规定中蕴含有"连带责任说"；相反，应在事实和法理基础上将其解释为"补充责任说"，即既认可二者均得成为责任主体和案件被告，又肯认加盟方的第一责任人身份和被加盟方的补充责任承担者身份。当然，比较上述从解释论出发所进行的漏洞填补，更优方案应

[①] 关于加盟方和被加盟方均具有被告适格性更为全面的论述，详见贾玉平：《快递服务合同研究》，2019 年版，第 232～234 页。

是通过后续有关立法直接明确在加盟经营中应由加盟方对用户快件损失承担赔偿责任，并由被加盟方承担补充责任。①

其次，我国快递业近年来的迅猛发展实际在很大程度上得益于加盟经营的广泛开展。从社会效果上看，如将《快递暂行条例》现行规定解释为连带责任，或在将来立法时不及时将被加盟方责任明确为补充责任，势必会在罔顾事实与法理的情况下造成被加盟方风险负担过重，从而有可能影响加盟经营在快递领域的推广或破坏其持续性，进而造成整个行业不应有的萎缩。而补充责任在积极推动加盟方提高自身服务水平进而从源头上减少违约的同时，也会对被加盟方加强相应管理起到督促作用，这无疑能够从根本上促进整个行业的良性发展，而不是相反。

最后，确立加盟方的第一责任人地位和被加盟方的补充责任人地位，在充分保护消费者权益方面亦存在制度和现实基础。目前，我国《公司法》已实行注册资本制改革，但《邮政法》考虑到行业特殊性，仍在快递领域继续执行法定注册资本制，且对快递企业注册资本数额规定得较高。② 这就避免了实力过于弱小的加盟方的存在，也在客观上保证了加盟方在一般案件中作为快件损失赔偿第一责任人的偿债能力。而加盟方又往往和用户同处一地，如此，在加盟方所在地法院通常被作为受诉法院情况下，将加盟方作为损失赔偿的第一责任人，用户在案件胜诉时也会更加易于得到法院的执行配合。

---

① 值得关注的是，虽然我国司法实践中曾经存在加盟经营中的被加盟方被判决与加盟方承担连带责任的判例，但自2017年10月1日《民法总则》生效起订立的快递服务合同，发生纠纷涉诉后人民法院很少会判决被加盟方与加盟方承担连带责任。原因应在于，根据《民法总则》第一百七十八条第三款规定，连带责任的承担依据只能是法律规定或当事人约定。而此处的"法律"即使得做广义解释而可将行政法规包括在内，也会由于《快递暂行条例》并未就被加盟方和加盟方应对用户损失承担连带责任作出明确规定而使司法审判中对连带责任作出判决缺乏依据。但与此同时，判决被加盟方承担补充责任的判例亦相当罕见。而我国在涉及加盟经营的有关运输合同纠纷中，有的法院不但已经认可了加盟方和被加盟方的共同被告地位，而且还将被加盟方的责任裁判为补充责任。例见周某与张某、刘某公路货物运输合同纠纷案，详细案情参见山东省高青县人民法院（2017）鲁0322民初1747号民事判决书。

② 《邮政法》第五十二条第（二）项规定："在省、自治区、直辖市范围内经营的，注册资本不低于人民币五十万元，跨省、自治区、直辖市经营的，注册资本不低于人民币一百万元，经营国际快递业务的，注册资本不低于人民币二百万元。"

第二节　涉及被告适格性的其他几类典型情形

【本节提要】

异地寄递发生快件损失时，用户应将寄递服务网络中的哪一家快递企业作为被告，答案不是唯一的。当用户系损失快件的物权人并将诉由确定为侵权之诉时，其应将直接造成快件损失的快递企业作为被告进行索赔；但若原告并非损失快件的物权人且欲提起违约之诉时，则须依据合同相对性规则，将案涉快递服务合同的签订企业作为被告。

快件投交第三人造成损失的适格被告亦应分不同情况进行分析。如快递企业将快件投交第三人系未经收件人同意的擅自为之，则投交后发生损失的适格被告既可以是一定条件下的第三人，也可以是一定条件下的快递企业。若快递企业仅经收件人同意即将快件交付第三人，而收件人并未征得第三人同意，若快件于投交该第三人后发生损失，则快递企业并不应当作为用户所提违约之诉中的适格被告，或者说，此时快递企业不应对用户承担损失赔偿责任。而收件人将第三人作为被告提起损失赔偿违约之诉并不存在任何合同基础，即第三人不能在收件人对其提起的违约之诉中成为适格被告；但若第三人涉嫌对收件人构成侵权，且收件人以侵权之诉提起诉讼，则该第三人能够成为适格被告。若快递企业经收件人同意将快件交于与收件人达成代收约定的第三人，则快件投交代收人后发生损失与快递企业无关，收件人此时将快递企业作为被告进行索赔将失去合同依据。而基于委托合同所包含的保管义务和返还义务之被违反，收件人将有权以代收人为被告提起违约之诉。若代收人进行转委托后发生快件损失，收件人进行索赔的适格被告应为代收人还是接受转委托的第三人，须依《民法典》中规定的转委托规则确定。

快递企业将快件投交快递驿站既不构成债务转移，也不构成代理。驿站以自身名义和债务履行辅助人身份接受快递企业委托并按照其指示对快件进行保管和投交，其行为后果应由委托人承受，即其向收件人交付快件的行为会消灭快递企业与用户之间的相应权利义务关系，其造成快件损毁的责任亦应归属于委托人，即此时用户提起索赔诉讼的适格被告并非快递驿站，而是只能为快递企业。与之同理，快递企业将快件投交第三方运营的智能快件箱造成快件损失的，用户提起违约之诉进行索赔的适格被告亦应为快递企业，而非快件箱运营者。当然，快递企业对用户承担责任后有权向造成快件损失的快递驿站或快件箱运营商进行追偿。

一、异地寄送中发生快件损失的适格被告

（一）异地寄送快递网络之构成

快递服务中的异地寄递具有全网性特征，即异地寄递并非点式服务，也非线性服务，而是须依赖四通八达相互联结的寄递网络才能完成。该寄递网络由直营企业的母公司与各子公司，总公司和各分公司以及企业总部和各加盟商的收寄网点、分拣网点、投递网点以及联结上述诸网点的交通网络按照一定规则组合而成。就每票运单而言，不同环节的快递服务一般会依母公司、总公司制定的有关规则或企业总部与各加盟商签订的加盟合同中所确定的规则由网络中的不同快递服务提供者协同完成。而不同快递服务主体之间必不可少的横向合作，有时就会导致发生快件损失时用户一方应将何者作为适格被告成为一个带有争论性的话题。

（二）快件损失由第三方快递企业造成时的适格被告

异地寄递发生快件损失时，用户应将寄递服务网络中的哪一家快递企业作为被告，答案并不是唯一的，而是亦应具体情况具体分析。若诉讼前有一定证据表明损失发生于第三方快递企业（即服务网络中与寄件人签订快递服务合同的快递企业之外的其他快递企业）所控制的环节中，则对快件享有物权的用户可基于其所掌握的第三方快递企业造成快件损失之初步证据，将该第三方快递企业作为被告提起诉讼。但此时应将诉由明确为侵权之诉，而非违约之诉；其进一步举证亦应围绕侵权责任的构成要件来完成。原因在于，第三方快递企业并非案涉快递服务合同的一方当事人，而是仅为签约快递企业的债务履行辅助人。而根据《民法典》第四百六十五条第二款所明确规定

的合同相对性规则，[1] 用户无权将其作为违约之诉的被告提起诉讼。但若用户并不掌握快件损失系由有横向合作关系的快递企业中的哪一家快递企业所造成，或者其欲起诉的用户并非损失快件的物权人，抑或基于地域管辖规则下方便参加诉讼之考虑，用户（包括寄件人和收件人）亦可选择提起违约之诉，而违约之诉的适格被告，只能是与寄件人签订合同的快递企业，而无关实际造成快件损失的合作者。当然，被告快递企业依法对用户承担责任之后，其完全有权向实际造成快件损失的合作企业进行追偿。

二、末端投递环节发生快件损失的适格被告

（一）快件投交第三人造成损失的适格被告

根据《快递暂行条例》第二十五条规定，快递企业应当将其寄递的快件按照运单上的名址投交给收件人本人。[2] 即未经收件人同意或指定，快递企业不得将快件投交第三人。而实践中由于各种原因，快递企业违规将快件投交第三人，或经收件人同意以及按照其指令投交代收人的情形却相当常见。具体情形主要有：快递企业擅自将快件投交第三人、仅经收件人同意或指令投交第三人以及同时经收件人和第三人同意的由第三人代收。那么，若快件于快递企业投交第三人之后和收件人领取之前发生损失，应由该第三人作为被告，还是快递企业仍为适格被告？

1. 快递企业擅自将快件投交第三人后发生损失的适格被告

为提高投递效率，实践中快递企业未经收件人同意而擅自将快件投交物业、门卫或其他第三人，而后发生快件丢失、毁损的情况屡见不鲜。有观点认为，此时用户既可要求快递企业承担责任，又可主张第三人进行赔偿。[3] 实

---

① 该条款规定："依法成立的合同，仅对当事人具有法律拘束力，但是法律另有规定的除外。"

② 该条原文为："经营快递业务的企业应当将快件投递到约定的收件地址、收件人或者收件人指定的代收人，并告知收件人或者代收人当面验收。收件人或者代收人有权当面验收。"

③ 参见赵衡：《物业、门卫代收快递件，丢了谁来陪？》，载《法制日报》2016年10月8日，第3版。

际上，上述观点仅在特定条件下方能成立。快递服务合同缔结后，快递企业负有将快件按名址面交收件人的义务，或者说，只有将快件投交给收件人本人，方可认定快递企业已对快件完成妥投。因此，若快递企业擅自将快件投交第三人且之后发生快件损失，应认定快递企业构成违约，因此用户可将其作为违约之诉中的适格被告。但造成快件损失的第三人能否作为适格被告，应取决于用户起诉的诉由以及其他相关因素。由于该第三人并非用户指定的代收人，因此其并未与收件人建立起保管合同关系，且双方亦不存在其他合同关系，这就决定了用户无法在违约之诉中将该第三人作为适格被告；但若用户掌握第三人构成侵权的初步证据，则可将其作为侵权之诉的适格被告；而若第三人根本未涉嫌侵权，或作为原告的用户并非损失快件之物权人，则亦无由认定第三人在侵权之诉中的被告适格性。

2. 仅经收件人同意或指令投交第三人后发生损失的适格被告

如收件人并未征得第三人同意，而只是自行要求或者同意快递企业将快件投交于第三人处（如物业、门卫），若快件于投交该第三人后发生损失，则快递企业并不应当作为用户所提违约之诉中的适格被告，或者说，此时快递企业不应对用户损失承担赔偿责任。原因在于，快递企业原本负有对用户按名址面交快件的义务，亦即收件人原本享有接受快递企业对其进行面交快件的权利，但其要求或同意快递企业将快件投交于第三人处的行为，已经意味着其对接受面交权利的自行放弃。易言之，此时快递企业已经收件人同意而以将快件投交于第三人处的行为替代了以面交方式履行合同义务，双方合同关系亦伴随投交义务的履行完毕而告终结，此时快件在双方合同关系结束之后所发生的损失，已经与快递企业无关，因此用户不得将快递企业作为损失赔偿违约之诉的被告。

那么，第三人是否可在收件人提起的诉讼中成为适格被告？有观点认为，由于收件人和第三人之间此时存在事实上的保管合同关系，而第三人保管不善造成快件损失违反了合同义务，因此作为保管合同相对人的收件人自然可以第三人为被告对其提起违约之诉。[①]

---

① 参见赵衡：《物业、门卫代收快递件，丢了谁来陪？》，载《法制日报》2016 年 10 月 8 日，第 3 版。

关于事实合同，我国学界认识不一，[①] 笔者认为，即便是事实合同，亦须具备意思表示一致这一合同行为的本质特征。即事实合同之成立仍应以相关行为具有意思表示性质且双方之意思表示一致为必要条件。即便将快递企业在收件人授权下向第三人投交快件的行为视同收件人本人所为，亦假定收件人此行为具有请第三人代收并保管快件之意思表示，但第三人接收快件的行为并不一定意味着其具有代为保管之意愿，尤其在其同时声明"丢失概不负责"情况下，更可确定其接收快件的行为并无同意代为保管之效果意思。从实际情况来看，其并未拒绝快递企业投交快件的行为往往仅意味着其同意代为接收快件并可同时提供存放场地。即收件人擅自指令快递企业将快件投交第三人且第三人并未拒收时，认定并未在第三人和收件人之间成立事实上的保管合同关系，可能会更加符合实际情况。或言之，第三人和收件人之间此时所建立的法律关系充其量构成无因管理，而无因管理的核心法律效果是受益人对管理费用的返还，而非保管义务之产生。因此，收件人将第三人作为被告提起损失赔偿违约之诉并不存在任何合同基础，即第三人不能在收件人对其提起的违约之诉中成为适格被告。当然，如第三人涉嫌对收件人构成侵权，则收件人可以该第三人为被告对其提起侵权之诉。

3. 第三人代收快件后发生损失的适格被告

与前一情形不同的是，由第三人代收快件是指除将快件交付第三人系经收件人同意或获得其指令之外，收件人还就代为收取快件一事直接征得了第三人的明确同意。即代收的基础是收件人与第三人之间就代为领取快件建立起了委托合同；而收件人同意由第三人代收的性质是其和快递企业对快递服务合同的履行方式进行了约定变更，即双方已经将快件投交的方式由面交收件人本人协商变更为只要向代收人完成交付即构成妥投。或者说，代收约定的形成意味着收件人放弃了接受面交投递的权利，而快递企业只要将快件投交代收人，其在快递服务合同中对收件人所应负担的义务即告履行完毕，二者相应的合同关系亦随之终结。这就意味着，快件投交代收人后若发生快件损失将与快递企业无关，若收件人此时将快递企业作为被告进行索赔将失去

---

① 参见贾玉平：《快递服务合同研究》，法律出版社 2019 年版，第 217 页。

合同依据。相应地，此时基于委托合同所包含的保管义务和返还义务之被违反，收件人将有权以代收人为被告提起违约之诉。

需要指出的是，由于主客观情况的变化，代收人在接受收件人的委托后有时会失去代收便利，并因此进行转委托。而根据《民法典》相关规定，[①] 代收人接受委托后应亲自处理代收事务；除遇紧急情况并为维护收件人利益可直接进行转委托外，若未经收件人同意进行转委托造成其损失，应当由代收人承担责任。这就意味着，未经收件人同意或追认进行转委托后，若代收人转委托的第三人收取快件后发生损失，收件人应当向代收人主张损失赔偿，而接受转委托的第三人并不能够成为收件人索赔的适格被告。当然，若转委托已经收件人同意或追认，除存在选任或指示失误情形下收件人仍得将代收人作为被告进行索赔之外，其余情况产生快件损失时，收件人有权直接将接受转委托的第三人作为索赔被告。

（二）快递驿站或智能快件箱投递造成快件损失的适格被告

近年来，用户需求的差异性催生出了多样化的末端投递方式，其中，由快递驿站收取快件或将快件投交于智能快件箱后由用户在方便的时间自行领取的方式在实践中应用广泛。

与代收的相同之处在于，快递驿站收取快件亦基于委托合同关系，但二者的区别在于，快件代收的委托人系收件人，委托内容主要是对快件进行签收与保管；而快递驿站收取快件的委托人系快递企业，委托内容则是向用户进行末端投递。快件投交快递驿站后，有时会因丢失等原因发生快件损失。此时，用户如因索赔而提起诉讼，应将快递驿站还是快递企业作为被告？

有观点认为，快递企业将快件投交快递驿站已构成债务转移，因此快递企业原来应对收件人履行的投交快件义务已经转由快递驿站承担，即快递企业不再和收件人之间存在债务关系，快递驿站已经替代快递企业成为

---

① 该法第九百二十三条规定："受托人应当亲自处理委托事务。经委托人同意，受托人可以转委托。转委托经同意或者追认的，委托人可以就委托事务直接指示转委托的第三人，受托人仅就第三人的选任及其对第三人的指示承担责任。转委托未经同意或者追认的，受托人应当对转委托的第三人的行为承担责任；但是，在紧急情况下受托人为了维护委托人的利益需要转委托第三人的除外。"

新的债务人。既然如此，若快递驿站不能将快件完好交付给收件人，用户就有权将其作为被告进行索赔，而不能再要求快递企业进行赔偿。上述观点看似成立，实际存在纰漏。将快件按名址面交收件人是快递企业在快递服务合同中所应负担的一项核心义务，也是快递服务合同和运输合同的一项重要区别。快递企业在征得收件人同意后将交付快件的义务转移给快递驿站，看似符合债务转移的特征及条件要求，但有一个重要问题不容忽略，即根据我国《邮政法》规定，进行包括投递在内的任何快递业务经营均须获得快递业务经营许可，而当下实践中并未要求快递驿站获得此项许可，这就意味着快递驿站并不具备快递业务经营的主体资格，因此其自身并不能够在法律上成为独立承担投递业务的民事主体。即其接受委托向用户投交快件只是使其具备了快递企业债务履行辅助人身份，但并未就此发生债务转移。因此，在快件投交快递驿站后、收件人领取快件之前若发生快件损失，只能由快递企业对用户承担责任，即用户索赔的适格被告只能是快递企业，而非快递驿站。

还有观点虽然认可应由快递企业对用户承担责任并得成为诉讼中的适格被告，但认为其法律基础是快递驿站和快递企业之间已构成代理关系。应予肯定的是，该观点认可了快递驿站向收件人投交快件的行为系处理他人事务而非自身事务，但却忽略了驿站行为并非以快递企业之名义进行，而是以自己的名义进行。即驿站行为并不具备显名代理的全部表征。而快递驿站快递业务经营权之欠缺，又使其行为无法构成隐名代理。仍应坚持的是，驿站仅以债务履行辅助人身份接受快递企业委托并按照其指示对快件进行保管和投交，而按照债务履行辅助人理论，其行为后果亦应由委托人所承受，即其向收件人交付快件的行为会消灭快递企业与用户之间的相应权利义务关系，其造成快件损毁的责任亦应归属于委托人，即此时用户提起索赔诉讼的适格被告并非快递驿站，而是只能为快递企业。

同理，快递企业将快件投交于非自营即第三方企业运营的智能快件箱亦系基于前者与后者之间所缔结的委托合同，其中，快递企业系委托方，智能快件箱运营企业为受委托方，且后者因此而成为前者的债务履行辅助人；双方委托合同的内容则是由第三方运营企业提供快件箱对快件进行妥善保管，并在用户方便领取时提供相应服务。快递企业将快件投交于快件箱内时尚未完成妥投义务，若收件人从快件箱内如约领取到完好快件，则相关快递服务合同关系即告终结，否则快递企业将得成为用户索赔的适格被告；而作为债务履行辅助人，快件箱运营企业只有在快递企业向用户承担赔偿责任之后，才能成为后者依委托合同进行追索的适格被告。

第五章　快件损失赔偿的法律适用

　　快件损失赔偿属于民事纠纷，因此应适用有关民事法律规范。这些民事法律规范既包括民事立法（如《民法典》）中的有关规范，也包括非民事立法（如《消费者权益保护法》）中的有关规范；既包括一般民事立法中的有关规范，也包括《邮政法》《快递暂行条例》等行业立法中的特别民事规范。本章将按照行业立法和非行业立法的分类标准对快件损失赔偿纠纷可能适用的民事法律规范进行梳理和讨论。

第一节　行业立法中有关民事法律规范的适用

【本节提要】

　　目前，与快件损失赔偿有关的行业立法主要有《邮政法》和《快递暂行条例》。根据《邮政法》有关规定，该法第五章的损失赔偿规定仅适用于邮政普遍服务，而快递服务并不属于邮政普遍服务范围，因此无论是该章中的限制赔偿责任规定，还是其限赔规定的除外条款，均不适用于快件损失赔偿。实务中将该章规定适用于快件损失赔偿案件的做法，要么是未能正确认识快递服务的性质，要么是对《邮政法》第五章有关规定存在误读。《快递暂行条例》虽然是行政法规，但其中亦包含有与快递服务纠纷解决有关的民事特别法规范，主要有与格式条款订入确认有关的规范、与确定合同义务内容有关的规范以及与快件损失赔偿有关的规范。行业立法中所包含的调整快递服务合同关系的特别法规范，补充或细化了一般民事法律规范，应与有关一般民事法律规范叠加适用于有关案件。

一、快件损失赔偿是否适用《邮政法》有关规定

《邮政法》既属经济法律规范，又系行业法律规范。其除对行业发展作出整体调控之外，其中亦包含有部分民事法律规范，后者主要是指其中的损失赔偿规定。伴随 2009 年《邮政法》的修订，快递服务被明确为《邮政法》的调整对象，从而被明确认可为我国邮政业的重要组成部分。既然快递服务已经成为《邮政法》的调整对象，那么《邮政法》中的损失赔偿规定是否就应当然适用于快件损失赔偿纠纷呢？对此，司法审判中一直存在两种截然不同的处理，主要涉及的是其第四十七条第一款第（二）项的限制赔偿责任规定以及第四十七条第三款对前述限制赔偿责任规定除外条款的适用。

（一）快件损失赔偿是否适用《邮政法》中的限制赔偿责任规定

在陈某（以下称原告）诉中国邮政集团公司重庆市长寿区分公司（以下称被告）邮寄服务合同纠纷中，原告称其于 2014 年 3 月 30 日将其外甥张某的学籍档案交由被告以邮政快件形式寄给在西藏某部服役的张某（该案中被列为第三人），并缴纳了 21 元快递费和 5.5 元包装费，二者合计 26.5 元。但该邮件被被告在投递过程中丢失，故诉请被告赔偿其精神损失费 5000 元，误工费 7000 元，合并交通费等费用，共计 16461 元。第三人张某诉请事实与原告一致，要求被告赔偿其精神损失 25000 元，补办档案费 18400 元，两项共计 43400 元。法院审理后，确认了原告和第三人所诉称的事实，认为被告应对原告和第三人承担损失赔偿责任，但对二人请求赔偿的数额不予认可，理由是《邮政法》第四十七条第一款规定："邮政企业对给据邮件的损失依照下列规定赔偿：（一）保价的给据邮件丢失或全部损毁的，按保价额赔偿；……（二）未保价的给据邮件丢失、损毁或内件短少的，按照实际损失赔偿，但最高赔偿额不超过所收资费的三倍；……"而原告丢失邮件系未保价邮件，其提交的证据不能证明实际损失情况。由于被告自愿对原告和第三人各自给予 500 元补偿，故法院据此作出了判决，同时驳回了原告和第三人的其他诉讼请求。[①]

上述案件中，法院审判快件损失赔偿纠纷时适用了《邮政法》第四十七

[①] 案情来源于重庆市长寿区人民法院（2014）长法民初字第 05862 号民事判决书。

条第一款第（二）项规定，而该规定的实质是限制赔偿责任规定，其核心内容是对于未保价快件所发生的损失，仅在邮资的 3 倍范围内赔偿用户实际损失。上述案件虽然由于被告自愿以超出邮资 3 倍的数额对原告和第三人进行补偿而使法院最终并未仅以邮资 3 倍的数额判决被告对二人损失承担赔偿责任，但法院显然是将《邮政法》第四十七条第一款第（二）项中的限制赔偿责任规定作为了否定原告诉请数额的法律依据。无独有偶，在徐某与山东省乳山市邮政局邮寄服务合同纠纷案、[①] 珠海市普菲特医疗科技有限公司与广东省邮政速递物流有限公司珠海市分公司运输合同纠纷[②]等案件中，受诉法院均依上述《邮政法》中规定的限制赔偿责任规定作出了判决。

与前述案件不同的是，也有很多法院并未适用《邮政法》第四十七条第一款第（二）项规定，而是依据《合同法》有关规定对快件损失赔偿纠纷作出了判决。

在田某诉宁夏邮政速递物流吴忠市物流分公司青铜峡市营业部（以下称邮政物流青铜峡营业部）和宁夏邮政速递物流有限公司（以下称宁夏邮政物流公司）邮寄服务合同纠纷一案中，一审法院查明，田某于 2014 年 3 月 6 日将其在福建电信网上天翼营业厅以 4488 元购买的一部使用过程中出现故障的三星牌合约机及其配件交邮政物流青铜峡营业部邮寄退回福建商家。田某填写了 EMS 详情单，支付了 20 元邮费。后福建商家工作人员准备签收时发现邮件已被打开，且手机和流量卡丢失，遂拒收和退回了邮件并将情况告知了田某。田某与邮政物流青铜峡营业部交涉后，后者同意仅按邮费 3 倍对其进行赔偿。田某不能接受，遂向法院起诉，请求法院判令案涉快递企业赔偿其手机款。一审法院认为，田某已经与邮政物流青铜峡营业部形成邮寄服务合同关系，邮政物流青铜峡营业部已构成违约，故应对田某承担赔偿责任。遂依据当时尚且有效的《合同法》有关条文和《邮政法》第四十七条第一款第（二）项、第四十七条第三款以及第五十九条规定，判决由邮政物流青铜峡营业部赔偿田某手机款损失 4488 元，并由宁夏邮政物流公司对此承担连带责任。后宁夏邮政物流公司不服判决提起上诉，请求对一审判决予以撤销，并依法

---

① 参见山东省威海市中级人民法院（2014）威商终字第 164 号二审民事判决书。
② 参见广东省珠海市香洲区人民法院（2014）珠香法民二初字第 2570 号民事判决书。

作出判决。二审法院确认了一审法院查明的事实，同时认为，《邮政法》第二条第四款，第四十五条第二款、第三款和第五十九条分别规定："本法所称邮政普遍服务，是指按照国家规定的业务范围、服务标准，以合理的资费标准，为中华人民共和国境内所有用户持续提供的邮政服务"；"邮政普遍服务业务范围以外的邮件损失赔偿，适用有关民事法律的规定"；"邮件的损失，是指邮件丢失、损毁或者内件短少"；"……第四十五条第二款关于邮件的损失赔偿的规定，适用于快件的损失赔偿"。手机快递属于邮政普遍服务范围以外的业务，因此本案纠纷应适用《合同法》，而非《邮政法》第四十七条第一款第（二）项中的限制赔偿责任规定，遂作出了驳回上诉、维持原判的判决。①

在上述案件中，如果说一审判决对《邮政法》第四十七条规定还存在一些含糊不清的表述，那么二审法院则已在清晰梳理有关规定的基础上完全舍弃了对《邮政法》第四十七条的援引，转变为旗帜鲜明地仅将《合同法》有关规定作为判决依据。其法律适用逻辑是：《邮政法》第四十七条第一款第（二）项对限制赔偿责任的规定包含在该法第五章"损失赔偿"中，而该章第四十五条第一款已经明确该章的适用范围是邮政普遍服务范围内的业务，②同时该条第二款进一步明确了"邮政普遍服务范围以外的邮件的损失赔偿，适用有关民事法律规定"，即不适用《邮政法》第五章规定；而快递业务并不属于邮政普遍服务范围，因此对快件的损失赔偿就不应适用《邮政法》第四十七条第一款第（二）项所规定的限制赔偿责任规定，而是应适用有关民事法律规定，主要是《合同法》规定。上述法律适用在逻辑上是清晰的，同时也是科学的。唯一美中不足的是，由于EMS所寄递的物品仍属于邮件而非《邮政法》中所定义的狭义快件，③因此判决对法律的适用无须援引《邮政法》

---

① 案情来源于宁夏回族自治区吴忠市中级人民法院（2014）吴民终字第 427 号民事判决书。

② 该条款规定："邮政普遍服务业务范围内的邮件和汇款的损失赔偿，适用本章规定。"

③ 根据《邮政法》第八十四条第一款和第四款规定，EMS所寄送的包裹仍属于邮件。该法第八十四条第五款规定："快件，是指快递企业递送的信件、包裹、印刷品等。"而根据该法第五十四条规定，与本书所称的广义快递企业不同，《邮政法》中所称的快递企业为狭义，是指除邮政企业以外经营快递业务的企业。即《邮政法》中所称快件亦为狭义，是指邮政企业以外经营快递业务的企业所寄送的信件、包裹、印刷品等，因而区别于邮件。

第五十九条关于狭义快件得准用第四十五条第二款的规定。当然，若案件所涉快递企业并非邮政企业，而是邮政企业以外经营快递业务的企业，则分析其判案依据时就应完整援引本案二审法院所适用的《邮政法》全部法律规范。

值得一提的是，尽管当前阶段仍有一些案件在继续错误地将《邮政法》第四十七条第一款第（二）项的限制赔偿责任规定适用于快件损失赔偿，但依据《合同法》规范对快件损失赔偿纠纷进行审理和判决的法院不仅越来越多，而且有的法院并非只是对有关法律规范进行了简单援引，而是还同时就如何对这些规范进行理解和适用作出了说明。例如，在株洲坤锐硬质合金有限公司与顺丰运输（常州）有限公司、顺丰运输（常州）有限公司西夏墅分公司邮寄服务合同纠纷案中，法院就在引用《邮政法》有关规范后指出，顺丰公司并非《邮政法》规定的邮政企业，其为坤锐公司寄送承兑汇票并不在《邮政法》规定的邮政普遍服务范围内，而《邮政法》已经明确邮政普遍服务业务范围外的邮件的损失赔偿和快递企业对快件的损失赔偿，均应适用有关民事法律的规定，因此案涉快件发生损失并不适用《邮政法》针对邮政普遍服务业务所规定的限制赔偿责任。[①] 更值嘉许的是，还有法院不但对快件的损失赔偿排除了《邮政法》中的限制赔偿责任规定之适用而正确适用了《合同法》，而且还在深刻理解立法原理及《邮政法》体系结构的基础上进行了清晰说理。例如，在张某与三门峡阳光快运有限公司公路货物运输合同纠纷案中，二审法院就在判决书中指出，邮政普遍服务具有公益性，国家对其规定了较为低廉的资费标准，因此实行限额赔偿，而快递服务属于竞争性业务，旨在为特殊需要和有支付能力的社会成员提供个性化和限时送达的服务，且《邮政法》已经明确将快递服务和传统邮政普遍服务区分开来分别进行调整，因此一审判决对案涉快件损失赔偿未适用《邮政法》中的限制赔偿责任规定并无不当。[②]

（二）快件损失赔偿是否适用《邮政法》限赔规定的除外条款

《邮政法》在通过其第四十七条第一款第（二）项规定限制赔偿责任的同时，还在该条第三款明确规定了前述规定的除外条款，即："邮政企业因故意

---

① 案情来源于江苏省常州市中级人民法院（2017）苏 04 民终 3496 号二审民事判决书。
② 案情来源于河南省三门峡市中级人民法院（2018）豫 12 民申 31 号民事裁定书。

或者重大过失造成给据邮件损失，或者未履行前款规定义务的，无权援用本条第一款的规定限制赔偿责任。"据此，很多法院在确认快递企业对快件损失的发生具有重大过失的同时，判决其对第四十七条第一款第（二）项规定的限制赔偿责任无权援用。[①] 那么，此类判决是否存在法律适用上的失当？如前所述，《邮政法》已经明确，其第四十七条所在的第五章仅适用于邮政普遍服务，而不适用于快递服务，除非《邮政法》第五十九条作出了特别规定。而关于法律适用，《邮政法》第五十九条仅明确其第四十五条第二款即非邮政普遍服务业务须适用有关民事法律规定之规定可以适用于快件的损失赔偿，但并未规定其第四十七条的任何一款可以适用于快件的损失赔偿。这除了意味着快件的损失赔偿并不适用《邮政法》第四十七条的限赔规定以外，也同时表明该条中限赔规定的除外条款也不适用于快件的损失赔偿。即根据《邮政法》第四十七条第三款认定故意、重大过失造成快件损失时不得适用该条第一款第（二）项规定的限制赔偿责任存在法律适用错误。当然，这并不能说明快递企业出现故意、重大过失时仍可适用快递服务合同中约定的限赔条款，也不意味着其未依法履行对格式条款的提示或说明义务时仍可依格式条款约定对用户进行限额赔偿，而是仅能表明《邮政法》第四十七条第三款既不能直接适用于快件损失赔偿纠纷，也不能在此类案件中被参照适用。此时，快递企业是否应依合同中的格式条款对用户进行限额赔偿，应直接适用《民法典》第五百零六条第（二）项或《合同法》第五十二条第（二）项关于故意、重大过失造成财产损失的免责条款无效之规定，[②] 以及《民法典》第四百九十六条第一款关于格式条款订入要

---

① 例见王某与枣庄市申通快递有限公司运输合同纠纷案，韩某与顺丰速运（宁夏）有限公司、顺丰速运（宁夏）有限公司固原分公司邮寄服务合同纠纷案，鄂托克旗平治速递有限公司与付某邮寄服务合同纠纷案和长沙市德邦物流有限公司与湖南高桥大市场永盛酒类批发部公路货物运输合同纠纷案，案情分别参见山东省枣庄市中级人民法院（2018）鲁04民终1401号二审民事判决书、宁夏回族自治区固原市中级人民法院（2016）宁04民终572号二审民事判决书、鄂尔多斯市中级人民法院（2015）鄂民终字第548号二审民事判决书和湖南省长沙市中级人民法院（2018）湘01民终2205号二审民事判决书。

② 若快递服务合同成立于《民法典》实施之前，该合同发生纠纷应适用《合同法》第五十二条第（二）项规定；而若其成立于《民法典》实施之后，则应适用《民法典》第五百零六条第（二）项规定。

求以及违反该要求之法律后果的规定。

二、《快递暂行条例》中有关法律规范的适用

《邮政法》第六章专门对快递业务做出了调整，但其具体内容主要是从经济监管角度所进行的规范。而《快递暂行条例》作为我国规范快递行业发展的第一部行政法规，在继续对快递服务进行监管性调整的同时，亦鉴于快递服务合同的新兴性、复杂性，当前纠纷的多发性以及相关民事法律规范的缺位，结合其自身特点对其进行了必要和最低限度的民事调整，从而构成区别于一般民事规范的特别法规范。这些特别法规范对一般民事法律规范进行了细化或补充，应与相关一般法规范叠加适用于有关快递服务合同纠纷案件。这些规定主要涉及与格式条款订入确认有关的规范、与确定快递服务合同义务内容有关的规范以及与损失赔偿有关的规范。

（一）与格式条款订入确认有关的规范

关于格式条款的订入规范，我国《民法典》合同编的通则分编作出了较为完备的规定，主要包括格式条款提供方的公平拟约义务、对格式条款的提示和说明义务以及违反提示、说明义务的法律后果。但毋庸讳言的是，上述规定仅系《民法典》针对通常格式条款所作出的一般性规定，不能排除在特别立法中还需针对特定类型格式条款的订入制定某些特别规范。《快递暂行条例》第二十一条第一款的规定，就是邮政行业立法专门针对快递企业向快递服务用户提供格式条款所应遵循的义务要求而制定的特别法规范。

《快递暂行条例》第二十一条第一款规定："经营快递业务的企业在寄件人填写快递运单前，应当提醒其阅读快递服务合同条款、遵守禁止寄递和限制寄递物品的有关规定，告知相关保价规则和保险服务项目。"这一规定表明，关于提示义务的范围以及提示程度，《快递暂行条例》对快递企业提出了高于《民法典》合同编通则分编的规定，主要体现在以下三个方面。

《民法典》合同编通则分编第四百九十六条第二款所规定的格式条款提示义务的范围仅是免除、减轻格式条款提供方责任的条款等与用户有重大利害

关系的条款，而《快递暂行条例》则将此范围扩大至全部快递服务合同条款，即后者更加着眼于力促用户获得对整个合同内容的体系化把握，从而将更有可能使用户在完整把握合同内容基础上更加清晰和更为准确地理解与其有重大利害关系的条款。

关于提示义务的履行程度，根据《快递暂行条例》规定，快递企业并非仅需遵循《民法典》合同编通则分编以合理方式对用户进行提示的规定（一般指以特别的字体、字号、符号等对格式条款予以列明或标明，本书称之为"醒目提示"），而是须在此基础上进一步有所作为，即还应提醒用户对全部合同条款进行阅读（本书称之为"阅读提示"）。立法之所以作出如此要求，主要是因为用户选择快递服务往往系基于迅捷性需求，而合同签订的匆促性，往往会加剧快递服务用户对格式条款阅读的忽略。也就是说，快递企业在遵循一般合同法规范对快递服务合同格式条款进行醒目提示之外，还须进行阅读提示，后者是《快递暂行条例》针对快递服务合同缔结上的特殊性所作出的特别法规定。须引起注意的是，此时之特别法规定与合同法一般规范之间的关系，并非特别法的优先适用，而是应为特别法规范与一般法规范的叠加适用。

根据《快递暂行条例》规定，快递企业对于快递服务运单中保价条款之提示义务履行，既不应止步于一般提示即醒目提示，也不应只是在一般提示基础上进行阅读提示，而是应在前两项义务履行基础上，将合同条款中保价条款的具体内容直接告知给用户。告知提示与醒目提示、阅读提示的区别在于，后两者既可以口头方式个别进行，也可以书面形式广而告之，且均为程序性提示，即其义务内容仅为提请用户注意，至于用户是否实际注意或阅读了格式条款内容，并不影响对快递企业是否依法履行了此项义务之判定；而告知提示则应在缔结合同前以口头方式个别进行，且并非程序性提示，而是以使用户切实知晓保价规则的具体内容这一结果的实现为设定该义务的宗旨。这就意味着，若快递企业仅对用户进行了重要条款的醒目提示和全部条款的阅读提示，但并无证据表明其就保价条款的内容对用户进行了告知提示，则用户有权根据《民法典》第四百九十六条第二款规定主张保价条款不构成合同内容。

（二）与确定快递服务合同义务内容有关的规范

1. 关于快件送达方式的规定

《快递暂行条例》第二十五条前段规定："经营快递业务的企业应当将快件投递到约定的收件地址、收件人或者收件人指定的代收人……"这一规定表明，在无特别约定情况下，立法对快递企业送达快件方式的要求是按名址进行面交。这意味着以下几点：一是快递企业义务履行完毕的标志是不仅应将快件投递到与用户约定的地址，而且还须将其当面交给收件人本人或者其代理人、代收人；[1] 二是在既不符合法律或快递服务标准特别规定，又不存在与用户特别约定情况下，快递企业不能单方面要求用户对快件进行自提，否则即构成违约；三是投交快递柜或快递驿站并非快件投交的当然方式或一般方式，即快递企业将快件投交快递柜或快递驿站应征得收件人同意，否则亦应被认定为构成违约。

2. 关于提醒和接受验收义务的规定

《快递暂行条例》第二十五条后段规定："经营快递业务的企业应当……并告知收件人或者代收人当面验收。收件人或者代收人有权当面验收。"这一规定为快递企业设定了送达快件时当面接受验收的义务。即快递企业不仅应将快件面交收件人，而且还应提醒和接受其对快件进行当面验收。验收是确定快递企业是否履行了对快件的安全送达义务的环节与手段，应当在送达时、签收前进行。须引起注意的是，在并无特别约定或特别规定时，此处的验收应理解为表面验收，而非实质验收。即除快件标注为易碎品或外包装破损时可以开箱对内件完好性进行验收以外，只要快件不存在包装上的破损，就应认定为快件完好，即快递企业可以初步被认定为依法完成了安全送达义务。或者说，除非寄件人与快递企业作出了特别约定，在外观完好情况下，收件

---

[1] 实务中，违反《快递暂行条例》关于送达方式规定并发生纠纷的案件相当常见。例如，在王某顺与抚松县万良邮政支局邮寄服务合同纠纷案中，就出现了快递人员违反规定擅自将法院专递交给他人代收，造成王某顺因未收到开庭传票而未能参加上诉案件开庭审理并最终导致案件被按照撤回上诉处理的情况。在王某顺就此问题提起诉讼请求赔偿时，法院判决由邮政公司赔偿王某顺二审案件受理费、申请再审支出的交通费等费用。具体案情参见吉林省抚松县人民法院（2018）吉 0621 民初 2427 号民事判决书。

人并无权利开箱对内件的品名、数量和质量等进行品质验收，更无权据此认定快递企业是否构成违约。尤其需要指出的是，在电商件寄递中，保证内件品质是作为出卖人的电商经营者在买卖合同中对作为买受人的收件人所应负担的瑕疵担保义务，即快件内件瑕疵担保义务的承担者并非快递服务合同中的快递企业，因此快递企业并无义务接受收件人对内件品质的验收。

3. 关于附随义务的规定

《快递暂行条例》第二十八条规定："经营快递业务的企业应当实行快件寄递全程信息化管理，公布联系方式，保证与用户的联络畅通，向用户提供业务咨询、快件查询等服务。……"根据这一规定，快递企业应当在履行快递服务合同过程中向用户提供快件查询服务，以满足其同步知晓快件寄递实时状态的知情权需要。从性质上看，该项义务并非快递企业在快递服务合同中的主给付义务或从给付义务，而是由用户在快递服务合同中的特殊需求所产生的一项附随义务。但如快递企业违反此项合同义务，亦应被判定构成违约。

4. 关于后合同义务的规定

《快递暂行条例》第二十六条第一款规定："快件无法投递的，经营快递业务的企业应当退回寄件人或者根据寄件人的要求进行处理；……"同时该条第二款还规定了快件无法投递且无法退回的，应当依照哪些规定进行处理。这实际是为快递企业设定了对无法投递快件的退回义务和对无着快件的依法处理义务。由于快件无法进行投递时快递服务合同将因无法履行而自动终止，因此依法退回快件或依法处理无着快件均系快递企业根据诚信原则应当对用户负担的后合同义务。快递企业若违反上述义务，用户既可以要求其继续履行，也可以在由此造成快件损失时要求其承担相应的损失赔偿责任。

（三）与损失赔偿有关的规范

1. 与责任承担主体有关的规范

如前所述，加盟经营目前在我国快递行业中得到了广泛应用。这就在实践中产生了一个问题，即对发生快件损失时应由加盟商承担责任还是被加盟的快递企业总部承担责任往往存在认识分歧。[①] 对此，《邮政法》并未有任何涉及，而《快递暂行条例》第十九条第三款规定："用户的合法权益因快件延误、丢失、损毁或者内件短少而受到损害的，用户可以要求该商标、字号或者快递运单所属企业赔偿，也可以要求实际提供快递服务的企业赔偿。"

有关立法资料表明，上述条款在《快递暂行条例》制定过程中曾经表述为应由加盟商和快递企业总部对用户损失承担连带责任，但立法过程中《民法总则》出台（该法规定连带责任应由法律作出规定或当事人作出约定），[②] 该条款随即修改为目前表述。对于目前条文的理解，由司法部和国家邮政局共同编著的《快递暂行条例释义》将其解释为实际仅对用户发生损失后的投诉渠道作出了规定。[③] 但如本书第四章第一节所论，笔者认为该条款不仅为用户指明了投诉阶段的维权渠道，而且实际也起到了明确诉讼阶段责任主体的作用，只不过对于二者应承担连带责任还是补充责任，《快递暂行条例》囿于立法权限并未作出明确规定。也就是说，笔者认为即使将《快递暂行条例》保守解释为其无意明确二者应如何具体对用户承担赔偿责任，也应当认可其实际已经明确表达了支持加盟方和被加盟方均可作为诉讼阶段责任主体的立法主张。而对于二者究竟应如何进行具体的责任承担，则在立法得到完善之前应借助于相关学理解释。对此，本书第四章第一节已有相关论述，此处不赘。

2. 与赔偿依据有关的规范

《快递暂行条例》第二十七条第一款规定："快件延误、丢失、损毁或者内件短少的，对保价的快件，应当按照经营快递业务的企业与寄件人约定的

[①] 例如，在日照三金焊料有限公司与日照东坤快递有限公司服务合同纠纷案中，法院认定加盟快递企业为适格被告和赔偿责任承担者；在华容县随心凯诗芬生活馆与季某、上海安能聚创供应链管理有限公司公路货物运输合同纠纷案中，快递企业总部被认定为适格被告和赔偿责任的承担者；在北京吉家良品商贸有限公司与圆通速递有限公司、北京圆信通商贸有限公司等运输合同纠纷案中，法院认定加盟方和被加盟方均为适格被告和责任承担者。具体案情分别参见山东省日照市东港区人民法院（2018）鲁 1102 民初 5951 号民事判决书、湖南省华容县人民法院（2018）湘 0623 民初 637 号民事判决书、北京市第三中级人民法院（2018）京 03 民终 15033 号二审民事判决书。

[②] 此处的"法律"应为其狭义含义。

[③] 参见司法部、国家邮政局编著：《快递暂行条例释义》，中国法制出版社 2018 年版，第 99 页。

保价规则确定赔偿责任；对未保价的快件，依照民事法律的有关规定确定赔偿责任。"该条显然系对快件损失赔偿的依据作出了规定。

基于通常的民法原理，合同领域对合同自由贯彻得最为彻底，表现在违约责任之确定，则系有约定从约定，无约定方从法定。上述规定即体现了这一原理。但在快递服务合同中，与损失赔偿有关的合同约定实际有两类：一是限制赔偿责任约定，二是保价条款约定。但此两类合同约定在性质上存在一定区别：限制赔偿责任约定属于由快递企业单方面事先拟定的格式条款，而保价约定则由两部分约款组成，即确定保价赔偿规则的条款和保价数额条款。其中，保价赔偿规则条款系由快递企业单方面事先拟定，但保价数额条款则是由用户在遵守快递企业保价限额规定前提下自行决定。这就使保价条款包含了两种格式条款，即由快递企业单方拟定的格式条款和由用户一方自行拟定的格式条款。如此一来，比较运单中纯粹由快递企业拟定的限赔条款，保价条款就更加能够充分地体现和贯彻双方当事人共同的合同自由。正是因为如此，在运单中有保价约定但同时存在限赔格式条款情况下，《快递暂行条例》明确规定应优先适用保价约定，即对于保价快件，应当按照保价规则而非限赔约定确定快递企业的赔偿责任。有关代表性案例，参见陈某与河北顺丰速运有限公司服务合同纠纷案。[①]

值得关注的是，《快递暂行条例》并未规定在未保价情况下即应适用限赔约定，而是明确此时应适用民事法律的有关规定。其原因在于，限赔约定属于纯粹的格式条款，其是否已经订入合同以及其效力如何，均应依据民事法律的有关规定对其进行审查。只有在其有效订入合同情形下，才应依该限赔约定对用户进行赔偿。但若其因不符合《民法典》合同编的格式条款订入规范而被用户否定构成合同内容，或者因违反效力规范而对当事人没有约束力，则应适用有关民事法律关于违约损失赔偿的直接规定。

3. 与确定免责事由有关的规范

根据《民法典》第五百九十二条第二款规定，一方违约造成对方损失，对方如对损失的发生具有过错，可以在对方过错的范围内减少违约方的损失

[①] 案情参见河北省河间市人民法院（2018）冀 0984 民初 260 号民事判决书。

赔偿数额，即违约方可以在对方的过错范围内免责。[1] 也可以说，对方存在过错实际构成违约方在其过错范围内得以免责的法定事由。而《快递暂行条例》第二十二条第一款规定，寄件人应当在交寄快件时如实提供收件人、其自身以及寄递物品的有关信息，[2] 这即意味着，若快件延误甚至丢失、毁损是由寄件人并未在交寄快件时准确、如实提供有关信息所造成，则可认定寄件人存在过错，并可在其过错范围内免除快递企业相应的赔偿责任。

第二节 非行业立法中有关民事法律规范的适用

【本节提要】

除行业立法以外，快件损失赔偿纠纷适用最多的是《民法典》合同编中的有关规范，包括其通则分编和典型合同分编规定。由于快递服务用户在很多时候具有消费者身份，因此快递服务合同纠纷有时也会需要适用消费者权益保护立法中的有关规定，包括国家法律规定和地方立法规定。在快递服务合同纠纷具有涉外因素时，还应根据《涉外民事关系法律适用法》以及相关司法解释来确定解决纠纷的准据法。

一、《民法典》合同编有关规范的适用

（一）通则分编有关规范的适用

快递服务合同目前在我国属于无名合同，因此根据《民法典》第四百六十七条第一款前段规定，其应当适用该法合同编通则分编的有关规定。[3] 实务

---

① 该条款原文是："当事人一方违约造成对方损失，对方对损失的发生有过错的，可以减少相应的损失赔偿额。"

② 该规定原文是："寄件人交寄快件，应当如实提供以下事项：（一）寄件人姓名、地址、联系电话；（二）收件人姓名（名称）、地址、联系电话；（三）寄递物品的名称、性质、数量。……"

③《民法典》第四百六十七条第一款前段规定："本法或者其他法律没有明文规定的合同，适用本编通则的规定，……"

中涉及比较多的主要是格式条款订入规范、格式条款效力判定规范、格式条款解释规范以及违约责任中的损失赔偿规范。关于其具体适用，详见本书后续章节的有关论述。

（二）典型合同分编有关规范的适用

除适用合同编通则分编规定之外，《民法典》第四百六十七条第一款后段还规定，无名合同还可以参照合同编最相类似合同的规定。[①] 此次民法典编纂并未将快递服务合同增设为有名合同，但合同编典型合同分编已经存在与其最相类似的合同，即运输合同中的货运合同。如前所述，尽管快递服务在运输环节之外还包括收寄、分拣、投递等运输服务所不包括的极具个性的环节，但其中所包含的运输环节与货物运输服务存在极大相似性。因此，快递服务中与运输环节有关的纠纷，可以类推适用货运合同的有关规范。此外，由于快递服务合同系双务有偿合同，因此其还可以类推适用买卖合同的有关法律规范。关于上述有关法律规范的具体适用，参见本书后续章节的有关论述。

二、消费者权益保护立法中有关规范的适用

（一）国家立法中的有关规定

《消费者权益保护法》中与快件损失赔偿纠纷有关的主要是其中的惩罚性赔偿制度，即第五十五条第一款规定："经营者提供商品或者服务有欺诈行为的，应当按照消费者的要求增加赔偿其受到的损失，增加赔偿的金额为消费者购买商品的价款或者接受服务的费用的三倍；增加赔偿的金额不足五百元的，为五百元。法律另有规定的，依照其规定。"实务中，用户有时会根据上述规定请求法院判决快递企业对其承担惩罚性赔偿责任。

例如，在王某（以下称原告）与湖南顺丰速运有限公司（以下称顺丰公司）、湖南顺丰速运有限公司岳阳分公司（以下称顺丰岳阳分公司）运输

[①]《民法典》第四百六十七条第一款后段规定："本法或者其他法律没有明文规定的合同，……并可以参照适用本编或者其他法律最相类似合同的规定。"

合同纠纷案中，原告于 2016 年 7 月 16 日在顺丰岳阳分公司办理行李快运，并按次日件（需航空运输）付费标准支付了 248 元快递费，其中运费 233 元，保价费 15 元。但该件于 2016 年 7 月 19 日方送达目的地，晚于双方约定的送达时间。后原告发现该快递实际采用的运输方式并非与次日件相对应的空运，而是陆运，双方遂起争议。原告到法院起诉，请求法院判决被告向其赔偿快递费 3 倍的赔偿款 780 元。法院审理后认为，虽然顺丰公司岳阳分公司主张其未对案涉快件采用航空运输方式进行运递系原告过错所致，但其对该项主张并未能够提供有证明力的证据，因此法院认定快件未能按照约定时间送达的责任应由二被告承担，遂依《消费者权益保护法》第五十五条第一款规定，判决被告按原告所交运费（233 元）的 3 倍（699 元）对后者进行赔偿。

上述案件中，虽然判决书中并未写清原告主张被告在签订快递服务合同时对其进行了欺诈，也未写清法院已认定被告构成了欺诈，但该案实际就是在认定被告构成欺诈基础上对《消费者权益保护法》第五十五条第一款的惩罚性赔偿规定进行了适用。笔者认为，该案审判存在一定可商榷之处，主要有以下两点：一是被告存在欺诈是原告一方的主张，因此应由原告而非被告对此承担举证责任；二是被告未按次日件的寄递需要采用航空运输，而是以陆运方式对案涉快件进行了运递，只能表明被告出现了违约行为，但尚不足以证明其改变运递方式系出于主观故意，更不能说明其在缔约之初就是出于假意对原告作出了进行航空运输的承诺。对此，法院应进一步查明被告未按承诺的运递方式进行寄递的具体原因，而在未对该具体原因进行深入调查基础上就根据被告后续违约行为判定其在缔约时存在主观上的欺诈，未免有失武断。应引以为戒的是，消费者权益需要坚决予以维护，但不能逾越欺诈认定的规矩，否则就会在消费者权益保护问题上出现矫枉过正，而这种矫枉过正只会导致另一种不公平。

应予指出的是，援引《消费者权益保护法》第五十五条第一款对经营者进行惩罚性赔偿应严格把握以下条件：一是作为原告的用户能够证明被告于缔约当时存在制造假象或有义务告知却隐瞒真相的欺诈行为；二是该欺诈行为导致用户陷于错误认识，并基于此种错误认识而与被告缔结了案涉合同。[①]无论是原告对被告于缔约当时存在欺诈行为举证不力，还是该欺诈因素并未导致用户限于错误认识并与其缔结合同，均不能判决被告对原告进行惩罚性赔偿。事实上，多数法院能够在案件审理中对上述条件进行严格把握，并在条件不完备时判决对原告提出的惩罚性赔偿不予支持，例见赵某与上海韵达速递有限公司服务合同纠纷案[②]、范某与广东红楼国通快递有限公司运输合同纠纷案[③]和张某与顺丰速运有限公司产品运输者责任纠纷案[④]。

（二）地方立法中的有关规定

除《消费者权益保护法》这一国家层面的立法之外，为加强对消费者权益的保护，有些省份还出台了相关的地方性立法，对消费者权益保护作出了进一步细化的规定。这些规定目前主要有《陕西省消费者权益保护条例》（2019 年修正）第四十六条规定、《浙江省实施〈中华人民共和国消费者权益保护法〉办法》（2017 年修订）第二十二条规定、《江西省实施〈中华人民共和国消费者权益保护法〉办法》（2015 年修订）第四十二条规定等。其中，《浙江省实施〈中华人民共和国消费者权益保护法〉办法》第二十二条第三款还针对该省为民营快递企业总部聚集地这一特殊省情，专门就快递服务中的消费者权益保护作出了规定："快递物品因经营者责任遗失或者毁损，事先申报价值的，经营者应当按照申报价值予以赔偿；事先未申报价值但事后能够确定实际价值的，经营者应当按照实际价值予以赔偿；事先未申报且事后无法确定实际价值的，由双方协商确定赔偿数额，协商不成的，由经营者按照所收取资费十倍的标准予以赔偿，但最高额不超过八百元。"需要指出的是，基于合同自由原则的贯彻、我国《立法法》关于立法权限的规定以及地方立

[①] 此二条件说的依据是《最高人民法院关于适用〈中华人民共和国民法典〉总则编若干问题的解释》（法释〔2022〕6 号）第二十一条规定："故意告知虚假情况，或者负有告知义务的人故意隐瞒真实情况，致使当事人基于错误认识作出意思表示的，人民法院可以认定为民法典第一百四十八条、第一百四十九条规定的欺诈。"

[②] 案情参见山东省威海市中级人民法院（2018）鲁 10 民终 2784 号二审民事判决书。

[③] 案情参见广东省深圳市中级人民法院（2015）深中法民终字第 3309 号民事判决书。

[④] 案情参见广东省佛山市中级人民法院（2017）粤 06 民终 1873 号民事判决书。

法效力范围之局限，上述立法的中段和后段规定在司法审判中的适用应符合以下条件，即以运单条款中的限赔约定被判未订入合同或者被认定无效为适用前提，且仅在该地方立法的地域效力范围内（即浙江省）才能被作为裁判依据。

三、《涉外民事关系法律适用法》及相关司法解释的适用

（一）认定快递服务合同关系是否具有涉外性的规范依据

伴随贸易全球化进程的加快和我国快递发展"走出去"战略的实施，我国快递服务具有涉外因素的情况越来越多。具有涉外因素的快递服务纠纷在法律适用上与国内快递服务纠纷存在不同，即前者需要首先确定解决纠纷时所适用的准据法；而是否具有涉外因素的认定，则是是否需要进行准据法选择的前提。关于涉外因素的判定，根据《最高人民法院关于适用〈中华人民共和国涉外民事关系法律适用法〉若干问题的解释（一）》（法释〔2012〕24号）第一条规定："民事关系具有下列情形之一的，人民法院可以认定为涉外民事关系：（一）当事人一方或双方是外国公民、外国法人或者其他组织、无国籍人；（二）当事人一方或双方的经常居所地在中华人民共和国领域外；（三）标的物在中华人民共和国领域外；（四）产生、变更或者消灭民事关系的法律事实发生在中华人民共和国领域外；（五）可以认定为涉外民事关系的其他情形。"据此，就快递服务而言，无论是收件地或发件地之一位于境外，还是快递企业和用户的国籍或经常居住地涉外，均可认定快递服务合同关系具有涉外因素。此时，应首先根据《涉外民事关系法律适用法》确定解决纠纷的准据法，然后才能对案件进行依法裁判。

（二）确定涉外快递服务合同纠纷准据法的规范

《涉外民事关系法律适用法》第四十一条规定："当事人可以协议选择合同适用的法律。当事人没有选择的，适用履行义务最能体现该合同特征的一方当事人经常居所地法律或者其他与该合同有最密切联系的法律。"据此，确

定涉外合同关系准据法的方法首先是根据双方当事人协议即贯彻意思自治。对于快递服务合同而言，确定准据法的依据既可以是双方事先在快递服务运单中就准据法适用所达成的约定，[①] 也可以是在纠纷发生后、案件审理完毕前由双方所达成的一致意见。[②] 根据该规定，若当事人事前、事后均未对准据法作出选择，则应适用最密切联系原则补充当事人意思自治的不足。关于最密切联系法律的确定，英美法系和大陆法系采用了截然不同的方法。前者通常以赋予法官自由裁量权的方式确定，后者则将"特征履行"方法作为选择最密切联系法律的准则，即当事人对准据法未作出选择时，应适用履行义务最能体现合同特征的一方当事人经常居所地法律。根据我国《涉外民事关系法律适用法》第四十一条规定，我国采用的是大陆法系的方法。就快递服务合同而言，用户一方的主要义务是支付运费，但这一义务并不能使快递服务合同与其他有偿合同相区别，而快递企业所履行的义务恰恰能够反映出快递服务合同与其他双务有偿合同的区别，因此快递企业一方属于"特征履行"方，即收寄快件的快递企业一方住所地法律应被确定为解决快递服务合同纠纷的准据法。例如，在上海新诤信知识产权服务股份有限公司与欧西爱司物流（上海）有限公司、中国外运江苏公司南京国际货运分公司航空货物运输合同纠纷案[③]和义乌市欧远进出口有限公司与金华市顺丰速运有限公司邮寄服务合同纠纷案[④]中，就因为收寄快件的快递企业住所地均在我国境内，受案法院即均将我国《合同法》中的有关规定作为了案件的裁判依据。

---

① 例如，目前 DHL 在其快递运单的条款和条件中就以格式条款方式载明："除与所适用法律冲突，与本条款与条件有关的一切争议将受到快件原发件地国法院的非排他管辖，并适用原发件地国法律。"我国顺丰速运亦在其国际运单中以格式条款载明："与本条款和条件有关的任何争议将受到快件原寄件地国家法院的非排他管辖，并适用于原寄件地国家法律。"

② 例如，在广州市环境保护工程设计院有限公司与广东省邮政速递物流有限公司广州市分公司、陈某邮寄服务合同纠纷二审民事判决书中就有此陈述："双方当事人未书面约定适用法律，现已一致同意适用中国法律，故可确认中国法律为解决双方当事人争议所适用的准据法。"具体案情参见广东省广州市中级人民法院（2014）穗中法民四终字第 163 号民事判决书。

③ 具体案情参见上海市长宁区人民法院（2014）长民二（商）初字第 3162 号民事判决书。

④ 具体案情参见浙江省金华市婺城区人民法院（2017）浙 0702 民初 9843 号民事判决书。

第六章　快递服务合同保价条款之适用

在快件损失赔偿纠纷中，快递企业对用户承担赔偿责任的依据有三种，即保价条款约定、限制赔偿责任条款约定以及有关民事法律规定。其中，保价赔偿和依限制赔偿责任条款进行赔偿与通常违约责任承担具有显著区别，尤其是依保价条款进行赔偿，最能体现出快件损失赔偿的独特性。但与依限制赔偿责任条款进行赔偿一直广受关注不同，目前无论是理论还是实务界均尚未对保价赔偿中所蕴含的特殊问题给予足够重视。实际上，保价赔偿不仅是民商事责任承担中较为罕见的现象，而且已经在快件损失赔偿纠纷审判实践中产生诸多困惑，而这些困惑已经影响到了司法裁判的科学性与统一性。在此背景下，本章专门就快递服务合同保价条款的性质、成立要件、效力评价以及其赔偿数额确定加以讨论，以回应司法实践的急迫需要。

第一节　保价条款的成立要件

【本节提要】

保价条款既是违约责任条款，又具有担保性，后者表现在保价约定不但通过事先之特殊防范保障用户债权的实现，而且通过对限赔条款之排除适用，能够使用户一方获得更加充分的救济。尤其是保价条款对不可抗力这一法定免责事由的排斥，更加表现出其迥异于一般担保措施的超强担保力。担保性使保价条款成为快递服务合同的从合同，而从合同成立判断上的独立性，决定了对该条款应依独立合同的成立标准判断之。其成立既包括与通常合同相同之一般要件，又包括能够反映其个性特征的特殊要件：前者要求对保价必要条款协商一致，后者要求快递企业进行依法提示，且用户应于缔约时依约向快递企业支付相应的保价费。

一、保价条款的担保性

保价条款是寄件人和快递企业于签订快递服务合同时就快件是否保价、保价多少以及发生损失后如何由快递企业对保价快件进行赔偿所作出的约定。实务中，各家快递企业运单中的保价条款内容并不相同，较为常见的有可保价快件的类型条款、保价数额及申报规则条款、保价费条款以及赔偿情形和赔偿规则条款。由于保价条款的核心内容是如何对用户进行损失赔偿，因此实务中自然而然会将其认定为违约责任条款。我国《快递暂行条例》第二十七条第一款的规定，实际也肯认了其违约责任条款性质。[1] 应予指出的是，保价条款虽然确实具有违约责任条款性质，但不同于通常违约责任条款的是，保价条款还同时具有另一品性，即对合同履行和损失赔偿的担保性。[2]

（一）保价条款担保性的表现

合同条款的性质既由其设立目的和实际功能所决定，又须同时结合其他因素作出综合判断。如此进行分析，快递服务合同保价条款除具备违约责任性质以外，还表现出鲜明的担保性，后者主要表现在三个方面。

首先，当事人约定保价条款的首要目的实际是着眼于对违约行为的事先防范，而非直接立足于损失赔偿。从缔约成本出发，寄件人并非只要进行寄递即进行保价，而是仅于寄递物品相当重要或价值较高时才会如此行事。此时，用户的首要心理动机并不是确定如何进行损失赔偿，而是通过该条款之设立有效实现损失避免——保价条款约定既给快递企业施加了有

---

[1]《快递暂行条例》第二十七条第一款规定表明，立法已经将保价条款明确为确定快递企业如何承担违约责任的依据之一，因此无异于肯定了其违约责任条款性质。

[2] 保价条款的这种双重性质和合同实践中更为常见的定金条款极为相似。

可能承担更重赔偿责任的心理压力，[1]同时也为其设立了额外采取相应措施以保障寄递安全的义务，包括进行特殊运递、在中转环节安排清点验收、保证以按名址面交方式进行投递以及进行全程监控等。尽管上述义务一般并未在运单中进行明文记载，但为防范快件损失而采取特别保护措施既是用户选择保价时的必然心理期待，也是保价条款缔结的首要缔约目的，同时还是快递企业接受运费之后又专门收取保价费所理应承担的对待给付。因此，基于保价而采取特殊的防损措施，实际已经构成合同中的默示条款。而通过积极地事先防范保障债权顺利实现，无疑使保价条款表现出担保性。

其次，除事先防范损失发生之外，用户选择保价的另一目的是使其能够在损失实际发生时获得更为充分的救济。从合同内容的衡平性出发，快递运单中通常会事先设置有限制赔偿责任条款，并且该限制赔偿责任条款会被作为发生快件损失时的一般赔偿规则。[2]而保价条款虽然也是赔偿约定，但比较运单中的限赔条款而言，其属于赔偿条款中的特别约定。这就表明除对快件损失进行积极防范以外，用户选择保价还有一个非常重要的意图，即以保价赔偿之特别约定排除通常情况下的限制赔偿责任约定，从而使用户能够获得更为充分的救济。保价赔偿的救济充分性体现在：当超额保价或等值保价时，按照通常的保价赔偿约定，用户将能够就其实际损失获得赔偿，而非仅为限额赔偿；而当保价额低于快件实际价值时，用户虽然仅得按照保价额获得赔偿，但由寄件人对限赔条款弃之不用而另行作出保价约定这一选择的行为目的所决定，该低保数额通常会高于限赔条款所约定的赔偿数额。而无论何种情况均能使用户获得较限赔条款更加充分的救济，仍旧体现出保价条款对债权实现的担保性。

最后，保价条款还有一个极具个性的特征，即其有效订入将会排除不可抗力这一法定免责事由的适用。通常情况下，如违约行为由不可抗力导致，违约方将有权主张免责。但在保价情形下，即便快件损失系不可抗力所致，

---

① 保价赔偿责任通常会重于非保价快件的限制赔偿责任，详见后文。
② 关于限赔约定对快递服务合同内容的衡平作用，详见后文分析。

快递企业仍应根据保价约定对用户进行赔偿，而不得依不可抗力主张免责。[①]
对不可抗力这一法定免责事由的排斥，显然更加强化了保价约定的担保性。

综合以上分析，保价条款约定不仅增强了用户顺利实现债权的可能性，而且能够在发生快件损失时使其获得更加充分的救济，因此显然具备了一般担保措施的担保性。而其对不可抗力免责事由之适用的阻却或者排斥，又进一步体现出其优于通常担保措施的超强担保力。也就是说，保价条款虽系违约责任条款无疑，但其亦同时具备担保性，[②]实务中在关注其前一性质的同时，亦不应忽略后一性质的存在。

（二）保价条款担保性的认识价值

对保价条款担保性的认识价值主要有以下两个方面。

第一，有助于明确保价条款的从合同地位。保价条款的担保性，表明当事人除订立快递服务合同之外，还有设立担保这一另外的合意，而此项合意的异质性，已经使保价条款在法律地位上具有了相对独立性，并由此构成快递服务合同这一主合同的从合同，即保价担保合同。

第二，有助于明确保价条款在成立要件上的独立性。众所周知，从合同具有从属地位，仅指其在效力和存续上附属、依从于主合同，而在是否成立的判断上，从合同依然具有独立性。无论是定金合同，还是质押合同、抵押合同等担保合同，莫不如此。这就意味着，保价担保合同虽从便捷性出发并未订有专门协议，而是以主合同条款的形式存在，但其并非随主合同整体合意的达成而自动构成合同内容。对其成立与否，须进行单独审验，并按照独立合同之成立标准进行判断。

---

① 关于保价快件发生损失后快递企业不得因不可抗力免责，我国目前立法尚未作出专门规定，但《邮政法》第四十八条规定："因下列原因之一造成的给据邮件损失，邮政企业不承担赔偿责任：（一）不可抗力，但因不可抗力造成的保价的给据邮件的损失除外；……"即发生不可抗力时，邮政企业不得就保价邮件损失主张免责。此种规定实际系国际社会邮政立法通例。此外，我国国家标准《快递服务 第3部分：服务环节》（GB/T 27917.3—2011）中亦明确，不可抗力造成快件损失时，快递企业不得主张免责。参见其附录 A.2 规定。

② 保价条款性质的双重性虽与定金条款相类似，但与定金担保曾被《担保法》明确归于典型担保措施不同的是，保价担保目前在我国立法中尚未受到较为完备的规范。

在上述认识前提下思考，可以发现保价条款之成立不仅应满足通常合同的共性要件，而且还会基于其个性特征而需要具备某些特殊要件。

二、保价条款的一般成立要件

（一）必要条款齐全

根据鼓励交易原则及合同法有关具体规范，[①] 合同成立无须当事人就全部条款达成一致意见；但由交易的确定性决定，亦非对合意事项毫无底线要求——合同成立必须必要条款齐全，即双方当事人应对能够认定合意形成的某些特定合同条款达成一致意见。那么，合同必要条款的范围应如何确定？保价约定须具备哪些必要条款？

目前，我国《民法典》并未对通常合同的必要条款作出专门规定。[②] 但2021年4月6日发布的《全国法院贯彻实施民法典工作会议纪要》（以下简称《民法典会议纪要》）第六条规定："当事人对于合同是否成立发生争议，人民法院应当本着尊重合同自由，鼓励和促进交易的精神依法处理。能够确定当事人名称或者姓名、标的和数量的，人民法院一般应当认定合同成立，但法律另有规定或者当事人另有约定的除外。"上述规定承继了《合同法司法解释（二）》相关规定的精神，实际是对通常情况下合同的必要条款作出了归纳，明确其一般包括当事人条款以及标的和数量条款。值得思考的是，上述承继和规定的依据何在？最高院作出此项规定又是基于怎样的分析过程？对此，有关文献并未作出明确阐释。[③]

笔者认为，上述规定是对《民法典》第五百一十条和第五百一十一条规

---

① 这些具体规范包括《民法典》第四百七十条规定、第五百一十条规定、第五百一十一条规定等。

② 应予明确的是，《民法典》第四百七十条并非对合同必要条款作出的规定，而是为一般合同的订立提供了完备性示范。

③ 关于最高院在司法解释或司法文件中作出上述规定的依据，有关文献仅笼统指出系我国《合同法》有关规定、参考借鉴各国关于合同必要条款的规定、总结我国审判实践经验以及广泛的调研。参见最高人民法院研究室编著：《最高人民法院关于合同法司法解释（二）理解与适用》，人民法院出版社2009年版，第15页。

定以及其他相关法律规定进行系统解读的产物，其认识逻辑是：第一，在某条款未约定或者约定不明时，若不能根据《民法典》第五百一十条确定其内容，[①]但可依第五百一十一条[②]或其他规定实现对当事人意志之拟制，[③]则该条款欠缺不影响合同成立，即其应被判定为合同的非必要条款；第二，并非所有合同条款均可实现法律拟制；第三，无法完成法律拟制的条款，应由当事人自行协商一致，否则会因无法履行而影响合同成立，而这些无法以法律拟制方式替代当事人协商的条款，就是合同的必要条款；第四，由谁进行交易、欲对何标的进行交易以及交易的数量如何，均为双方当事人合同自由的底线，须由合同主体自行达成合意，法律不应对其予以拟制，也无法完成相关拟制，因而构成合同的必要条款。上述分析的逻辑要义是，无法由立法进行补缺、只能依当事人自己的合意才能得以确定的条款，系合同的必要条款，而当事人约款以及标的和数量条款，就是通常合同中的必要条款。

由此可见，作为相对独立于快递服务合同的从合同，若保价约定具备了当事人约款以及标的和数量条款，就可以认定其在内容方面具备了成立要件。由于保价当事人是可以客观确定的，[④]因此实际仅需标的和数量条款具备，就

---

① 该条规定："合同生效后，当事人就质量、价款或者报酬、履行地点等内容没有约定或者约定不明确的，可以协议补充；不能达成补充协议的，按照合同相关条款或者交易习惯确定。"

② 该条规定："当事人就有关合同内容约定不明确，依据前条规定仍不能确定的，适用下列规定：（一）质量要求不明确的，按照强制性国家标准履行；没有强制性国家标准的，按照推荐性国家标准履行；没有推荐性国家标准的，按照行业标准履行；没有国家标准、行业标准的，按照通常标准或者符合合同目的的特定标准履行。（二）价款或者报酬不明确的，按照订立合同时履行地的市场价格履行；依法应当执行政府定价或者政府指导价的，依照规定履行。（三）履行地点不明确，给付货币的，在接受货币一方所在地履行；交付不动产的，在不动产所在地履行；其他标的，在履行义务一方所在地履行。（四）履行期限不明确的，债务人可以随时履行，债权人也可以随时请求履行，但是应当给对方必要的准备时间。（五）履行方式不明确的，按照有利于实现合同目的的方式履行。（六）履行费用的负担不明确的，由履行义务一方负担；因债权人原因增加的履行费用，由债权人负担。"

③ 这里的其他规定，既包括合同立法中的其他规定，也包括非合同立法中的有关规定。前者如原《合同法》第八章中关于违约责任的规定，后者例见《仲裁法》《民事诉讼法》等有关法律对纠纷解决方式的规定。

④ 通常情况下，保价约定的当事人为寄件人和收寄快件的快递企业。从理论上讲，寄件人以外的第三人亦可替代前者成为保价人，但由快递服务合同的快捷性、便捷性需要以及快件价值通常较为低廉之实际情况所决定，实践中由寄件人自身作为保价人的情形更为普遍。

可以认定保价条款成立。那么，何为保价约定中的标的条款？其数量条款又所指为何？

在保价约定中，保价标的应指寄件人和快递企业于保价条款中权利、义务共同指向的对象。由于寄件人在保价约定中的主要权利是依照合同约定就保价数额获得赔偿，快递企业的主要义务是依据合同约定就保价数额负担赔偿责任，因此保价数额实际系保价约定中的合同标的。而合同的数量条款是指当事人对合同权利、义务之大小、轻重所作出的约定，因此保价约定的数量条款应为确定快递企业该怎样对保价数额负担赔偿责任的条款，即合同中的保价赔偿规则条款。也就是说，除当事人约款外，保价约定的必要条款还包括保价金额和保价赔偿规则条款。保价赔偿规则条款一般由快递企业事先以格式条款记载于运单中，保价金额则于缔约时要么由寄件人自行申报，[①] 要么则由其在事先列举于运单中的多档固定保价额中作出选择，故此实务中影响保价约定必要条款齐全性的因素一般仅为寄件人是否填写了保价金额或是否对其作出了选择。如未予填写或者未作出选择，[②] 则即使寄件人于寄递快件时表达了保价意愿，[③] 也会因必要条款欠缺而无法认定保价约定成立。应予说明的是，在寄件人并未于运单上对保价金额进行填写或作出选择的情况下，若其能够举证已实际交付保价费，则由于根据案涉快递企业执行的保价费率仍可对其保价金额作出推算，因此仍应认定该条款于事实上存在于双方约定中。

（二）寄件人就是否保价作出了肯定性勾选

关于如何对用户损失进行赔偿，快递企业一般会同时提供两类不同格式条款，即限制赔偿责任条款和保价约款。但由于责任范围并不相同，二者实际不可能并存于快递服务合同中。基于权利义务配置的均衡性要求已经使限制赔偿责任成为行业惯例，因此限制赔偿责任条款也就随之成为快递运单中的常见格式条款。这就决定了两类条款的关系是，限制赔偿责任条款属于快递服务合同

---

① 此项申报应在快递企业事先声明的最高保价额范围内。

② 从实务中看，寄件人表达了保价意愿但未对保价金额进行填写的原因，既可能是其缔约疏忽，也可能是其欲进行保价的金额未能获得快递企业认可。

③ 寄件人表达保价意愿的方式通常为在运单中对是否保价的选项作出肯定性勾选，详见后文。

中的一般责任条款，而保价赔偿条款则是双方当事人就快件损失赔偿所达成的特别约定。也就是说，保价约定的形成有赖于当事人的特别合意。合意达成，则保价条款进入合同并将限赔条款排除于合同内容之外；但若合意并未形成，则不但意味着保价条款不能成立，而且同时还会使限赔条款随双方对合同条款整体合意的达成而自动进入合同。① 正是鉴于二者之间的不兼容关系，快递企业会在将两类条款共同记载于运单中的同时专门为用户提供对保价与否进行选择的勾选项。寄件人只有对此作出肯定性勾选，才能表明其就保价事项向快递企业发出了要约；而快递企业此时对运单条款所作出的概括性承诺，也就包含了对用户一方保价意愿的同意。但若寄件人进行了否定性勾选，或对肯定与否定并未作出任何勾选，则均应认定其并未对限赔条款作出否定，因而此时快递企业如作出概括性承诺，应认定双方就包含限赔条款在内的全部合同条款形成了合意，而不能认为二者之间存在保价约定。

三、保价条款特殊成立要件之一——快递企业依法履行提示义务②

（一）快递企业是否应对保价条款履行提示义务

提示义务系指格式条款使用人于缔约过程中提醒其相对人对格式条款的存在及内容予以注意的义务。在快递服务合同保价条款中，除保价金额条款之外，其余条款均系由快递企业一方提供的格式条款，但快递企业是否须对这些条款承担提示义务，还应由其是否属于法定提示义务范围所决定。目前，与此有关的立法有《民法典》和《快递暂行条例》。

根据《民法典》第四百九十六条第二款规定，格式条款使用人应当对减

---

① 此处之"自动"进入合同，仅指当事人不必在整体合意之外另行就限赔条款达成专门合意，而并不意味着限赔条款进入合同无须快递企业依法履行提示与说明义务。

② 之所以将提示义务列为特殊缔约义务，是因为该义务仅存在于作为特殊合同现象的格式条款缔结过程中。而关于该义务履行之法律意义，目前无论是学界力说还是以《民法典》为代表的最新立法，均已认可其系格式条款构成合同内容的条件即格式条款成立要件，而非效力要件。另需说明的是，在用户方有要求时，与提示义务具有同等功能的说明义务亦构成保价条款之特殊成立要件，但由于其并无区别于其他格式条款说明义务的特殊性，本书对其不作讨论。

轻或者免除其责任等与相对人有重大利害关系的条款依法履行提示义务，也就是说，格式条款使用人是否应对格式条款依法履行提示义务，取决于该格式条款是否属于与相对人有重大利害关系的条款。由于保价条款既是违约责任条款，又是担保条款，即其是否构成合同内容不仅关涉用户安全寄递快件这一合同主债权的顺利实现，而且还会影响到其能否就快件损失获得更为充分的赔偿，因此显系与用户有重大利害关系的条款。既然如此，快递企业就应依法对其履行提示义务。事实上，《快递暂行条例》已经明确："经营快递业务的企业在寄件人填写快递运单前，应当提醒其阅读快递服务合同条款、……告知相关保价规则和保险服务项目。"[1] 其中要求快递企业在寄件人填写运单前提醒其阅读和告知其保价规则的规定，就是《快递暂行条例》就保价条款中的保价赔偿规则条款对快递企业提出的特别提示义务要求。由此可见，无论是依据《民法典》中的一般规定，还是根据《快递暂行条例》中的特别法规定，快递企业均应就保价规则依法对用户承担提示义务。

（二）保价条款提示义务的履行要求

根据《民法典》第四百九十六条第二款及原《合同法》第三十九条第一款规定，格式条款使用人应以"合理方式"履行提示义务，而有关司法文件又将该"合理方式"解释为对格式条款予以"特别标识"，即对其作出醒目性提示。[2] 这实际是司法机关结合格式条款通常缔结情况对"合理方式"所作出的一般性解释，同时也是对此等提示义务最低履行限度的明示。有学者指出，是否构成"合理方式"，应综合提起注意的时间、方法、程序、程度以及文件之外形这五个因素进行分析，[3] 即"合理方式"在含义上具有较大开放性，"合理方式"之构成应综合上述因素作出类案甚至个案判断。鉴于快递服务合同之缔结特殊性、保价条款的独特性以及其订入与否对用户权益具有较大影响，

---

[1] 该条款中的"保价规则"，系本书所称保价条款的核心组成部分。
[2] 《民法典会议纪要》第 7 条规定："提供格式条款的一方对格式条款中免除或者减轻其责任等与对方有重大利害关系的内容，在合同订立时采用足以引起对方注意的文字、符号、字体等特别标识，……人民法院应当认定符合民法典第四百九十六条所称'采取合理的方式'。……"这一规定实际是对原《合同法司法解释（二）》第六条第一款规定的承继。
[3] 王利明：《合同法新问题研究》，中国社会科学出版社 2003 年版，第 165 页。

《快递暂行条例》在前述立法及司法解释基础上对快递服务合同保价规则的提示义务提出了更高要求，即在以特别标识方式完成一般提示之后，还应履行两项特殊提示义务，即提醒阅读义务和告知义务。

1. 提醒阅读义务

提醒阅读义务要求快递企业主动以书面或口头方式提醒用户对包括保价规则在内的运单条款进行阅读的义务。[①] 立法作出此项规定的现实基础是，受对条款复杂性认识不足和快递服务合同缔结快捷性需要的双重影响，快递服务用户缔约时对运单条款的注意程度一般会明显低于通常格式合同。即使快递企业依法履行了特别标识义务，亦往往被用户所忽略，更谈不上全面阅读。而信息承载的有限性，又造成纸质运单的正面通常仅会载明与缔结合同有关的基本事项，而保价规则等与后续责任承担有关的"异常情况"条款，则通常被印制于纸质运单的背面。同因，目前日益普及的电子运单通常亦未能够将责任条款完整置于合同首页。上述因素无疑加大了用户对包括保价规则在内的运单条款的不知情可能性，而于特殊标识基础上对提醒阅读义务的设定，目的即在于降低此种可能。

2. 告知义务

告知义务是指在提醒阅读基础上，快递企业还应直接将保价规则的内容及其法律意义逐一对用户进行口头告知。比较提醒阅读义务，告知义务与其存在明显区别：

一是提示范围不同。提醒阅读义务的提示范围是全部运单条款，而告知义务则仅以保价赔偿规则为提示对象。

二是义务履行要求不同。阅读提示仅要求对用户自行阅读合同条款起到提醒与督促作用，至于用户是否实际阅读或阅读后是否理解其法律意义，则均不在该项义务履行要求的范围之内。而告知提示则以使用户切实知晓保价规则的具体内容为目标，因此属于对义务履行的结果有要求的一项提示。这就意味着，告知提示并非提醒注意中的程序性提示，而是以对条款内容进行直接告诉为目的的实质性提示。同时应予指出的是，由于保价规则与限赔条款相互联系且互不兼容，用户不了解后者亦将无从真正理解和正确决定是否选择前者，因

[①] 根据《快递暂行条例》规定，提醒阅读义务的适用范围是全部运单条款，即包括但不限于保价规则条款。

此对保价规则履行告知义务还应自动延伸至其与限赔条款之间的"非此即彼"关系。即此项告知义务并非通常意义上的狭义提示，而是融合了主动对保价规则的法律意义进行解释这一特殊说明义务的广义提示，而其最为核心的履行要求，就是使用户对其内容和法律意义均能达到理解性知悉。

三是履行方式不同。告知义务应于缔约当时逐一对寄件人以口头方式个别为之，而立法对阅读提示的履行方式并未作出明确规定，因此其不仅可以针对特定用户以口头方式逐一进行，而且亦得以运单为信息载体面向不特定用户统一作出书面提示。

上述情况表明，《快递暂行条例》对保价规则告知义务的要求在履行标准上较《民法典》更进一步，属于行业立法针对保价条款特殊性专门作出的特别法规范。而如此高标准的义务履行要求，既由保价条款的法律意义一般会超出通常用户的知识范围所决定，又与其担保性和赔偿的充分性而使其位居与用户有重大利害关系的各项条款之首具有关联性。

四、保价条款特殊成立要件之二——寄件人于缔约时支付保价费

关于保价条款之成立，实务中还有一个常见问题是，该条款是否以支付保价费为特殊成立要件？即保价约定是否属于实践性合同？或者说，在必要条款齐全且快递企业依法履行了提示义务，但用户并未于缔约时实际支付保价费，或表明该项费用由收件人到付情况下，若快件于寄递过程中发生损失，快递企业是否应向用户承担保价赔偿责任？

（一）关于实践性合同之存废

近年来，曾有过实践性合同应走向消亡的呼声，其理由是实践性合同已无存在意义、无价值上的正当性或与合意主义存在冲突。[1] 不同意见者则以合

---

[1] 分别参见郭锡昆：《践成合同研究：一个现代民法立场的追问》，载梁慧星：《民商法论丛》，法律出版社 2004 年版，第 85～90 页；王洪：《要物合同的存与废——兼论我国〈民法典〉的立法抉择》，载《上海师范大学学报（哲学社会科学版）》2007 年第 7 期；郑永宽：《要物合同之存在现状及其价值反思》，载《现代法学》2009 年第 1 期。

同无偿说、合同内容说、经济需要说或法律规定与交易习惯说肯认其存在价值。[①]笔者认为，实践性合同在罗马法中的产生有着特定的法律传统因素，即裸体简约不产生债，而该原则早已被仅须合意即形成债的原则所替代，但这并不能说明实践性合同应走向消亡，因为于当今社会，其继续存在已经具备了新的法理与现实基础。

值得一提的是，在主体平等、意思自治两项基本原则均被民法所确认情况下，仍非于任何情况下均能靠二者之合力就能自动导向法律所追求的公平。原因在于，某些时候一些其他因素不可避免地介入和干扰，仍会引起双方获益的不恰当失衡。同时，现代社会交易及其环境的复杂化，更是加剧了此种失衡的可能性。就此，法律试图通过特殊的制度设计对这些不恰当失衡予以矫正，对实践性合同之肯认就属于此种设计之一。值得注意的是，当今社会的实践性合同早就脱离了其最初的产生和存续土壤，转而演变为利益衡平的产物。实际上，实践性合同和诺成性合同的本质区别并非仅为成立要件之不同，而是在达成合意之后，法律仍赋予前者当事人反悔或者在履行上不受约束的可能性。这种可任意反悔又无须付出撤销程序代价的特权显然不可能具有普遍性，而是仅得存在于虽然包含利益失衡因素但可借此得以矫正的个别合同中，[②]这些合同即为实践性合同。在这些合同中，利益失衡方既可于合意达成后仍旧保有继续斟酌是否最终接受缔约的机会，亦可于特定交付行为完成之前免受履行约束，以避免陷于损失难以挽回之境地。不难看出，只要现实中利益先天失衡的合同类型未曾消失，只要民法之衡平观念仍须坚守，就很难否认实践性合同之存在价值。

需予补充的是，认为实践性合同与合意主义相冲突的观点亦难成立。原

---

① 分别参见《法学研究》编辑部：《新中国民法学研究综述》，中国社会科学出版社 1990 年版，第 414 页、第 580 页、第 584 页、第 602 页；王利明、崔建远：《合同法新论》，中国政法大学出版社 1996 年版，第 44～45 页；林国民：《民法十论》，山东大学出版社 1990 年版，第 100～102 页；张力：《实践性合同的诺成化变迁及其解释》，载《学术论坛》2007 年第 9 期。

② 这些特定因素以合同的无偿性为代表。但无偿性既不必然导致合同的实践性，同时也不是导致合同实践性的唯一因素，因此无偿性并未与合同的实践性相对应。但不管具体合同中的特定因素为何，可以肯定的是，导致合同被实践化的"公因数"应为双方地位或利益上的某种失衡。

因在于，该说不仅无视合同特殊性的存在，而且也对合意的理解过于刻板化。在现代民法中，明示方式被作为意思表示的一般形式，但默示方式亦被认可为其特殊形态。[①] 对于实践性合同而言，当事人以明示方式形成一致意思表示，仅意味着双方合意之初步达成，而特定交付行为这一默示意思表示的完成，才能最终表明合意之确定。上述情况表明，实践性合同的缔结仍在贯彻合意主义，只是其合意形成的标志和诺成性合同仅需明示之意思表示存在差异。也可以说，默示因素之叠加，不但没有使实践性合同背离合意要求，而且使其对合意的确认更加严格。

由此可见，实践性合同于当今之存续不仅有着丰厚的现实原因，而且存在坚实的法理基础，因而不仅应被立法所继续肯认，而且在司法审判中也要注意排除消亡论之不良影响。易言之，就是对于符合实践性特征的无名合同，应果断承认其实践性合同性质；同时在合同有名化条件成熟时，还应通过立法直接明确其实践性。

（二）保价条款的实践性分析

判断有名合同是否具有实践性，可以根据有关立法是否将特定交付行为的完成作为其成立要件进行认定。而目前快递服务合同在我国仍属无名合同，有关立法亦未就其中的保价条款进行完备规范，因此判定保价条款是否具有实践性，当前并无明确的法律依据。那么，在司法实践中是否应认可其实践性？

对于这一问题，不妨按两种方案假设之。

一是假设其具有诺成性，即支付保价费并非保价约定的成立条件，只要当事人就保价事项达成合意该约定即可成立。不难发现，于诚信缺失之社会条件下，此时用户将不无可能选择相机行事：若损失发生，其将支付保价费并主张进行保价赔偿；如快件被安全送达，则拒绝保价费支付，以此节约成本。而在后一可能情形下，快递企业往往已经依约对快件运递及管理采取了保价服务所要求的特殊措施。此时之快递企业无疑将会陷入两难境地：如接受用户对保价费不予支付之结果，显然对其不公平；而若选择提起诉讼对通

[①] 在我国《民法典》中，尽管对默示方式构成意思表示有限制性规定，但仍将其明确为明示方式之外意思表示的另一种存在方式，参见其第一百四十条规定。

常情况下数额并不可观的保价费进行追索，所获诉讼利益又未必能够填补其诉讼成本。也就是说，认可保价条款的诺成性虽然对用户有利，但容易造成快递企业遭受不当损害，亦不利于诚信风尚之弘扬，因此并不足取。

另一假设是肯认保价条款具有实践性，即认可其成立还需用户于订立合同时支付保价费。如此显然能避免不诚信用户进行投机，并使当事人双方的合法权益均能得到平衡维护。唯采此方案，才能使快递企业对保价快件积极采取特殊安全保障措施抱有信心，用户一方也将在快递企业正当权益得到保障的同时成为最终受益者。

鉴于上述情况，快递服务合同若能于将来实现有名化，应在对保价条款的有关规范中明确其实践性，以避免实务中的摇摆和争议，以及由此可能引发的消极社会效果；而于目前缺乏明文立法情况下，则应在司法审判中明确肯认其实践性，并通过指导性案例确立这一裁判导向。对于快递企业而言，则可在立法明确之前，将保价条款在支付保价费后方得成立之格式条款醒目记载于快递服务运单中，以主动实现对纠纷的预防和风险防范。

第二节　保价条款的效力认定

【本节提要】

对保价条款进行效力评判，应明确其评价对象仅限于特定范围：属于快递企业经营自主权并作为缔约前提的事项，并非保价条款之效力评价对象。对于低保低赔约定，可根据故意或重大过失造成财产损失的免责条款无效之法律规定否定其效力，但不应适用《民法典》中有关格式条款的效力评价规范认定其无效，也不应依据显失公平规定对其申请撤销。

对于保价条款之效力认定，实务中主要涉及两方面问题：一是应对哪些事项予以审查；二是对低保低赔的保价赔偿约定能否依据有关法律规定否认其效力。

一、保价条款效力认定的审查事项

（一）合同内容之构成

合同效力是对已经成立的合同进行的法律评价，该评价的核心审查事项是合同的内容是否合法。到目前为止，尽管学界有很多对合同内容合法性判定所进行的讨论，但其关注重点通常是如何对其合法性予以认定，而对合法性审查的对象之范围如何，则往往予以忽略。实际上，作为审查对象的合同内容并非于任何情况下均包含合同中的全部事项，而是仅指双方约定的交易条件；至于双方进行磋商的前置条件或者被列为缔约前提的事项，则虽被记载于合同中，而仍非真正意义上的合同内容。原因在于，合同内容是双方就如何交易形成的一致意见，而缔约的前置性条件仅系当事人对其愿意或有能力缔约的前提或范围事先作出的单方声明，其实质是市场主体根据自身条件对法律赋予的经营自主权的运用，而并非双方之合意。①

（二）保价条款的效力评价事项

通常情况下，保价条款并非仅为单一条款，而是由可保价范围、保价申报规则、保价数额、保价费、保价赔偿情形以及赔偿规则等诸条款共同构成。应予明确的是，认定保价条款的效力并不需要对上述全部内容予以审查，而是仅应对其中的特定事项进行评价。

就快递运单中的保价条款而言，快递企业欲对什么样的快件提供保价服务、是否设定最高保价限额或者其限额如何，以及对用户所申报的保价数额实行理赔审核还是申报审核等事项，均系其基于自身经营策略或风险负担能力对法律赋予的经营自主权的运用。上述事项均不依赖于双方是否能够达成合意来决定其执行与否，因此并非真正的合同内容，也不属于合同效力的评价对象。②而保价额条款、保价费条款以及赔偿规则条款，则均因具有明确的对待给付特征而超出了当事人单方自主决定的范围，其能否对当事人产生约

---

① 尽管作为自主性事项的缔约前提与作为合意事项的合同内容有时确实难以找到明确分野，但这并不能构成忽略对二者进行区分的理由。

② 从实务中看，最易被误判为合同效力评价对象的是运单中的最高额保价条款。

束，应取决于双方是否就此形成合意。如此进行分析，在保价条款中，只有保价额、保价费以及保价赔偿规则条款才是真正意义上的合同内容，也只有这些条款才能进入合同效力评价对象的范围。

二、低保低赔的保价条款是否有效

实践中，保价条款中最易产生效力争议的通常是保价赔偿规则中的低保低赔约定，而其中的焦点问题，往往是能否依据《民法典》有关规定对其效力予以否定。

（一）快递企业故意或重大过失造成快件损失时低保低赔条款的效力

从实务中看，保价赔偿规则已经形成行业惯例，其条款内容通常是：保价快件发生损失时，由快递企业按照保价额对用户承担赔偿责任。但保价额高于实际损失时，按照实际损失进行赔偿；保价额低于实际损失时，按照保价额进行赔偿。[①] 其整体要义是，快递企业只对与保价额相当的实际损失承担赔偿责任；而其后段所明确的规则，通常被称为低保低赔规则，即保价额低于快件实际价值被称为低保，而低保情形下发生快件损失仅得依保价数额对用户完成赔偿。这表明于低保情形下，保价赔偿规则条款将因事实上的部分免责而成为免责条款。既然如此，此时若快递企业存在故意或者重大过失，用户能否依据《民法典》第五百零六条第（二）项请求人民法院确认该赔偿条款无效？[②]

对于上述问题，快递企业一般持否定意见，理由为：与通常免责条款不同，保价赔偿规则条款并不具有当然免责性，原因是快递企业一般会在运单

[①] 需要说明的是，不同快递企业运单中对保价赔偿规则的文字描述不尽一致。有的直接规定按照保价金额赔偿，有的规定按照快件实际价值在保价限额内进行赔偿。前者例见 2021 年 9 月韵达速递运单条款，后者例见同期的百世快递运单条款。实际上，由于快递企业通常会在运单中申明用户应如实申报快件价值，因此进行体系性解释的结果是两种赔偿规则的实质性含义并无不同。另需说明的是，为行文方便，本书对保价赔偿规则内容的研究和描述仅限于全损情形。由于实务中快件发生部分损失时会依比例原则确定赔偿数额，因此后者的赔偿原理实际与全损时相同。

[②] 该规定为："合同中的下列免责条款无效：……（二）因故意或者重大过失造成对方财产损失的。"

中倡导等值保价，即要求寄件人按照快件的实际价值申报保价额，同时承诺用户对其与保价额相当的实际损失进行赔偿。但实际情况往往是，用户抱有侥幸心理不愿支付更多保价费而自行选择低保，最终使该条款"沦为"结果上的免责条款。既然快递企业提供保价赔偿规则之本意并非追求免除自身责任，是用户自己的选择而致该条款陷于事实上的免责，用户一方就该自觉接受此种结果，而非以问责效力之名行出尔反尔之实。

针对快递企业观点，笔者认为其反对理由并不能够成立，在其对快件损失的发生具有故意或者重大过失时，用户完全可以依据《民法典》第五百零六条第（二）项主张赔偿规则条款无效。原因是：虽然进行低保是用户自己的选择，低保低赔条款之启用也确系用户自行选择的结果，但《民法典》并未对第五百零六条第（二）项在适用范围上作出限定，即无论免责结果的生成系基于何方原因，对其进行效力认定均须遵守这一规定。这是因为，效力判定本来就是对当事人已经自行接受的事项进行法律评判，即使是受到损失的一方当初主动接受甚至自行提出的合同条款，同样需要接受这一评判；而重大过错者不能免于责任承担，系各国民法之普适价值观，因此在快递企业具有故意或重大过失时，用户根据前述《民法典》规定请求法院判定实际构成免责的赔偿规则条款无效，理应得到肯定和支持。而快递企业观点之实质，显然是混淆了合同成立与合同效力的区别。

（二）是否可依公平性评价否定低保低赔条款的效力

这一问题事关两大方面的法律规定。一是《民法典》第四百九十七条第（二）项规定，即提供方不合理地免除其责任的格式条款无效；[①] 二是《民法典》第一百五十一条规定，即显失公平的合同为可撤销合同。[②] 那么，能否依据前一规定判定低保低赔的赔偿规则条款无效，抑或根据后一规定判定此条款显失公平，并可对其申请撤销？对此本书观点是，上述两方面的法律规范

---

① 该条款规定："有下列情形之一的，该格式条款无效：……（二）提供格式条款一方不合理地免除或者减轻其责任、加重对方责任、限制对方主要权利；……"

② 该条款规定："一方利用对方处于危困状态、缺乏判断能力等情形，致使民事法律行为成立时显失公平的，受损害方有权请求人民法院或者仲裁机构予以撤销。"

均不应作为否定低保低赔条款效力的依据，理由如下：

第一，低保低赔并未构成不合理的免责。这是因为，公平与否不能仅仅根据用户实际损失能否得到充分赔偿进行判定，而是应结合当事人权利、义务、风险、责任之整体配置情况作出综合衡量。快递服务合同之所以将限额赔偿作为其通常的责任承担规则，是因为快递企业收取的运费数额仅由用户时限要求以及快件的重量和运递里程所决定，而对快件自身的实际价值则并未给予任何考虑。既然快递企业并未依快件的价值大小收取运费，因此若于损失发生时由其对快件价值的实际损失承担赔偿责任，显然构成权责不符。尤其在我国快递市场普遍、长期执行低费率这一交易背景下，依实际损失追责更会将快递企业陷于不公平境地。① 即在快递业中实行限额赔偿不仅未背离公平，而且是与当前的资费构成相匹配的一种平衡设计。实际上，用户就其实际损失求得赔偿的可能性并非不能实现，但应就双方在合同中的权利义务进行重新安排，才能使彼此利益实现新的平衡。而对快件进行保价就是上述需求的产物——用户以在运费之外根据保价数额另行支付相应保价费的方式，使快递企业所获收益与快件的实际价值发生关联，并使其就与保价额相当之实际损失承担赔偿责任能够获得相应补偿。在保价设计这一新的平衡机制下，如用户并未进行足额保价和支付相应保价费，却要求快递企业对高于保价额的实际损失承担赔偿责任，反而难以谓之为公平；而只有在低保时予以相应的低赔，才能体现出权责配置的衡平性。

第二，低保低赔约定实际并不具备依公平原则进行效力评价之前提。原因是，快递企业提供保价赔偿规则并非意在免除自身责任，而是鼓励用户借助等值保价取得就快件实际损失获得赔偿的机会。在完全有权选择等值保价情形下，用户却置条款倡导以及运单对低保后果的警示于不顾，仅出于侥幸心理和减少付费目的而自顾选择低保，只能认定为是其在充分自由权衡后所作出的更加符合自身需要的自主决定，而并非于无可选择情形下对绝对免责之格式条款的被动接受。而由合同法中的价值位阶所决定，合同自由原则之

---

① 我国快递服务里程长、时效高，且环节众多、过程复杂，而快递企业所承担的义务之重和风险之高与快递市场长期执行的低价政策并不匹配，这就造成快递企业即使依赖规模经营，亦长期处于微利状态之下。

贯彻显然优先于公平原则，即只要前者得到充分实现，后者便无适用余地。故此，只要能够认定进行低保确系用户一方之真实意思表示，则包括立法者和司法裁判者在内的任何第三人，均无权对其自由选择的结果是否公平进行评价，更无权根据其自认为的公平与否对低保低赔条款的效力予以否定，否则不仅会造成对不诚信行为的纵容，而且也是对合同自由原则的践踏。

第三节　保价快件赔偿数额之确定

【本节提要】

关于保价数额条款的性质，应从两个方面加以认识。一是其既与保价条款中的缔约前提条件不同，也并非由快递企业提供的格式条款，而是由用户一方首先提出，并经快递企业有条件确认的合同条款，因而在性质上属于非格式条款。二是其系当事人预先约定的损害赔偿金条款，而非违约金条款。关于保价赔偿的数额，分为等值保价、低保和高保三种情形。其中，等值保价和低保情形下发生快件全损时，应按照约定的保价额对用户进行赔偿；而在高保情形下，则应按照实际损失对用户进行赔偿。

一、保价数额条款的性质

保价数额条款的性质可以从以下两个方面进行分析。

（一）保价数额条款与其他保价条款的区别

如前所述，保价条款并非仅为单一条款，而是由可保价范围、保价申报规则、保价数额、保价费、保价赔偿情形以及保价赔偿规则等诸条款所共同构成。这些条款涉及三种性质。第一种是快递企业根据自身抗风险能力和经营自主权所自行设定的缔约条件条款（如可保价范围条款、最高保价额条款等），这些条款不具有任何对价属性，只是快递企业同意与用户开始磋商谈判的前提，因此严格来说并非真正的合同条款，而是属于缔约条件。第二种是由快递企业单方事先拟定，但经用户于缔约时表示同意的条款（如保价费条款、保价赔偿规则条款等）。这些条款虽然由快递企业单方提出，但须经用户一方同意才能得到适用，因此与并非真正合同条款的缔约条件不同，其属于合同条款中的格式条款。第三种即保价数额条款，其既非不具有任何协商性的缔约前提条款，又非由快递企业一方事先拟定但须用户一方同意的格式条款，而是由用户一方首先提出，并经快递企业一方确认符合保价申报规则后表示同意的合同条款，因而在性质上属于合同条款中的非格式条款。这就决定了保价数额条款无论是在订入规则还是效力评价上，均无须遵守《民法典》对格式条款的有关规范，而是仅需符合通常合同条款的订入与效力评价规范即可。

（二）保价数额条款的损害赔偿金性质

基于我国当前快递市场长期所执行的低费率和微利运行现状，从公平和维护快递市场健康可持续发展的角度出发，保价数额条款不宜被认定为违约金条款，而是宜作为预定的损害赔偿金。违约金条款和预定的损害赔偿金条款虽然均系当事人在订立合同时事先对违约后果所作出的约定，但法律允许前者有一定的惩罚性，即只要约定的违约金高于实际损失的数额不超过特定比例，违约方就应按照约定向相对人支付相应数额的金钱。而预定的损害赔偿金既有以避免举证和提高赔付效率为目的的事先约定性，又以损害填补为目的，因此其并不支持惩罚性，即约定的损害赔偿金超过实际损失时，其超过部分将会被认定为无效。

二、保价赔偿数额的确定

由上述保价额条款的性质和前文所述之通常保价规则的内容可知，在当事人存在保价约定时，如保价快件发生全损或者丢失，快递企业应向用户支付的赔偿数额将以双方事先约定的保价额为依据进行确定，但该约定并非确定赔偿数额的唯一依据，而是还应结合用户的实际损失进行确定。即保价快件的赔偿数额同时取决于保价数额约定和快件的实际损失。具体分为三种情况：即等值保价、低保（即约定的保价数额低于快件实际损失）和高保（即约定的保价数额高于快件实际损失）。其中，等值保价最不具有复杂性，即在保价额与实际损失具有等值性时，应尊重保价条款的约定性，按照约定的保价数额对用户进行赔偿。而无论是对于低保还是高保时的赔偿数额，则均在实践中存在一定模糊认识，因此有必要分述之。

（一）构成低保时的赔偿数额

根据通常的保价赔偿规则约定，在保价额低于快件实际损失时，应当按照保价额对用户进行赔偿，即"低保低赔"。针对"低保低赔"这一赔偿规则，实践中常对其公平性存有争议。但如前所述，此种情况下不宜对该规则进行公平性评价，原因在于保价数额条款并非格式条款，而是非格式条款，因此只要保价额申报系寄件人的真实意思表示，进行损失赔偿时即应遵守双方对赔偿数额的约定。况且，即使依公平与否进行评价，在用户并未按照全额保价支付保价费的情况下就对其实际损失进行赔偿，亦应被认定为背离公平的行为。

目前，已经有很多法院认识到了"低保低赔"的正当性，并对此作出了支持性判决。例如，在南某（以下称原告）与宿迁顺丰速运有限公司宿迁分公司（以下称被告）运输合同纠纷一案中，原告诉称其于 2020 年 5 月 27 日委托被告将两瓶飞天茅台酒寄递给位于南京的购买方张某，保价 1000 元，同时支付运费 15 元，保价费 2 元。后酒品于寄递过程中被损毁，双方就赔偿事宜协商不成，原告诉至法院，要求判令被告赔偿其酒品损失 4090 元人民币，并承担本案诉讼费。理由是其交寄快件时出于对被告的信任并未进行足额保价，而其损坏酒品的实际损失是 4090 元，因此被告应按实际损失对其进行赔偿。经审理，法院确认了上述案件事实，但同时查明，顺丰《电子运单契约条款》保价与赔偿部分以加粗字体予以提示：您已知悉并同意，顺丰是按托寄物的重量收取运费，并非按托寄物的价值、预期收益收取运费，本着公平合理的原则，双方遵守以下赔偿约定，若因顺丰原因造成托寄物灭失、破损、短少的，顺丰将按以下标准赔偿：若您已选择保价并支付保价费用的，则破损、短少时将按照保价金额和实际损失的比例向您赔偿，托寄物灭失时最高不超过您寄托时保价的声明价值，条款下方以红底白字注明"同意本条款，下次不再提示"。另查明，原告分别于 2020 年 4 月 14 日和 5 月 25 日两次通过被告向张某邮寄白酒，声明价值均为 1000 元，保价费用 2 元。法院认为，原告应如实申报快件价值，且赔偿问题应当在有约定时即按照双方约定予以解决，因此判决被告按照保价额赔偿原告 1000 元，同时返还其 15 元运费。[①] 本案中，法院之所以未按高于保价约定的实际损失对用户进行赔偿，就是因为其正确认定了保价金额实际系双方当事人事先约定的损害赔偿金，且用户一方并未支付与快件全部实际价值相当的全额保价费，因此应以当事人的约定为准对快件进行损失赔偿。

（二）构成高保时的赔偿数额

与低保时按照低保约定对用户进行赔偿不同，根据通常的保价赔偿规则，在保价额高于实际损失时，应当按照实际损失对用户进行赔偿。此种情形被称为"高保低赔"。与"低保低赔"相同，"高保低赔"亦在实践中经常遇有非议。实际上，"高保低赔"亦具有其合理性，原因在于：保价的本意在于由用户对快件的实际价值作出明示，并以支付相应的保价费作为取得按照该实际价值获得赔偿之代价。即保价的宗旨在于以用户在运费之外额外支付保价费为代价对其实际损失进行填补。因此，快递企业通常会在运单上的保价申报规则中申明，要求寄件人按照快件的实际价值进行保价。寄件人若利用快递企业基于提高交易效率采取理赔审核而非申报审核的机会将保价额以高于快件实际价值的数额进行申报，实际是一种违背交易条件的不诚信行为。而若对高保进行高赔，不仅违背保价制度之损失填补宗旨和保价约定的损害赔偿金性质，而且无异于在低价和微利环境下鼓励寄件人利用快递企业的违约行为谋取不正当利益，其结果势必与社会主义核心价值观相背离。

与"低保低赔"尚能得到不少法院的肯定所不同的是，"高保低赔"规则在目前的司法审判中远未能够获得应有的认可。

例如，在王某（以下称原告）与山东顺丰速运有限公司（以下称被告）运输合同纠纷案中，原告于 2020 年 5 月 8 日将蓝釉雾秀墩瓷器一件邮寄给慈

---

① 案情来源于江苏省宿迁市宿城区人民法院（2020）苏 1302 民初 5398 号民事判决书。

溪市出价 19998 元的买家潘某，被告上门揽件并带回营业点包装后寄出。原告对此件按 2 万元办理了保价手续，并支付保价费 100 元。后快件送达潘某验收时发现瓷器已破碎，遂被拒收。由于就赔偿事宜协商未果，原告诉至法院，请求判令被告赔偿其财产损失 2 万元，并承担涉案费用。诉讼过程中，被告认为案涉瓷器并非通常商品，提出应对其价值进行鉴定；同时表示，如瓷器鉴定出的价值高于 2 万元保价额，则按 2 万元赔偿，如低于 2 万元，则按鉴定出的价值赔偿。对此，法院认为被告申请鉴定的目的并非为查明案件事实，而是为了作出选择性认可，因此对其申请未予准许。同时，法院根据当时的《快递市场管理办法》第二十条第二款之规定，即"企业与用户之间未对赔偿事项进行约定的，对于购买保价的快件（邮件），应当按照保价金额赔偿"，判决被告赔偿原告财产损失 2 万元。后被告不服提起上诉。二审法院认为，被告在一审中提出的鉴定申请未被准许，符合《最高人民法院关于适用〈中华人民共和国民事诉讼法〉的解释》第一百二十一条"申请鉴定的事项与待证事实无关联，或者对证明待证事实无意义的，人民法院不予准许"之规定；同时认为一审法院认定事实清楚，适用法律正确，因此驳回了被告上诉，维持了原判。①

本案处理存在以下三个方面的问题：

一是适用法律错误。关于快件的保价赔偿，我国《快递暂行条例》和当时尚未修改的《快递市场管理办法》中均存在有关规定。《快递市场管理办法》相关规定如前所述。而《快递暂行条例》第二十七条第一款规定："快件延误、丢失、损毁或者内件短少的，对保价的快件，应当按照经营快递业务的企业与寄件人约定的保价规则确定赔偿责任；对未保价的快件，依照民事法律的有关规定确定赔偿责任。"即前者规定对快件损失应按"保价金额"赔偿，后者规定应按双方在运单中约定的"保价规则"赔偿，两者规定并不一致。应当注意的是，本案当事人缔结案涉合同时，我国《快递暂行条例》早已生效。《快递暂行条例》系由国务院制定的行政法规，《快递市场管理办法》则是由交通运输部制定的行政规章，即前者显然为上位法，而后者是下位法，因此在两法规定不一致时，应以属于上位法的《快递暂行条例》规定为准。

① 案情来源于山东省菏泽市中级人民法院（2020）鲁 17 民终 3956 号民事判决书。

即本案关于保价赔偿的争议应适用《快递暂行条例》有关规定，而非《快递市场管理办法》有关规定。亦即本案赔偿依据应为双方当事人在运单中所约定的保价赔偿规则，而非保价金额。但从判决主文来看，由于判决依据确定上的失误，本案并未查明案涉运单中保价赔偿规则的内容。而从通常的保价赔偿规则内容来看，所涉规则应为保价额高于实际损失时，应按实际损失对用户进行赔偿。

二是对所适用的法律理解有误。即使不考虑《快递暂行条例》的存在，前述案件按照当时的《快递市场管理办法》第二十条第二款规定进行审判，亦未能够对这一表述上存在瑕疵的法律规定作出正确理解。该条款的立法基础是，寄件人可以进行保价，但不宜对保价额进行任意申报，而是应遵守诚信原则，按照快件的实际价值进行保价。事实上，快递企业通常均会在其运单中对用户进行应如实申报快件价值的提示。即《快递市场管理办法》前述规定的本意是，用户如欲获得与快件实际损失相当的赔偿，就应进行等值保价；如其进行了等值保价并支付了相应保价费，即应按照保价金额对用户进行赔偿。也就是说，保价制度的核心宗旨在于如何实现按照快件的实际损失对用户进行赔偿，因此在用户并未进行等值保价而是进行了高保时，不应按照高保的数额而是应依快件的实际价值对用户进行赔偿，否则既是对不诚信保价行为的纵容，同时也与保价制度的宗旨相违背。而若其进行了"低保"，则系用户在综合考虑风险概率和缔约成本基础上所进行的自由选择，届时发生快件全损时亦应按照保价数额对其进行赔偿。即只有在用户进行等值保价或低保情形下发生快件全损时，才能按照《快递市场管理办法》之规定对用户进行赔偿。也就是说，即使是在《快递暂行条例》生效以前，对于前述《快递市场管理办法》之有关规定进行适用亦应对其进行限缩解释，即应将其解读为仅得适用于等值保价或构成低保时，而不能适用于构成高保后发生快件全损之情形。

三是对案件裁判所依赖的必要事实未予查清。如前所述，尽管在具体表述上存在一定差异，但不同快递企业所提供的保价赔偿规则具有相同的实质性内容，即当保价额与快件的实际价值相同（等值保价）或保价额低于快件实际价值（低保）时，均应按照保价额对用户进行赔偿（非全损时则按照相应比例进行赔偿），而当保价额高于快件实际价值（高保）时，则应按照实际损失即快件的实际价值对用户进行赔偿。因此如何对用户进行赔偿并非仅由保价数额所决定，而是离不开案发后对快件实际价值的查明以及对该实际价值与保价数额所进行的比较，并在此基础上判明案件涉及等值保价、低保还是高保。[①] 由此可见，若不对快件实际价值以进行鉴定等方式作出评定，就无法对保价快件应如何进行损失赔偿（即依保价额赔偿还是按照实际损失进行赔偿）作出判决。而案涉快件在个案中的交易价格，不宜被直接认定为系其实际价值；在案涉物品并非通常商品时尤为如此。这就意味着，本案一审和二审均对被告鉴定案涉瓷器价值的申请予以拒绝，其做法似乎有欠妥当。

[①] 为提高交易效率，快递企业普遍在实践中实行理赔审核，即发生理赔纠纷时才对案涉快件的实际价值进行审核。理赔审核有别于申报审核，后者是于用户对快件保价额进行申报时即对其实际价值进行审核。

第七章　快递服务合同限制赔偿责任条款之适用

第一节　限制赔偿责任条款与保价条款的关系

【本节提要】

限制赔偿责任条款与保价条款既有共性，又存在差异。共性在于，二者均系当事人对快件损失赔偿所作出的约定，因此在适用上均优先于法律规定，亦均需在适用前接受效力评判。同时，限制赔偿责任条款为格式条款，作为保价条款主要内容的限制赔偿规则条款亦为格式条款，因此二者均涉及在适用前根据格式条款的订入规范对其进行订入审查，且对二者进行效力评判时亦均应在遵循一般效力规范的同时遵守与格式条款有关的特别效力规范。此外，由于二者均有可能构成事实上的限制赔偿责任条款，即存在部分免责的合同条款，因此还应依照法律对限制赔偿责任条款的效力评价规则对其进行评判。二者区别则主要有两个方面，一是缔约目的不同。限制赔偿责任约定意在将赔偿数额固定化，保价约定则意在以交易条件的改变而使用户能够有机会就快件损失获得足额赔偿。二是条款性质和适用顺位不同。限制赔偿责任条款是纯粹以快递企业为提供方的格式条款，但保价条款并非均由格式条款所构成。因此在适用顺位上，保价约定应优先于限制赔偿责任约定，即只有于前者不存在或其效力被否定情况下方得适用后者。

一、二者共性

限制赔偿责任条款与保价条款不但具有共性，而且其共性表现在多个方面。

首先，二者均系当事人自行事先在快递运单中就可能发生的快件损失所作出的赔偿约定。即无论是保价赔偿约定还是限制赔偿责任约定，都是快递企业与寄件人在快递运单中以特定条款作出的不同于法定赔偿规则的自由约定。两类条款均具有约定性，意味着发生快件损失时司法审判不能首先根据法律规定进行裁判，而是应首先尊重当事人约定。

实务中应予注意的是，有些法院虽然能够认识到保价条款的约定性质，但却忽略了限赔条款亦具有约定性，从而在运单中不存在保价约定时，并未讨论其中的限赔条款约定之适用，就直接根据法律规定对案件作出了裁判，从而造成对案件的错判。例如，在被上诉人广州市润采利国际贸易有限公司与上诉人广州市德邦物流服务有限公司番禺市桥分公司、广州市德邦物流服务有限公司公路货物运输合同纠纷案中，在被上诉人没有申报货物价值进行保价情况下，法院在引用《合同法》第三百一十二条规定[①]后认为，对于没有通过保价约定货物赔偿价值的，应当按法律规定的市场价规则对用户进行赔偿，因此认为上诉人关于被上诉人没有申报货物价值进行保价即应承担不足额赔偿后果的理由不能成立，其请求二审改判按运费 5 倍对用户进行赔偿的请求法院不予支持。[②]

还应注意的是，尽管保价条款和限赔条款均系当事人对快件损失赔偿所作出的约定，但能否最终依照当事人约定作出裁判，还须先行对有关约定进行订入审查和效力评判。只有在二者之一构成合同内容且不存在任何效力瑕疵情况下，人民法院方可依照当事人约定对快件的损失赔偿作出判决。若其订入被否定，用户一方可以主张二者不构成合同内容并不得作为裁判依据；而若其效力被否定，则法官得依职权否定其裁判依据作用，并依有关民事法

---

① 该条规定："货物的毁损、灭失的赔偿额，当事人有约定的，按照其约定；没有约定或者约定不明确，依照本法第六十一条的规定仍不能确定的，按照交付或者应当交付时货物到达地的市场价格计算……"

② 完整案情参见广州铁路运输中级法院（2018）粤 71 民终 10 号二审判决书。

律规定作出裁判。

其次，二者均系格式条款。其中，限制赔偿责任条款系对损失赔偿的限额作出规定的条款，实践中要么表现为限定赔偿运费的一定倍数（常为3倍到9倍），要么表现为限定于某个固定数额（如300元或500元），而无论以何种形式对损失赔偿的数额作出限制，其限额均由快递企业一方事先提出并列于快递运单中，且缔约时不允许寄件人对其进行任何协商变更，因而属于纯粹以快递企业为提供方的典型格式条款。保价条款则由可保价快件的范围条款、保价申报规则条款、保价数额条款和保价赔偿规则条款等多个条款所共同构成。其中，除保价数额条款系由寄件人提出并由快递企业有条件（符合快递企业限定的保价数额范围）作出承诺以外，其他各条款均由快递企业单方事先提出，且不允许寄件人于缔约时对其进行任何协商变更，因而就整体而言仍属以快递企业为主要提供方的格式条款。两类条款的格式条款性质，决定了法院在决定是否应将其作为裁判依据时，不但要在一般效力规范之外考虑法律对格式条款的特别效力规制，而且在此之前还应依照立法对格式条款的特别订入规则进行审查，以判明已被记载于快递运单中的两类条款是否确实进入合同构成了合同内容。

最后，两类条款均有可能构成对快递企业的违约责任限制。限制赔偿责任条款约定并不考虑快件的实际损失，而是仅将运费的一定倍数或者某个固定数额作为事先约定的赔偿数额，这就必然会在快件的实际损失高于此数额时使其成为事实上的限制赔偿责任约定。同时，就保价条款而言，尽管快递企业通常会在保价申报规则中倡议寄件人进行足额保价，即按照快件的实际价值进行保价，但实务中基于各种原因，寄件人以低于快件实际价值的数额申报保价额即进行低保的情形相当常见，而根据通常的保价赔偿规则，构成低保时应按照低保数额对用户进行赔偿，因而亦会构成事实上的限制赔偿责任。这就意味着，无论是对运单中的限制赔偿责任条款还是保价条款，均应注意依照限制赔偿责任的特别效力规范对二者进行审查，即在仅符合一般有效要件情况下，尚不能对两类条款的效力作出肯定性评价。

二、两类条款的区别

尽管两类条款存在上述共性，但其区别也是显而易见的。

第一，两类条款具有不同的缔结目的。限制赔偿责任条款的缔结目的在于事先将损失赔偿限定为某一特定数额，以达到自主安排风险和责任负担，即排除"赔偿实际损失"之法律规定适用的缔约目的。而保价约定之本意不仅不在于对赔偿责任作出限制，而且试图通过让寄件人以支付一定保价费为代价改变双方的权利义务分配，从而使用户有机会就快件的实际损失获得充分与足额的赔偿。或者说，前者意在以低费率和赔偿数额的固定化追求合同履行与损失赔偿争议解决的高效率，而后者目的则在于使用户就快件损失赔偿的充分性获得特别担保。

第二，两类条款在性质和适用顺位上存在差异。如前所述，限制赔偿责任条款属于单纯由快递企业一方提供的格式条款，而保价条款中的保价赔偿规则、保价费率等条款虽然亦由快递企业提供，但其中直接影响到最后赔偿金额的保价数额条款则在符合保价限额条件下允许用户与快递企业进行自由协商，即其既可依快件的实际价值对保价额进行足额申报，也可基于对寄递风险的评估、对快递企业商誉的信任程度以及缔约成本考虑而进行低保，即以低于快件实际价值的数额进行保价，而只要用户申报的保价数额并未超出快递企业限定的最高保价额，后者就会对前者申报的数额作出承诺。这就使得保价数额条款成为能够较为充分体现用户意愿的非格式条款。而保价条款群中非格式条款（且为其中的重要条款）的加入和限制赔偿责任条款的纯粹格式性，显然使前者较后者更能体现双方当事人的共同意愿。加之保价条款约定的本意即其缔约目的即在于排除作为行业通常赔偿规则的限制赔偿责任，因此于运单中同时存在限制赔偿约定和保价约定情形下，应优先适用保价赔偿约定。只有在保价约定未被认定构成合同内容或被判无效情形下，方可适用限制赔偿约定对快件损失赔偿纠纷作出裁判。

第二节　限制赔偿责任条款的订入审查

【本节提要】

快递企业是否对限制赔偿责任条款依法履行了提示义务，是此类条款是否订入合同的一个重要审查内容。快递企业应对限制赔偿责任条款负担提示义务的现行法律依据主要是《民法典》第四百九十六条第二款和《快递暂行条例》第二十一条第一款规定。其中，前者规定的是所有格式条款提供者均应负担的一般提示义务，可称其为"醒目提示"；后者是行业立法专门针对快递服务提供者设定的特殊提示义务，包括"阅读提示"和"告知提示"。快递企业对限制赔偿责任条款依法履行提示义务的证据留存应主要在运单的设计、制作和与用户签约阶段完成。诉讼中法院对快递企业是否依法履行提示义务的证据审查主要是书证审查，即通过对快递运单的内容构成和文字使用方式作出相应判断。若运单的制作和填写情况能够证明快递企业对限制赔偿责任条款依法履行了提示义务，则可以判定此类条款构成合同内容，在其同时被认定有效情况下，即应被作为案件损失赔偿的判定依据。但若运单情况不能证明快递企业依法履行了提示义务，且快递企业又不能提供其他相关证据，则用户一方可以主张限制赔偿责任条款不构成合同内容，此时人民法院将不能依限制赔偿责任约定判决快递企业所应承担的赔偿责任，而是应按法律规定的完全赔偿规则作出判决。

一、快递企业应对限制赔偿责任条款履行提示义务的法律依据

如前所述，快递运单中的限制赔偿责任条款在性质上属于格式条款。由于格式条款在内容上具有单方事先决定性，而相对人对此处于消极被动的接受地位，因此其往往会忽略对格式条款进行"无意义"的了解，而快递服务用户对服务快捷性的需求以及其对快递服务合同复杂性的片面认知，则更加削弱了其对格式条款内容进行具体了解的内在动力。为保护相对人合法权益，我国1999年《合同法》第三十九条第一款为免除和限制其责任的格式条款提

供方设定了对此类条款的提示义务，^① 2013 年修正的《消费者权益保护法》第二十六条第一款则将经营者在消费合同中的提示义务范围从免责条款扩大至所有与消费者有重大利害关系的格式条款，^② 现行《民法典》第四百九十六条第二款又在借鉴《消费者权益保护法》规定基础上，将提供方须对与相对人有重大利害关系的格式条款负担提示义务之情形扩大至包含非消费合同在内的所有民事合同，同时还增补了违反此项提示义务之法律后果的规定。^③

应予注意的是，前述三法仅系我国对格式条款提示义务所作出的一般法规定，其相互区别或变迁仅表现为提示义务范围的不同或不断扩充。而 2018 年 5 月 1 日我国快递服务领域第一部行政法规——《快递暂行条例》的施行，则就快递企业对格式条款的提示义务提供了具有行业性质的特别法规范。该法第二十一条第一款规定："经营快递业务的企业在寄件人填写快递运单前，应当提醒其阅读快递服务合同条款、遵守禁止寄递和限制寄递物品的有关规定，告知相关保价规则和保险服务项目。"不难看出，《快递暂行条例》紧密结合快递服务合同缔结迅速和几乎全部内容均为格式条款之特征作出了极具针对性的规范，即其不仅将快递企业提示义务的范围进一步扩大至全部快递服务合同条款，而且还提高了对提示方式或提示程度的要求。

以上立法情况表明，目前快递企业履行提示义务不仅应遵守《民法典》中的一般法规定，而且还须符合《快递暂行条例》对此所作出的特殊要求。需要指出的是，前述诸法并未明确格式条款提供方是否须在任何情况下均应对有关格式条款负担提示义务，但对此进行法理分析的结果应为允许例外的

---

① 该条款规定："采用格式条款订立合同的，提供格式条款的一方应当遵循公平原则确定当事人之间的权利和义务，并采取合理的方式提请对方注意免除或者限制其责任的条款，按照对方的要求，对该条款予以说明。"

② 该条款规定："经营者在经营活动中使用格式条款的，应当以显著方式提请消费者注意商品或者服务的数量和质量、价款或者费用、履行期限和方式、安全注意事项和风险警示、售后服务、民事责任等与消费者有重大利害关系的内容，并按照消费者的要求予以说明。"

③ 该条款规定："采用格式条款订立合同的，提供格式条款的一方应当遵循公平原则确定当事人之间的权利和义务，并采取合理的方式提示对方注意免除或者减轻其责任等与对方有重大利害关系的条款，按照对方的要求，对该条款予以说明。提供格式条款的一方未履行提示或者说明义务，致使对方没有注意或者理解与其有重大利害关系的条款的，对方可以主张该条款不成为合同的内容。"

存在。这是因为，提示义务的设定基础是相对人往往会于缔约时忽略对格式条款进行必要了解。而履行提示义务的法律意义即在于，通过提供方的提醒，能够使相对人于缔约过程完成之前切实了解到有关格式条款的存在及其内容，从而确保其是在知情基础上作出的缔约决定。或者说，格式条款提供方是否依法尽到了提示义务，直接影响到相对人的缔约决定是否包含了对该项格式条款的承诺之判断。而若快递企业并未依法履行提示义务，则应基于相对人的不利地位，推定其对该格式条款的存在及其内容并不知情，亦即其可以主张该格式条款并未构成合同内容。原因在于，提示义务设定系基于相对人通常会疏于对格式条款的了解而陷于不知情之假设，目的在于确保相对人于作出缔约决定前知晓格式条款的存在。但根据系列交易理论，若双方存在长期、系列交易，或提供方能够举证证明相对人实际已于作出缔约决定前切实知晓格式条款的内容，则前者未履行提示义务不应影响格式条款进入合同，即提供方对格式条款的提示义务应于相对人对其实际知情情况下得以免除。能够对该观点构成支撑的规范依据是当年的《合同法司法解释（二）》第九条规定。根据该规定，相对人可以对格式条款申请撤销的条件并非仅为提供方未依法履行提示义务，而是还同时要求该消极行为造成了相对人未能注意到格式条款的存在之结果。[①] 这就意味着，在相对人已知晓格式条款的存在及内容时，即使提供方并未依法履行提示义务，相对人亦无由对所涉格式条款申请撤销。尽管目前《民法典》已将违反提示义务的结果明确为相对人可以主张相应格式条款不成为合同内容，而非得对其申请撤销，但该司法解释规定仍能表明提示义务之设定意在防止出现相对人对免责条款的不知情。即相对人对格式条款的存在及其内容实际知情之情形，应被作为提供方需对格式条款履行提示义务之例外。基于此种理解，对于目前立法关于格式条款提供方应对格式条款承担提示义务之规定宜作出限缩解释，即其仅应适用于并无证据表明相对人对格式条款的存在及其内容实际知情之情形。

应予强调的是，对前述作为提示义务之例外的系列交易理论应予正确理

---

① 《合同法司法解释（二）》第九条规定："提供格式条款的一方当事人违反合同法第三十九条第一款关于提示和说明义务的规定，导致对方没有注意免除或者限制其责任的条款，对方当事人申请撤销该格式条款的，人民法院应当支持。"

解，主要是应严格把握其适用条件。

在顾某（上诉人）与南京某运输有限公司（被上诉人）公路货物运输合同纠纷一案中，上诉人在一审中诉称其于2014年10月8日将总价值8.59万元的三星手机7508V和9507V各20台交被上诉人运往深圳，货重15公斤，运费45元。后该批手机于送货途中被盗丢失。双方多次就索赔问题协商未果后，上诉人诉至原审法院，提出运单背面关于未保价快件按照运费3倍赔偿的条款免除了被上诉人主要义务，且未向上诉人特别说明，故应属无效条款，请求判令被上诉人赔偿其损失8.59万元和承担本案诉讼费。被上诉人则辩称，双方之间存在长期合作关系，上诉人对保价按保价规则赔偿和未保价按限额赔偿的商业惯例是清楚的。且被上诉人在上诉人初次办理托运业务时就已告知其运单背面《运单合同条款》中关于货物保价的具体规定，并建议其办理保价运输，但上诉人为节省运输成本予以拒绝。此后，上诉人在2000余单反复寄递手机过程中多次拒绝了被上诉人关于保价运输的建议。原审法院审理后，认可了手机寄递和被丢失的事实，同时查明在运单托运人处有上诉人签字，签字上方备注有："我已核对了运单上所填写的各项内容，详细阅读过运单背面的合同条款，并且对其内容无异议"。运单背面《运单合同条款》载明"九、承运人建议托运人办理货物保价运输，声明保价并支付相应保价费。托运人声明保价并支付保价费后，若发生货物丢损，承运人按如下规则赔偿：货物全部灭失，按货物保价声明价值赔偿；货物部分损毁或灭失，按声明价值和损失比例赔偿，最高不超过声明价值。声明价值高于货物实际价值的，按实际价值赔偿"；"十、未办理保价而发生货物丢损，承运人在应丢损货物运费的3倍以内赔偿。按以上方式计算得出的赔偿金额超过货物实际价值的部分无效"等内容。法院同时确认，自2013年1月至2014年10月间，上诉人长期在被上诉人处托运手机，运单量达2000余单，但均未办理保价运输。原审法院认为，上诉人与被上诉人存在长期合作关系，货物单数巨大，且绝大部分为手机，其对运输行业的商业惯例应属知晓。且被上诉人订立合同时已在签字处上方对运单背面条款进行了提醒，上诉人的签字应视为其知晓并接受合同条款，其称被上诉人未就合同条款对其进行特殊说明之说与事实不符，原审法院不予采纳。原审法院同时认为，上诉人与被上诉人之间订立的货物运输合同系当事人真实意思表示，内容符合法律规定，应认定为有效。合同订立后，上诉人已依约支付运费，履行了自己的合同义务，但被上诉人造成货物被盗未能依约履行合同义务，故应承担违约责任。本案审理时所应适用的《合同法》第三百一十二条规定："货物的毁损、灭失的赔偿额，当事人有约定的，按照其约定；……"而上诉人与被上诉人在合同中约定"未办理保价而发生货物丢损，承运人在应丢损货物运费的3倍以内赔偿"，本案上诉人未对托运货物办理保价，故货物丢失后被上诉人应在运费3倍以内对其进行赔偿，考虑到被上诉人违约情况，原审法院酌定其应按运费3倍即135元对上诉人予以赔偿。

原审判决后，上诉人不服提起上诉，双方在二审中重申了各自主张与抗辩。二审法院审理后认为，原审判决认定的事实可予确认。但认为被上诉人并未对运单条款依法履行提示义务。同时认为，以被上诉人已与上诉人之间存在长期业务关系为由推定后者知晓诉争格式条款内容的抗辩意见不能成立。原因在于，合同法中虽然存在作为格式条款提示义务之例外的系列交易理论，即若商业合同当事人之间多次、重复地进行类似交易，所采取的格式条款亦相同时，则在当事人之间形成商业信赖关系。此时，如格式条款并未被明确排除，即应自动被认定订入合同，而无须依赖提供方的提示。但二审法院认为，作为例外性规则，系列交易理论存在一个不容忽视的适用前提，即交易双方应对格式条款内容存在一贯和一致性认识。本案中，被上诉人虽然提出双方近年来存在反复、多次缔结同类型合同之行为，但其并未能够提供证据证明双方之间就保价条款的内容存在一贯且一致性的认识，因此不能在本案中适用系列交易理论，即本案仍应适用法律的一般规则，亦即快递企业应对快件损毁按运费3倍进行赔偿的格式条款负担提示义务，在其未履行此项义务情况下，应认定相应格式条款未能进入合同，因此不能按照运费3倍对用户进行赔偿，而是应由快递企业根据快件的实际损失承担赔偿责任。遂判决将原审判决中的第一项即"由被上诉人在判决生效五日内赔偿上诉人135元"变更为"由被上诉人于本判决生效之日起五日内依实际损失赔偿上诉人85900元"。①

---

① 案情来源于江苏省南京市中级人民法院（2015）宁商终字第755号民事判决书。

二、限制赔偿责任条款提示义务的内容构成

所谓对格式条款的提示义务，是指格式条款提供方应于缔约过程中提醒相对人对格式条款的存在及其内容予以必要的注意。根据前述法律规范梳理，可以发现对于快递企业而言，其所应负担的提示义务既包括《民法典》中规定的一般提示义务，也包括行业立法（目前主要是《快递暂行条例》）所专门明确的特殊提示义务。也就是说，基于《快递暂行条例》之下位法地位，不能理解为其就快递企业对格式条款的提示义务作出了完全有别于《民法典》的差异性规定，从而仅需遵守《快递暂行条例》而得将《民法典》规定弃之不顾，而是应认为《快递暂行条例》是在《民法典》规定基础上，结合快递服务合同典型特征对快递企业提示义务作出了更具针对性的规定。因此，实践中快递企业应首先遵循《民法典》有关规定，在此基础上还须进一步遵守《快递暂行条例》有关规定。

根据《民法典》规定，快递企业对格式条款的一般提示义务主要是应对格式条款进行"醒目提示"，亦即"存在提示"。即将格式条款用相对人一方的通用文字以不同于其他内容的显著方式（包括使用特殊的字体、字号、颜色以及下划线等符号）在合同中向相对人进行展示，以引起相对人对该部分内容的特别注意。应予明确的是，"醒目提示"的提示范围仅应是《民法典》所规定的与相对人有重大利害关系的格式条款（包括限制赔偿责任条款在内），而并非全部格式条款。

根据《快递暂行条例》规定，快递企业特殊提示义务的内容首先包括"阅读提示"。与"醒目提示"不同的是，"阅读提示"的提示范围是包含限赔条款在内的全部合同条款，而非仅限于与相对人有重大利害关系的格式条款。同时，此种提示意在"要求"或"促使"相对人对格式条款予以注意，而非仅通过对格式条款的特别展示去"引起"相对人注意，从而在行为的积极主动性上与"醒目提示"之消极被动完全不同。在《民法典》所规定的"醒目提示"基础上进一步要求进行"阅读提示"，实际体现了《快递暂行条例》为特定行业提供更具针对性规范的立法意旨。

还应明确的是，根据《快递暂行条例》规定，除"阅读提示"之外，快

递企业还对合同条款之外的保价规则条款负有告知义务。从表面看，这一义务亦属《快递暂行条例》为快递企业设定的特别提示义务，其提示对象似乎仅为保价赔偿规则条款，而不涉及包括限制赔偿责任条款在内的其他合同条款。但实际情况却是，就快递企业与用户就快件损失赔偿所作出的约定而言，保价赔偿规则条款与限制赔偿责任条款实际属于二选一的选择性条款，即若用户选择与快递企业作出保价约定，就会排除运单中已经载明的限制赔偿责任条款之适用；反之，若其并未作出保价选择，则限制赔偿责任条款就会在快递企业依法履行提示义务前提下进入合同而构成合同内容。基于二者之相互排斥或相互取代关系，以及告知义务所要求的提示结果为用户对保价规则的内容应予以知晓，应当认为该项义务不但意味着快递企业应将保价规则的具体内容直接告诉用户（而非"要求"或"建议"用户对其自行阅读），而且还应主动对其含义及法律意义进行说明，而对其法律意义的说明，自然离不开对其能够排除限制赔偿规则之适用进行解释。而这显然意味着，虽然立法并未明确规定快递企业应就限制赔偿责任条款对用户负担告知义务，但快递企业对保价规则履行告知义务时，根本离不开对限制赔偿责任这一高度关联条款的存在告知。因此，快递企业对格式条款的特别提示义务除对全部合同条款的提醒阅读义务和对保价规则条款的个别告知义务之外，还同时隐含了对限制赔偿责任条款的连带告知义务。

三、对限制赔偿责任条款履行提示义务之举证

根据《全国法院贯彻实施民法典工作会议纪要》第 7 条规定，提供格式条款一方应对已尽合理提示义务承担举证责任。根据快递服务合同缔结特点，快递企业对其已经依法履行提示义务很难在事后提供其他证据，而是主要依赖于事前和事中对快递运单（含纸质运单和电子运单）这种合同书证的内容和表现方式进行规范设计。

关于"醒目提示"义务，快递企业主要应在运单制作阶段留存证据。司法审判过程中对"醒目提示"的审查，主要是看快递企业是否将限制赔偿责任条款以不同于其他条款并足以引起用户注意的醒目字体、字号或符号等特

别标识进行了展示。若该条款并未在快递企业提供的运单上被突出标示，则无论是其引人注意的程度明显弱于一般条款（如以更小字体印出），还是其和其他条款的显示方式完全相同，均不能证明快递企业对该条款进行了合理提示；相反，只能认定其违反了法律规定的"醒目提示"义务。

关于"阅读提示"和对限制赔偿责任条款的"告知提示"，快递企业亦主要应在运单制作阶段留存证据，并在合同缔结过程中注意要求用户在有关备注后进行签名。目前较为成熟的经验性做法是，制作运单时，在运单的合适位置醒目标注如下提示语和备注："请您阅读全部运单条款（如为纸质运单，还应注明'含背面'）。您的签名意味着您收到了阅读提示且阅读了全部运单条款，并被告知和理解了所有赔偿条款，同时接受了全部运单条款。"在此段备注后，宜紧跟标示"寄件人签名处"，并要求寄件人在此处签名。若快递企业提供的运单上并未标示类似备注，或备注语在内容上设计不当，或未能留存寄件人在备注语后的签名，则在快递企业未能提供其他证据情况下，将无法认定其于缔约过程中依法对全部合同条款履行了阅读提示义务以及对限制赔偿责任条款的告知义务。

需要指出的是，为降低成本、实现环保、增强保密性和便于业务处理，我国目前在快递服务过程中使用电子运单来替代纸质运单的情况已日益普遍。针对此种情况，快递企业首先应通过完善系统的方式增强其对"阅读提示"的举证能力。主要是应将对包括限制赔偿责任条款在内之运单条款的展示设计为用户下单的必经及前置程序，以利于在发生纠纷时进行公证保全。其次，还应考虑提高快递员的装备水平，为其配备便携式业务记录仪，以满足其在收寄（尤其是贵重物品的收寄）快件时对依法履行提示义务制作并保存同步视频的需求。在装备暂未到位情况下，快递企业还可以在收寄过程中要求用户对其履行提示义务的情况签署确认书。

若快递企业能够完成其已依法履行提示义务之举证，则在用户未对快件进行保价情况下，限制赔偿责任条款应当被认定构成合同内容，即快件的损失赔偿应以限制赔偿责任条款约定为依据。但司法实践中经常会出现快递企业不能完成其在缔约过程中依法履行了前述提示义务之举证的情形。此时所导致的结果应是，对于未保价快件，用户可以在确定赔偿责任时主张运单中的限制赔偿责任条款不构成合同内容，因而有权要求快递企业根据法律规定即按照快件的实际损失对其进行赔偿。产生上述结果的法律依据是《民法典》第四百九十六条第二款后段规定。[①] 应予指出的是，虽然《民法典》颁行前《合同法》并未明确格式条款未被依法履行提示义务的法律后果，有关司法解释亦未对此作出较为科学的规定，并且司法实践中还存在着有别于司法解释之"可撤销说"的"无效论"，但无论是《民法典》时期还是《合同法》时期，亦无论对未依法履行提示义务之法律后果具体采用何种学说，其共同的结果均为对履行提示义务的举证不能均可导致相关格式条款无法被作为纠纷解决的裁判依据，从而可以使"依法赔偿"取代"依约赔偿"。

试举一例。在前述顾某（上诉人）与南京辰坤运输有限公司（被上诉人）公路货物运输合同纠纷一案中，二审法院之所以改判不能依运单中的限制赔偿责任条款对用户进行赔偿，而是依实际损失判定快递企业赔偿责任，原因就在于法院查明，案涉运单由被上诉人提供，有正反两面，正面为表格形式，含日期、单号、货物信息、收费、支付等内容，其中备注栏下一栏印有一行提示信息，即"我已核对了运单上所填写的各项内容，详细阅读过运单背面的合同条款，并且对其内容无异议"，该行文字字体、字形、大小、间距、颜色等与其他单元格项目题头相同，且与其下方的"托运人签字"栏之间以虚线隔开，独立成一栏。运单背面的《运单合同条款》共13条，其标题和内容在字体、字形、大小、间距、颜色等方面均一致。被上诉人称，在上诉人交运货物时，曾以口头方式向其就运单背面的第九条、第十条进行过风险提示。但上诉人对此不予认可。就此法院认为，根据《合同法司法解释（二）》第六条规定，"采取合理方式"是指提供格式条款一方对免除或者限制其责任的内容，应在合同订立时采用足以引起对方注意的文字、符号、字体等特殊标识，并按照对方的要求对该条款予以说明。提供格式条款一方应对其已尽合理提示及说明义务承担举证责任。本案中，被上诉人在运单格式条款的第十条中对己方责任进行了限制，按照法律规定，其应在合同订立时采取合理方式向

[①] 该条款后段规定是："……提供格式条款的一方未履行提示或者说明义务，致使对方没有注意或者理解与其有重大利害关系的条款的，对方可以主张该条款不成为合同的内容。"

上诉人进行提示，并且应对其已尽提示义务承担举证责任。但在上诉人对被上诉人所称曾进行口头提示不予认可情况下，后者并未能够提供书面证据证明其已履行该项义务；且被上诉人提供的运单正面表格所有内容及背面所有条款均未采用足以引起对方注意的文字、符号、字体等特殊标识，故根据民事诉讼证据规则，可以认定被上诉人未就诉争格式条款向上诉人依法履行提示义务，故讼争所涉格式条款被二审法院认定为"无效"。需要指出的是，虽然二审法院对未依法履行提示义务或对此义务履行举证不能的法律后果持条款"无效说"，而非当时尚且有效的《合同法司法解释（二）》中的"可撤销说"，亦非被现行《民法典》给予科学肯定的相对人可以主张条款"不成立说"，但其对案涉快递企业是否依法履行了提示义务的核心分析和对证据规则的适用是正确的，其否认讼争格式条款可以作为案件损失赔偿依据的裁判也是值得肯定的。另应补充说明的是，尽管案涉运单的印制以设置备注语和用户签名的方式进行了证据留存，但仍存在两点不足：一是提示语的内容未能明确体现快递企业对损失赔偿条款已经尽到了告知义务；二是备注栏与用户签名栏之间不当设置了虚线隔开，造成不仅淡化了签名与备注信息之间的关联性，而且影响了用户对备注信息的关注程度，从而亦削弱了备注和用户签名对快递企业依法履行有关提示义务的证明力。

第三节　限制赔偿责任条款之效力评价

【本节提要】

我国司法审判中对快递运单中的限制赔偿责任条款效力存在两种不同认识，即肯定说和否定说。其中，持否定说的裁判近年来有减少趋势，但仍不乏其例；持肯定说的裁判在当前阶段日趋常见，但其具体理由并不统一，主要有"责任配置公平说""惯例说""自甘风险说""自愿接受限制赔偿责任款说"和"责任比较公平说"。笔者赞成条款有效说，并认为其有效理由应为"责任配置公平说"，原因在于当前资费条件下对快件损失实行限额赔偿符合权利、义务、风险和责任配置的公平性。其他各说则均存在不足甚至错误：

"惯例说"忽略了对惯例进行良莠识别;"自甘风险说"和"自愿接受限制赔偿责任条款说"混淆了合同成立与合同效力的区别;"责任比较公平说"则未能正确理解合同法中的公平标准或公平概念。快递服务合同限制赔偿责任条款的主要无效情形是快递企业对快件损失的发生具有故意或者重大过失。实践中应予注意的是,判断快递企业是否存在故意或重大过失时,既不能将行为本身的违法性等同于行为人存在故意或重大过失之主观心理状态,也不能根据快递企业从事任何行为时的主观心理状态判定其是否在案件中存在故意或重大过失,而是应首先锁定造成快件丢失的原因性行为,然后再分析支配快递企业进行此原因行为时的主观心理状态是否存在故意或重大过失。还应注意的是,故意或重大过失的存在并非快递企业违约责任的构成要件,而是运单中限制赔偿责任条款的无效要件。

一、司法审判中对限制赔偿责任条款效力认定的不同观点

通过对中国裁判文书网进行案例检索,可以发现我国司法审判中对快递运单中的限制赔偿责任条款效力存在两种不同认识,即肯定说和否定说。其中,持否定说的裁判近年来有减少趋势,但仍不乏其例;持肯定说的裁判在当前阶段日趋常见,但其具体理由并不统一。

(一)认为限制赔偿责任条款一概无效的代表性案例

在赵某(以下称原告)与黔南州圆通速递有限公司惠水县分公司(以下称被告)邮寄服务合同纠纷一案中,原告诉称其于 2014 年 7 月 25 日在广州购买 55 英寸液晶电视一台,因型号不符向被告支付快递费 160 元并交其寄递回广东番禺的商家更换。后接商家电话告知,所寄电视机在快递过程中外包装破损并造成严重损坏。原告与被告协商赔偿问题未果,遂向法院起诉,请求判令被告赔偿其快件损失 4000 元,同时返还快递费用 160 元。诉讼中被告辩称,原告邮寄电视机时被告曾提示其对贵重物品应予保价并支付保价费,但原告并未保价和支付保价费,仅支付了 160 元快递费。而根据运单背面服务协议第九条规定,寄递物品在未保价情况下最高赔偿额不超过 300 元。由

于原告购买的电视机不值 4000 元，因此根据本案实际情况可酌情补偿其损失 1000 元，并将电视机交还给原告。双方对各自的主张进行了举证。法院审理后认为，被告在快递单上印制的限额赔偿条款系格式条款，该条款减轻了被告责任，限制了用户要求赔偿的权利，违反了公平原则，属无效条款，因此对被告提出的按最高额 300 元予以赔偿的意见未予采纳。由于被告对原告证明电视机价值 4000 元的举证虽予否定但并未就其反驳提供证据，因此判决被告赔偿原告电视机损失 4000 元，并返还其快递费 160 元。①

　　还有的案件不但一审法院认为限赔条款系违反公平原则的格式条款因而无效，而且该观点在二审中也得到了法院的肯定。在速尔快递有限公司（以下称上诉人）与程某（以下称被上诉人）公路货物运输合同纠纷一案中，被上诉人在一审中诉称，其于 2015 年 9 月 2 日委托其经营服装的商场威海华联公司将其位于该商场的一批价值 534444 元的服装托寄给她。商场将该批服装交上诉人邮寄，并为此支付运费为 300 元。但上诉人于 2015 年 9 月 3 日造成托运的服装全部损毁，且拒不赔偿被上诉人损失，故请求法院判令上诉人赔偿其货物损失 534444 元。上诉人则在一审中辩称，托运人交寄货物时并未办理保价，而公司运单正面和背面均明确载明，未保价快件发生损失应按实际损失金额赔偿，但最高赔偿额为受损快递运费的 5 倍。被上诉人诉请并无事实与法律依据，故请求对其予以驳回。经过审理，一审法院认可了货物交寄上诉人和其造成货物毁损的事实，但认为未保价快件损毁"最高赔偿额为受损快件运费的 5 倍"系格式条款，且属于上诉人减轻自身责任的约定，因此不能按照该约定确定上诉人的赔偿责任。由于被上诉人仅对受损服装提供了价值 337424 元的发票，故一审法院对其所主张的损失仅判决支持了其中的 337424 元。上诉人对此判决不服，认为其应按照运费的 5 倍对被上诉人进行赔偿，遂提起上诉。二审法院审理后与一审法院认定的事实相同，且同样认为仅按运费 5 倍对用户损失进行赔偿系减轻上诉人责任的不公平格式条款，因此系无效条款，进而认定应根据案件所确认的货物实际损失对被上诉人进行赔偿，遂驳回了上诉人之上诉，维持了原判。②

---

① 案情来源于贵州省惠水县人民法院（2014）惠民初字第 631 号民事判决书。
② 案情来源于山东省烟台市中级人民法院（2018）鲁 06 民终 1796 号民事判决书。

无独有偶，在甘肃申通快递有限公司嘉峪关分公司（以下称上诉人）与王某（以下称被上诉人）财产损害赔偿纠纷案中，两审法院亦均认为限赔条款系违反公平原则的格式条款，因而无效。原审法院审理查明，被上诉人于2012年8月从深圳某珠宝公司定制18K白金版（含钻）女戒一枚，该公司于8月20日将加工好的戒指快递给被上诉人，货到后被上诉人认为尺寸太大，遂于2012年10月12日通过上诉人将该戒指发回深圳某珠宝公司重新加工制作。交寄时被上诉人在快递详情单上将内件品名填写为戒指，并对交寄物品和快递单进行了拍照。后收件人杨某书面证实，2012年10月17日被上诉人交寄的物品在杨某未明确授权他人代收的情况下由其同事胡某签收，签收时并未检查快件是否破损。收件人杨某从胡某手中拿到快件后发现快件外包装纸盒上有一大洞，同时内包装塑料袋上有一小洞，盛装戒指的盒子和戒指均已不存在。被上诉人提交其与上诉人方快递员的聊天记录证实，双方在交寄戒指时谈到了是否保价问题，但由于保价费用较高且快递员称一般不会丢失，因此被上诉人并未对戒指进行保价，只是按普通快件交纳了16元快递费。原审法院认为，上诉人在无收件人明确授权情况下将快件交由第三人签收造成内件丢失，存在明显过错，应承担70%的赔偿责任。被上诉人在投递贵重物品时明知有保价而心存侥幸未予保价亦存在过错，对内件丢失应承担相应责任。遂判决上诉人赔偿被上诉人戒指原价值13546元的70%，即9482.2元，并驳回被上诉人的其他诉讼请求。宣判后，上诉人不服提起上诉，指出双方在快递服务合同第四条保价条款中约定，未保价快件发生毁损灭失的，最高赔偿标准不超过托运人已支付快递费用的5倍。因此，即使上诉人有责任，其最高赔偿限额也不应当超过本案快递费用的5倍。被上诉人则指出，当前快递行业服务水平参差不齐，快件丢失、毁损现象突出，如支持责任限制条款，将明显不利于消费者合法权益的维护。二审法院审理后认为，快递详情单背面记载的未保价快件赔偿条款系格式条款，且其免除了上诉人的主要义务、排除了被上诉人的主要权利，因此属于无效条款。同时认为，原审法院其他认定和处理并无不当，遂驳回了上诉人上诉，维持原判。[①]

---

① 案情来源于甘肃省高级人民法院（2013）甘民三终字第37号民事判决书。

（二）对限制赔偿责任条款效力予以肯定的代表性案例

案例一："责任配置公平说"，同时兼采"惯例说""自甘风险说"和"自愿接受限赔条款说"

在胡某（以下称上诉人）与北京全峰快递有限责任公司（以下称被上诉人）邮寄服务合同纠纷中，原审法院审理时查明：上诉人于 2013 年 11 月 15 日将两件高尔夫球杆交被上诉人寄往海南省三亚市的收件人，运费 112 元，但该件到达海口后丢失。原审法院同时查明，被上诉人提供的托运单正面写有："重要物品务必保价，未保价的物品最高赔偿额不超过资费的 5 倍。填写本单前请阅读背面说明条款，您的签名意味着您已阅读并接受约定。"托运单背面委托快递服务协议第十条载明："因全峰快递的过错造成快件延误、损毁、灭失的，由全峰快递承担赔偿责任。赔偿标准为：对未保价物品，按物品本身价值进行赔偿，但最高不超过实收运费（不含其他附加费用）的 5 倍。"上诉人邮寄时已在快递单上签字，但并未对快件进行保价和支付保价费。原审法院认为，案涉托运单正反两面均写明了未保价物品的最高赔偿额为资费的 5 倍，上诉人填写托运单并签名，视为接受上述条款约束。被上诉人将交寄物丢失属违约行为，应承担相应违约责任，即应按上诉人所付邮费 5 倍赔偿其损失，并退还其所付运费；上诉人主张被上诉人应按高尔夫球杆的实际价值进行赔偿于法无据，法院不予支持。遂判决被上诉人退还上诉人运费 112 元，并赔偿上诉人损失 560 元。上诉人不服提起上诉，请求撤销原判，改判被上诉人赔偿其货品损失及运费共计 20632 元，其上诉理由主要是运单中涉及限制赔偿责任的条款系无效格式条款，故被上诉人须就货品损失对其进行全额赔偿。被上诉人答辩称其依法尽到了提示义务，上诉人作为老客户亦知悉运单条款内容，其在运单上签字表明其接受协议约定，因此协议是有效的。二审法院审理后确认了原审法院所查明的事实，另查明上诉人于寄递案涉快件时已知晓运单中保价条款的内容，遂将运单限赔条款的效力确认为案件的焦点问题。法院审理后认为，上诉人所支付的运费与快件损失金额不具有对称性，同时认为用户按保价规则获得赔偿须寄件人额外支付保价费符合行业惯例，且符合等价有偿、权利义务相一致的基本法律原则。被上诉人提供的运单条款不违反法律、行政法规的强制性规定，因此合法有效。而上诉人在明知不保价须承担相应风险情况下仍选择不保价，应视为其接受限赔条款所规定的限制赔偿责任约定。就此二审法院认为，原审判决认定事实清楚，适用法律正确，因此判决对其予以维持。①

上述案例中，支撑二审法院作出相应裁判的理由并不是唯一的，而是同时涉及"责任配置公平说""惯例说""自甘风险说"和"自愿接受限制赔偿责任条款说"。从目前中国裁判文书网公布的案例来看，肯定快递服务运单限制赔偿责任条款效力的司法判决经常持有多项理由，只是各自的侧重点有时存在差别。例如，在王某与贵州威宁运必达快递有限公司等服务合同纠纷案中，法院指出，按照运费倍数对用户进行赔偿是基于快递行业本身的高风险性（"公平说"），且合同订立中虽然存在保价途径但寄件人并未作出保价选择（"自甘风险说"）。②又如，在曹某军与顺丰速运集团（上海）速运有限公司公路货物运输合同纠纷案中，二审法院着重指出上诉人明知古董陶瓷贵重且易碎的性质以及不保价的风险，但仍选择了不保价，故相应的风险后果应由其自负（"自甘风险说"）。③再如，在樊某与广州市邮政局、广东省邮政速递物流有限公司等财产损害赔偿纠纷一案中，广东省高级人民法院查明，双方当事人在运单中约定，寄递物品单件价值应不超过 5 万元；贵重物品务必保价，未保价物品赔偿额为所付邮费的 3 倍。法院认为，樊某在运单上的签名应视为其同意上述约定，即发生快件损失时可获赔偿额为运费的 3 倍（"自愿接受限赔条款说"）。④又如，在德阳申通快递服务有限公司与肖某邮寄服务合同纠纷一案中，四川省德阳市中级人民法院认为，案涉快递企业依法对限赔条款履行了提示义务，因此应视为双方已就此格式条款协商一致，即限赔条款已经订入合同，该格式条款应对肖某具有法律约束力（"自愿接受限赔条款说"）。④此外，在黄某与上海韵达货运有限公司等邮寄服务合同纠纷案⑤、梧

---

① 案情来源于北京市第一中级人民法院（2014）一中民终字第 06014 号民事判决书。
② 案情来源于贵州省威宁彝族回族苗族自治县人民法院（2017）黔 0526 民初 5024 号民事判决书。
③ 案情来源于上海铁路运输法院（2018）沪 7101 民初 610 号民事判决书。
④ 案情来源于四川省德阳市中级人民法院（2015）德民三终字第 87 号民事判决书。
⑤ 案情来源于北京市第三中级人民法院（2016）京 03 民终 12959 号民事判决书。

州市申通快递服务有限公司与甘某运输合同纠纷[①]等案件中，法院亦均支持了按照运单中的限赔条款对用户进行赔偿，其主要裁判理由亦为用户于能够在保价寄递与限额赔偿之间进行自由选择的情况下仍选择了不进行保价，因此可以视为用户自甘风险和自愿接受了限赔条款的效力约束（"自甘风险说"和"自愿接受限赔条款说"）。

案例二："责任比较公平说"

与前述案例不同的是，有些案件虽然也认可了运单限赔条款的效力，但所持理由并非前述各说，而是基于"责任比较公平说"。在黄某（以下称上诉人）与湖南顺丰速运有限公司岳阳分公司平江第一营业部（以下称被上诉人）邮寄服务合同纠纷案中，上诉人在一审中请求判令被上诉人承担因丢失快件给其造成的各项损失 210900 元（含停运损失 158900 元及车辆报废损失 52000元），并承担本案全部诉讼费。一审法院认定的事实是：黄某于 2015 年 5 月 29 日将两辆汽车的运输证、行驶证、保险单等物品委托被上诉人从江西上栗县未保价寄往平江县，运费 18 元。一审法院将如何对丢失快件进行赔偿作为了案件争议焦点，认为运单中的限赔条款无效，并根据其认可的营运损失判决被上诉人赔偿上诉人 23832 元。上诉人不服提起上诉。二审中，法院认为案涉快件运单契约条款第一条是双方当事人对保价与未保价两种方式下运输成本和风险的不同约定，体现了权利义务对等的民法基本原则，并未单方面免除承运人的责任、加重寄件人的责任或排除寄件人的权利，应为有效条款。依据该约定，上诉人完全可以自主选择是否进行保价运输，而其自愿选择了不保价运输，若此时要求被上诉人按照货物实际价值承担赔偿责任，则相当于上诉人虽然选择了非保价寄递的低运费，但却要求被上诉人承担高风险的保价寄递的赔偿责任，显然违反了《民法通则》中的诚实信用原则及公平原则。因此，上诉人选择了运费成本较为低廉的未保价方式寄递快件，就应当按照运单中载明的限制赔偿责任约定获得赔偿，即"若寄件人未选择保价，则本公司对月结客户在 9 倍运费的限额内，对非月结客户在 7 倍运费的限额内赔偿托寄物的实际损失"，即被上诉人应按 18 元运费的 7 倍标准赔偿上诉

[①] 案情来源于广西壮族自治区梧州市中级人民法院（2018）桂 04 民终 1257 号民事判决书。

人损失 126 元，故一审判决被上诉人赔偿上诉人 23832 元虽然不当，但由于被上诉人并未提起上诉，因此对一审判决认定的赔偿金额不予调整，遂判决驳回上诉人上诉，维持原判。[①] 由此可以看出，本案二审法院判决在未保价案件中应认可限制赔偿责任条款的效力，其中一个重要理由是认为让快递公司对未保价快件和额外支付了相应保价费的保价快件承担相同赔偿责任并不公平，即在两种责任的比较中，法院认为应认可对未保价快件实行限制赔偿责任的相对公平性，因而构成"责任比较公平说"。从中国裁判文书网公布的案例来看，因持上述观点而肯定对未保价快件依限制赔偿责任条款判决快递公司赔偿责任的案件不乏其例，前述案例仅为其中的一个典型代表。

二、当前资费条件下对快件损失实行限额赔偿的正当性

对前述快件损失赔偿限制责任条款效力认定的司法裁判进行梳理的结果表明，目前法院对快递运单限制赔偿责任条款的效力认定存在两种截然不同的态度，即判决其无效和认定其有效。其中，无效说的认定理由基本上是一致的，即均认为限赔条款系违反公平原则的格式条款，因而无效；而在认为限制赔偿责任条款有效的判决中，其具体理由又存在一定差别。笔者赞成限赔条款有效说，并认为支撑该说的主要理由应为公平说中的"责任配置公平说"，而非"责任比较公平说"。至于"惯例说""自甘风险说"和"自愿接受限制赔偿责任条款说"，则均存在较为明显的不足甚至错误。

首先，"惯例说"的不足在于未对惯例进行良莠判断或识别。众所周知，惯例是交易主体长期、反复、普遍适用所形成的交易规则，其主要特征是在不特定交易主体之间适用的普遍性或于特定主体之间适用的反复性，至于其是否符合有关法律的基本原则或者当今时代的公序良俗，则存在两种截然不同的可能性。鉴于此，无论是对未保价快件实行限额赔偿还是对保价快件依保价规则进行赔偿，均不能仅依两者具有惯例性就对其予以肯定。实际上，对两类条款效力应作出怎样的评价，均离不开对两类惯例本身良莠性质的评价，而该评价的核心，均在于两类条款是否具有公平性。离开公平性讨论而

[①] 案情来源于湖南省岳阳市中级人民法院（2016）湘 06 民终 1241 号民事判决书。

仅根据其具备惯例特征即对其效力给予肯定，显然无法构成法律逻辑上的圆满，也难以从根本上服人。

其次，"自甘风险说"和"自愿接受限制赔偿责任条款说"具有相同的认识瑕疵，即均混淆了合同的成立与合同的效力，而未对两者作出应有的区分。自愿原则是民法的基本原则，其贯穿于民法领域的方方面面，其中在合同法领域的体现最为典型，也最为彻底。但不容忽视的是，即使是最为彻底的自由，也不可能不受到任何法律限制。这在合同订立环节的体现是，当事人可以自由选择、确定和接受合同条款，但该约定并非自然或必然产生法律效力，而是须接受法律根据一定条件对其所进行的评价。易言之，当事人对合同条款的接受或合意的形成仅仅表明合同的产生，而只有在若干方面同时符合法律评价标准的合同才是有效或有法律约束力的合同，否则当事人将徒有合意，而不能得到法律的肯定以及履行和追责上的保障。就快递服务合同而言，用户自愿接受不保价将不能得到足额赔偿的风险或者自愿接受限制赔偿责任条款，均只能表明有关合意在客观上的形成，而尚不能同时说明其在若干方面均符合法律所进行的效力评价，尤其是不能说明其能够满足法律对格式条款所特有的效力评价。亦或者说，自甘风险或自愿接受只能说明合同条款的成立，而不能表明其具有法律上的效力。尤其需要引起注意的是，与非格式条款效力评价的核心之一在于当事人之自愿是否系其真实意思表示不同，对于快递服务运单中具备格式条款性质的限制赔偿责任条款，其有效与否的关键并不仅仅在于当事人意思表示的真实性，而是应将重心放之于公平性评价。即对于涉及责任约定的格式条款而言，即使相对人系以真实意愿表示接受，亦不能就此认可其效力；而只有在格式条款提供方既未不合理免除或减轻自身责任，亦未加重对方责任，即该条款并未违反公平要求时，方能对该条款的效力予以肯定。否则，即使对该条款的接受系出于相对人的真实意愿，亦只能对其效力予以否定。

再次，在当前资费条件下，对未保价快件实行限制赔偿责任是公平之举，且从实务中来看，通常快递企业运单中以格式条款形式确认的赔偿倍数或固定数额亦较为恰当。在讨论公平与否之前，须首先明确公平的含义。法律上所言之公平，在不同法域具有不同含义。而合同法上的公平，是指合同内容所涉权利、义务、风险和责任在当事人之间的配置应大体均衡。对于特定当事人而言，则指其通过合同内容的安排，各自均既有所得亦有所失，且得失相当。由此可见，合同法上公平与否的考察对象是合同内容，且该项考察既非对合同内容中某个单一因素的孤立关照，亦非将并不具有相关性的非关联因素放在一起进行均衡性比较。在快递服务合同中，快递企业一方所负担的合同义务是将快件安全、迅速地送达收件人，其通过合同履行所获得的权利或利益则是对运费的收取，其中决定运费高低的因素仅为快件重量、运递里程和时效类型，而与快件实际价值的大小多少毫不相关。显然，此点与买卖合同中货款的多少由货物的实际价值所决定截然不同。这就意味着，几乎全部由格式条款构成的快递服务合同是否具有公平性，应取决于快递企业所负担的寄递义务（其关联因素是快件重量、寄递里程和时效类型）、其收取的运费以及快件不能安全送达收件人时其所需要承担的责任轻重这三个因素之间的匹配是否具有均衡性。至于快件的实际价值或损失数额，则由于其与快递企业收益不具有任何关联性而不能作为快递服务合同条款公平性评价的考虑因素。如我们所知，由于快递行业这一新兴市场的欠成熟性，我国的快件总运递量虽然不断攀升并连续数年位居全球首位，但运费标准却始终在低位徘徊，快递企业整体上也一直在以价换量的低价竞争中微利运行。在此低资费背景下，如果发生快件损失时不实行限额赔偿，则势必会造成快递企业因承担过重的责任而破坏当事人双方权利、义务、风险和责任在整体配置上的公平性。尤其在一般快件并不具有较高价值而通常快递企业会根据运费收取标准和常见的快件价值在运单中设定较为合理的限赔标准情况下，限额赔偿的公平性就更应得到肯定。

最后，前述有关司法裁判所持的"责任比较公平说"与基于前述权责构成事实所形成的"责任配置公平说"并不相同，且不具备合理性。这是因为，"责任比较公平说"认为，用户以支付保价费为代价才能有机会就快件的实际损失获得全额赔偿，在不足额保价情况下甚至还不能得到全额赔偿；若否定限赔条款的效力，则会使除运费外并未额外支付保价费的用户反而能够得到完全赔偿，因此与保价赔偿机制进行两相比较，否定限赔条款的效力是不公平的。对上述观点进行分析后不难看出，"责任比较公平说"主要存在两个方面的不足：一是其未能正确理解合同法上公平的含义及其评价因素。如前所述，合同法上的公平并非泛指一般意义上的公道，而是特指对合同内容所进行的衡平性关照，其评判标准亦非广阔层面的得失相当，而是仅指合同中权利、义务、风险、责任这些特定因素之间的相互匹配是否具有均衡性。就此可以看出，"责任比较公平说"中所说的公平实际已经被偷换概念，其与合同法领域中的公平并非具有相同含义。或者说，由于评价对象与评价因素上的失误，作为此说评价结果的所谓公平并不能说明限制赔偿责任条款在合同法上所具有的公平性。二是该说遗漏了对保价条款进行公平性评价，而是直接认可其效力，并以此项肯定为基础对应否认可限制赔偿责任条款的效力进行评判。如前所述，限制赔偿责任条款是否具有公平性应结合快递企业在快递服务合同中所享有的权利和所负担的义务进行配置上的均衡性评价，而该条款的公平性与否又决定着保价条款是否具有公平性，而不是相反。正是因为限制赔偿责任具有公平性，用户如欲获得更高赔偿甚至足额赔偿才需要在运费之外另行支付保价费，或者说，保价机制中用户一方所获权利的增加必然依赖于其所负义务的加重，而这正是合同法上公平价值取向的基本要求与具体实践。

综上，我国当前快递运单中限制赔偿责任格式条款的效力应获肯定，其法理基础是合同法上的公平原则，且此处的公平系指权责配置上的公平，而非在与其他责任机制进行相互对照中的比较公平。

三、快递服务合同实践中限制赔偿责任条款的主要无效情形

肯定在快递服务中实行限制赔偿责任的公平性，并不意味着运单中的限制赔偿责任条款在任何时候均应被认定为有效。由于快递服务运单中的限制赔偿责任条款在性质上属于格式条款，因此在符合《民法典》第四百九十七条规定时，[①] 该条款应被认定为无效。从快递服务合同的特点来看，该条规定

---

① 该条规定："有下列情形之一的，该格式条款无效：（一）具有本法第一编第六章第三节和本法第五百零六条规定的无效情形；（二）提供格式条款一方不合理地免除或者减轻其责任、加重对方责任、限制对方主要权利；（三）提供格式条款一方排除对方主要权利。"

中有两种无效情形可能与此类合同关系较为密切，即快递企业不合理地减轻其责任以及快递企业故意或重大过失造成快件损失。但如前所述，我国快递行业中目前常见快递运单中的限制赔偿责任条款并未不合理减轻快递企业责任，而是恰恰以其责任的减轻实现了法律所要求的公平性，因此实务中最为常见的导致该条款无效的典型情形通常仅表现为快递企业故意或重大过失造成快件损失。从当前快递企业运营情况来看，快递企业故意造成快件损失主要表现为其工作人员对快件损失的发生抱有希望或放任之主观心理状态，即该故意既包括直接故意，也包括间接故意。其中，直接故意往往表现为员工对快件进行偷盗或出于泄愤等目的有意对快件加以损坏。而重大过失是指"善良管理人之注意有显著欠缺"，[①] 其亦包括两种具体样态，即疏忽大意的重大过失和过于自信的重大过失。前者如在分拣过程中对易碎标志未加留意而对相关快件进行抛掷从而造成其损毁，后者如进行上门投递时将箱门未上锁的快递三轮车放在楼下使其处于无人看管状态并造成箱内快件丢失。比较故意而言，实务中因快递企业工作人员重大过失而造成快件损失的情形更为常见，而无论何种形态的重大过失，其内在原因均往往是工作人员缺乏足够的责任心、行事不够谨慎或工作经验不足。

值得重视的是，从案例检索情况来看，司法实践中虽然已经普遍重视到了快递企业故意、重大过失的存在以及其会对案件中的责任确定产生一定法律影响，但亦存在较为突出的问题，主要表现为对快递企业是否存在重大过失的认定以及重大过失会引起何种法律后果往往存在一定模糊认识。

在冯某（以下称原告）与被告九江远恒速递有限公司老马渡分公司（以下称老马渡分公司）、九江远恒速递有限公司（以下称远恒公司）运输合同纠纷一案中，原告诉称其于2016年11月25日通过淘宝网站将一部未拆封限量版全新小米MIX手机以4110元卖出（已付款），并将该手机交付被告老马渡分公司发往广东省茂名市的买方谢某。后谢某称收到的快件为空盒子而并无小米手机，遂拒绝签收，并要求原告办理了退货手续。原告与二被告交涉未果，遂起诉到人民法院，请求法院判令被告赔偿其快件损失4110元。法院查明，上述寄递事实确实存在，同时发货时因该快件是塑封未拆封包装，老马

---

① 史尚宽：《债法总论》，中国政法大学出版社2000年版，第116页。

渡分公司收件员并未对快件当场进行拆封验证。且原告在交寄快件时曾提出保价，但收件员未予接受，认为不用保价。原告将快件交老马渡分公司寄递，老马渡分公司收取 35 元运费，并向原告出具运单号 D0006729××××，单号上注明内件品名为"全新未拆封小米 MIX 手机"。法院认为，老马渡分公司在接受原告寄递委托时应按有关规定对托寄物进行核验，但其在并未进行核验情况下却允许原告在运单上填写"全新未拆封小米 MIX 手机"，并收取了运费，就此应视为其认可原告托运的快件为"全新未拆封小米 MIX 手机"。现老马渡分公司主张原告托运的货物可能是空盒子，且提供了收件人谢某在快递面单上注明的"外包装完好，内物不符"的证明，但该证明不能否定原告交寄货物的真实存在。被告也不能提供证据证明货物灭失系原告行为所致。被告未按要求对快件进行收寄验收，存在过失，其过失责任不能由消费者负责，因而被告不能拒绝赔偿。法院遂判决二被告赔偿原告快件损失 4110 元，并基于缺乏证据支持驳回了原告的其他诉讼请求。[①]

上述案例虽在认定快递企业存在重大过失的同时并未明确否定限赔条款的效力，但其直接判决快递企业全额赔偿用户的实际损失，实际意味着已经对运单中的限赔条款效力予以了否定。

本案存在的主要问题是对快递企业是否存在重大过失的认定有误，即将快递企业违反法定义务直接等同于其主观上存在过失。如前所述，在合同法领域中，无论故意还是过失均系法律上的专门术语，二者均指行为人进行某种活动时的主观心理状态，而不能随意解读为只要民事主体的行为本身具有违法性或者可非难性，即可认定过失的存在。本案中，被告未依法在收寄时对快件进行验视，只能说明其行为具有违法性，而不能表明其主观心理状态，因而不能据此认定被告存在重大过失。需要强调的是，尽管对行为人主观心理状态的认定往往离不开对其行为本身进行分析，但不能就此否认属于客观层面的行为和属于主观层面的心理状态属于完全不同的两种事物。同时还应注意以下两点：一是分析民事主体主观心理状态时所选定的作为分析对象的行为并不是任意的，而是应为直接造成快件损失的特定行为；二是对过错的分析应具有靶向性，即应观察其于进行前述特定行为时对于某种结果的

---

① 案情来源于九江市浔阳区人民法院（2017）赣 0403 民初 2450 号民事判决书。

发生是否存在故意或者重大过失。具体到快件损失赔偿案件而言，应首先判断快递企业的何种行为直接造成了快件损失，即其哪一行为与快件损失的发生具有因果关系，进而再对其进行该行为时抱有何种心理状态进行分析。例如，若案件查明快递员工在入户投递过程中曾将案涉快件置于开放空间和无人看管状态下，随后发生手机丢失，则应认定其将案涉快件置于无人看管的开放空间之行为与快件丢失具有因果关系，且此时可以根据生活经验，认定其进行该行为时具有疏忽大意或过于自信的重大过失，并可就此对运单限赔条款的效力予以否定。而本案中，快递企业未对案涉快件进行收寄验视这一不作为行为实际并非造成快件丢失的原因，因此该行为系与判定快递企业对于快件丢失是否存在重大过失毫无关联的事实，更不能直接根据存在该行为本身即认定快递企业对快件的丢失具有重大过失。从本案判决书中所体现的案情来看，案件并未查明快递企业何种行为与快件丢失具有因果关系。此种情况下，由于快件运递的全过程均由快递企业操控，居于该流程之外的用户于客观上并无条件对快递企业行为进行指摘，因而根据控制力理论，此类纠纷可适用过错推定，[①] 即根据存在快件丢失之事实即可初步推定快递企业存在重大过失。而"原告如证明可推断有故意或过失之事实，则应认为已有初步之证明。被告如主张有可推断非故意或过失特别之情事，则被告有明此情事之责"，[②] 即此时若作为被告的快递企业主张其并不存在重大过失，则应由其对此承担举证责任，否则即应认定其存在重大过失。

需要说明的是，将快递企业某种违法行为直接等同于主观过错的情况虽非个例，但对快递企业过错作出正确判定的案件亦不胜枚举。例如，在戚某与湖南省邮政速递物流有限公司长沙市分公司邮寄服务合同纠纷案中，法院就在判决书中指出，邮政速递公司的工作人员在明知湖南人民出版社传达室

---

① 该观点源自其他学者的启发。参见杨立新：《确定快递服务丢失货物赔偿责任的三个问题》，载《中国审判》2010 年第 58 期。从实务中看，对快递企业是否存在重大过失的认定实际存在三种不同做法，即根据快件丢失直接认定快递企业存在重大过失、根据快件丢失推定快递企业存在重大过失和由原告方举证快递企业存在重大过失。参见陈斌：《保价条款效力实证研究——以 120 个案例为例》，载《法制与社会》2017 年 2 月（上）。

② 史尚宽：《债法总论》，中国政法大学出版社 2000 年版，第 121 页。

无人的情况下，仍在自行签收后将快件放在保安的柜子里，而未依名址进行面交，对快件的丢失存在重大过失。[①] 又如，在福州泽霖食品有限公司与福州双飞物流有限公司运输合同纠纷案中，法院指出，本案运单上填写的收件人是梅某，而收件人签名栏却签署的是王某，在无证据证明王某系梅某代收人情况下，案涉快递企业未审慎核实签收人身份，可以认定其对快件的丢失具有重大过失。[②] 再如，在陆某与西宁海都中通速递服务有限公司合同纠纷案中，法院认为，被告快递企业在应原告要求将快件放至指定地点后未告知收件人及时领取，对快件的丢失具有重大过失。[③]

还应指出的是，本案对过失存在的法律后果亦认识有误。本案判决认为："被告未按要求对快件进行收寄验收，存在过失，其过失责任不能由消费者负责，因而被告不能拒绝赔偿。"这实际上是把快递企业存在过错作为了其构成和承担违约责任的构成要件之一。而毋庸讳言的是，自1999年《合同法》生效，根据其第一百零七条规定，[④] 我国就已将无过错责任原则作为了违约责任的一般归责原则，而目前的《民法典》亦承继了这一原则。[⑤] 在法律并未作出特别规定情况下，快递企业在快递服务合同中违约责任的认定亦应适用无过错责任原则，即其是否存在过错并不影响违约责任的构成，而是仅有可能影响责任的大小；[⑥] 在合同中存在免责或限制赔偿责任约定情况下，则有可能导致免除或限制赔偿责任约定的无效。

[①] 完整案情参见湖南省长沙市芙蓉区人民法院（2015）芙民初字第 932 号民事判决书。

[②] 完整案情参见福建省福州市中级人民法院（2013）榕民再终字第 9 号民事判决书。

[③] 完整案情参见青海省西宁市城东区人民法院（2017）青 0102 民初 179 号民事判决书。

[④] 该条规定："当事人一方不履行合同义务或者履行合同义务不符合合同约定的，应当承担继续履行、采取补救措施或者赔偿损失等违约责任。"

[⑤] 参见其第五百七十七条规定。该规定完全继承了原《合同法》第一百零七条的内容。

[⑥] 《民法典》第五百九十二条第二款确立了过失相抵规则，即在守约方对损失的发生亦存在过错时，将根据二者过错比例确定违约方所应承担的责任轻重。

第八章　根据有关民事法律规定
对快件损失进行赔偿

　　根据合同自由原则，违约方对守约方应如何进行损失赔偿应首先尊重双方当事人在合同中的约定。在快递服务合同中，无论是保价赔偿约定，还是限制赔偿责任约定，均系当事人事先就快件损失赔偿所作出的约定，二者区别仅在于适用顺位的不同。而实务中经常遇到的情况是，用户并未对快件进行保价，或者保价条款、限制赔偿责任条款均不符合《民法典》规定的格式条款订入规范或效力规范，因而造成运单中并不存在可资遵循的赔偿约定。此时，即应根据有关民事法律规定对如何进行快件损失赔偿作出裁判。与此相关的是，《邮政法》第四十五条第一款规定："邮政普遍服务业务范围内的邮件和汇款的损失赔偿，适用本章规定。"第二款规定："邮政普遍服务业务范围以外的邮件的损失赔偿，适用有关民事法律的规定。"《邮政法》第五十九条后段则明确："……第四十五条第二款关于邮件的损失赔偿的规定，适用于快件的损失赔偿。"即根据上述《邮政法》规定，对快件的损失赔偿应适用有关"民事法律的规定"。此处的"民事法律的规定"，既包括民事立法（如《民法典》）中的有关法律规范，也包括非民事立法（如《快递暂行条例》）中的有关民事规范，因而属于广义的民事法律规定。关于根据有关民事法律规定对快件损失进行赔偿，本章将对两个问题予以讨论，即属于一般问题的赔偿范围问题和属于特殊现象的惩罚性赔偿与精神损害赔偿问题。

第一节　快件损失的赔偿范围

【本节提要】

发生快件损失时，如快递企业和用户并不存在有效保价约定和限制赔偿责任条款约定，则人民法院应根据有关民事法律规定判定前者应对后者承担的赔偿责任，其赔偿范围应涵盖用户的全部损失，包括直接损失和间接损失，但同时应受到可预见性规则、与有过失规则和减轻损失规则等的限制。

一、赔偿范围的完整性

由于快递服务合同目前在我国尚为无名合同，因而对其既不存在有效保价约定又不适用限制赔偿责任条款时，应如何由快递企业对用户进行赔偿并不存在直接法律规定。而《民法典》第四百六十七条第一款和《民法典》生效前的《合同法》第一百二十四条均规定，无名合同除适用《民法典》合同编通则或《合同法》总则规定以外，还可以参照适用最相类似的有名合同规定。[①] 因此，鉴于快递服务合同与我国有名合同中货运合同的最大相似性，可以对快递服务合同类推适用货运合同的有关法律规范。

关于货运合同的损失赔偿，《民法典》第八百三十三条前段规定："货物的毁损、灭失的赔偿额，当事人有约定的，按照其约定；没有约定或者约定不明确，依据本法第五百一十条的规定仍不能确定的，按照交付或者应当交付时货物到达地的市场价格计算。"[②] 鉴于交付地市场价格仅具兜底补充作用和特定交易中价值确定的个性化以及案件处理效率之考量，这里的"约定"宜作出广义解释，即其除包括用户与快递企业在涉案运单中所作出的保价约定或限制赔偿约定以外，还包括在与案件距离最近的关联交易中由用户和其

---

① 《民法典》第四百六十七条第一款规定："本法或者其他法律没有明文规定的合同，适用本编通则的规定，并可以参照适用本编或者其他法律最相类似合同的规定。"在此之前，《合同法》第一百二十四条亦规定："本法分则或者其他法律没有明文规定的合同，适用本法总则的规定，并可以参照本法分则或者其他法律最相类似的规定。"

② 《民法典》生效前，《合同法》也作出了实质上相同的规定，参见《合同法》第三百一十二条规定。

他交易主体就快件内件所约定的特定交易价格。例如，李某在咸鱼网从赵某处花 200 元购得一部某品牌二手手机，李某付费后由赵某将手机快递给李某，后因该手机于寄递过程中丢失，赵某对李某退费后诉请法院判决案涉快递企业对其进行赔偿。若该手机寄递时未进行保价，且运单中的限制赔偿责任条款被判未订入合同，则本案应被认定为在赵某和快递企业之间并无手机丢损后应如何进行赔偿的约定。但本案存在一个最近距离的关联交易，即李某和赵某之间所订立的手机买卖合同，在该合同中，丢失手机的约定交易价格为 200 元。此时，考虑到本案系就二手手机进行交易和对裁判效率的兼顾，案件宜参照该买卖合同当事人对丢失手机所约定的交易价格对赔偿数额作出裁判，而无须通过鉴定和采价程序确定手机交付或者应当交付时李某所在地的市场价格。

关于违约责任赔偿范围的具体构成，《民法典》第五百八十四条"但书"之前部分规定："当事人一方不履行合同义务或者履行合同义务不符合约定，造成对方损失的，损失赔偿额应当相当于因违约所造成的损失，包括合同履行后可以获得的利益；……"这就意味着，快递企业应对因其违约给用户造成的全部损失承担赔偿责任，该范围除包括用户所受损失（直接损失）之外，在运单中并无特别约定时，还应包括其所失利益（间接损失）。[①] 下文将对用户直接损失和间接损失的赔偿予以分述。

（一）用户直接损失的赔偿

直接损失是指违约方之违约行为给对方造成的现有财产的减少。在快递服务合同中，用户所受损失首先包括快件内件本身的价值减少或贬损。但除快件自身的价值贬损之外，还应注意用户直接损失亦经常包括快递企业违约给其带来快件以外其他财产损失的情形。例如，在原告北京朗瑞宁科技发展有限公司与被告襄阳申通快递公司服务合同纠纷案中，法院排除适用运单中的限赔条款后，判决案涉快递企业赔偿朗瑞宁公司因寄递过程中丢失后者银

[①] 在中国民法学说上，直接损失和间接损失是对违约所致损失最为常见的分类，其具体含义多被等同于所受损害和所失利益。关于对违约所致损失的详尽分类，参见崔建远：《合同法》（第七版），法律出版社 2021 年版，第 243 ～ 245 页。

行承兑汇票给其造成的（直接）损失 1400 元，其中包括朗瑞宁公司因票据丢失向法院申请公示催告产生的诉讼费 100 元、公告费 1200 元和交通费 100元。① 又如，在杭州东方汽车销售有限公司与杭州天道快递服务有限公司邮寄服务合同纠纷案中，东方汽车销售有限公司交天道快递公司寄递的 12 份汽车合格证及 2 份运单被后者丢失，法院根据东方汽车销售公司的举证，认定天道快递公司应赔偿其合格证工本费 6192 元及登报公告费 800 元的损失，② 二者均系快递企业违约给用户造成的快件损失之外的其他直接损失。除违约之诉以外，在以侵权之诉为诉由的案件中亦有类似判决。例如，在原告青岛奥瑞特食品有限公司与被告中国邮政速递物流股份有限责任公司青岛市分公司财产损害赔偿纠纷案中，因被告将原告寄递的提单丢失，法院对原告主张由被告赔偿的滞期仓储费 1342.97 元、银行担保费用 3055.56 元、公告费 200 元以及补足单据费 600 元损失均予以支持，③ 而这些损失亦均为快件损失之外的其他直接损失。

应引起注意的是，并非寄递过程造成快件自身损失后用户所有关联财产的减少均应被认定构成其直接损失。发生快件损失后，用户经常会需要采取补救或者维权措施，但其采取上述措施所引起的其他财产之减少，须满足一定条件才能被认定为快递企业违约给用户造成的直接损失。这些条件主要包括费用发生的必然性与合理性。

关于损失发生的必然性，很多法院在判决中鲜明坚持了此项判断规则。例如，在原告王玉和委托被告天喜韵达五分公司邮寄汽车行驶证一案中，被告在寄递过程中将原告汽车行驶证丢失，原告为补办相关手续自行驾车回内蒙古途中发生交通事故，致车辆损坏、原告受伤。为此，除因补办手续花费验车费、补办证件费、误工费、交通费和住宿费之外，还因交通事故造成医疗费、误工费、救援费、修车费等多项损失。对此，原告在诉讼中要求被告对其进行一并赔偿。法院审理后认为，原告因行驶证丢失补办手续所发生的诸项费用应由被

---

① 完整案情参见湖北省襄阳市樊城区人民法院（2014）鄂樊城民三初字第 00112 号民事判决书。
② 完整案情参见浙江省杭州市余杭区人民法院（2015）杭余民初字第 2362 号民事判决书。
③ 完整案情参见山东省青岛市市南区人民法院（2016）鲁 0202 民初 7663 号民事判决书。

告对其进行赔偿，但由交通事故引发的一系列费用与采取补救措施并无因果关系，即该损失的发生并不具有必然性，因此不能得到支持。[①] 又如，在泸州市恒雨化工有限责任公司与泸州申通快递有限公司邮寄服务合同纠纷案二审判决中，恒雨公司要求申通公司赔偿其律师费，但法院并未支持其此项诉求，原因亦在于律师费的支出并非系因申通公司违约而必然发生的费用，因而不能被认定为恒雨公司因本案所产生的直接损失。[②] 再如，在原告张某与被告深圳市振华申通快递有限公司运输合同纠纷案中，原告认为因被告的投递错误，导致其错过了（2015）怀民一初字第 03704 号案件的上诉期，因此要求被告赔偿该案生效判决所判金额与原告诉求金额之间的差额。就此法院认为，上诉期内提出上诉与原告诉讼请求能够得到全额支持之间并不具有可确定性，即原告提供的证据不能证明其所称损失的实际存在以及上述损失与被告投递失误之间存在必然因果关系，因此对其诉讼请求亦未予以支持。[③]

除必然性标准之外，司法审判中在认定直接损失的构成时还应注意把握费用发生的合理性标准。例如，在被上诉人范某与上诉人广东红楼国通快递有限公司运输合同纠纷一案中，二审法院认为，被上诉人对反映涉案快件运转查询情况的网页进行保全对本案审理无任何影响，即有关公证费用的支出并不具有合理性，该项公证费用并非上诉人违约给被上诉人造成的直接损失，因此法院对被上诉人要求上诉人赔偿其所花费的公证费这一主张并未予以支持。[④]

（二）用户间接损失的赔偿

间接损失是指违约方违约行为所致对方可得利益的丧失，即守约方财产本应增加但因违约方之违约行为而并未增加的数额。在快递服务合同中，间接损失是否应计入用户损失的范围之内，取决于运单中是否存在对可得利益赔偿的排除性约定。

实务中，有些快递企业会在其运单条款中嵌入不对可得利益进行赔偿的

---

① 完整案情参见北京市密云县人民法院（2015）密民初字第 6754 号民事判决书。
② 完整案情参见四川省泸州市中级人民法院（2016）川 05 民终 117 号民事判决书。
③ 完整案情参见广东省深圳市福田区人民法院（2017）粤 0304 民初 6699 号民事判决书。
④ 完整案情参见广东省深圳市中级人民法院（2015）深中法民终字第 3309 号二审民事判决书。

格式条款。基于前述目前通常情况下快递服务领域对用户损失仅进行限制赔偿之合理性的分析，快递企业在运单中事先声明其不对用户可得利益进行赔偿的做法实难厚非。事实上，很多法院也在审判实践中支持了快递企业按运单约定不对用户间接损失进行赔偿的诉求。例如，在原告梁某与被告圆通速递有限公司广州分公司邮寄服务合同纠纷案中，法院就根据案涉运单条款中"快件的价值，是指依快件本身物理性质所具备的价值；所谓损失，不包括其可能获得的收益、利润、实际用途、商业机会、商业价值等任何直接或间接损失"之约定，认定被告对原告所应赔偿的数额应限于手表本身的实际价值，而不包含原告销售手表所产生的利润，而原告要求按照其与买家的成交价 4850 元计算其损失，其中就包含了销售利润，故不予采纳。①

亦需说明的是，若案涉运单中并未载明对间接损失不予赔偿之条款，则根据前引《民法典》规定，对用户的损失赔偿范围应包括其间接损失。实践中，很多法院就在运单无特别载明排除性条款情况下判决支持了用户要求赔偿其间接损失的诉求。例如，在原告广东先导先进材料股份有限公司与被告顺丰速运有限公司运输合同纠纷案中，法院指出，被告作为专业的物流公司，应该对出口的货物进行出口报关，并将报关单退回给寄件人。但本案中被告无证据证明其已经履行上述义务，显然构成了违约，因此其应当对原告因无报关单而未能办理的出口退税损失 35833.33 元承担赔偿责任。② 又如，在原告山东省郯城农村商业银行股份有限公司与被告郯城县飞豹快递有限公司等快递服务合同纠纷案中，法院认为，被告将原告寄递的承兑汇票丢失，造成原告在该承兑汇票到期后未能及时兑付，故被告应对原告因此而未能获得的利息承担赔偿责任。③

---

① 完整案情参见广东省广州市珠海区人民法院（2015）穗海法民二初字第 957 号民事判决书。

② 完整案情参见广东省清远市清城区人民法院（2016）粤 1802 民初 4137 号民事判决书。

③ 完整案情参见山东省郯城县人民法院（2014）郯商初字第 894 号民事判决书。应予指出的是，法院在判决中指出："原告因承兑汇票到期后未能及时兑付，由此产生的利息损失属于因被告违约而造成的直接损失，根据法律规定，该损失应由被告赔偿。"即判决虽然支持了被告应赔偿原告因汇票不能及时兑所造成的利息损失，但认为该部分损失属于"直接损失"，实际应属于笔误，即此处的"直接损失"应为"间接损失"。原因在于，该部分利息损失系原告可得利益之丧失，而非其现有财产之减少。

二、赔偿范围的限制性

在违约损失赔偿的范围方面，世界各国存在完全赔偿与限制赔偿两种截然不同的立法例。完全赔偿以德国法为代表，限制赔偿则以法国法和英国法为代表，其中，后者还被《联合国国际货物销售合同公约》（CISG）、《欧洲合同法原则》（PECL）等国际公约或示范法所接受。我国《民法典》承继了原《合同法》规定，对违约损失赔偿选择贯彻限制赔偿原则。这就意味着，与通常的违约损失赔偿案件相同，快件损失赔偿在贯彻赔偿完整性的同时，还应注意法定限制性赔偿规则的适用。在快递服务领域，快件损失赔偿较为常用的限制性规则主要有可预见性规则、与有过失规则和减损规则。[①]

（一）可预见性规则

我国《民法典》第五百八十四条规定："当事人一方不履行合同义务或者履行合同义务不符合约定，造成对方损失的，损失赔偿额应当相当于……但是，不得超过违约一方订立合同时预见到或者应当预见到的因违约可能造成的损失。"此条规定后段明确了违约损失赔偿的可预见性规则，其主要内容是规定了损失赔偿的范围不得超过违约方订立合同时对其违约可能造成对方损失的预见范围。可预见性规则的法理基础在于合同的合意性，即只有被当事人于缔约当时所明确意识到或能够意识到的事实或事项才能进入双方合意进而构成合同内容，也只有这部分内容才有可能对当事人产生约束力。[②]

按照通说，可预见性规则的适用要件有以下几个方面：一是预见的主体应为违约方，而非守约方；二是预见的时间应为缔约时，而非违约时；[③] 三是预见的标准应为"理性人"标准，即赔偿范围应为一个正常勤勉的人处于违约方位置时所能够预见到的损失；四是预见的对象或内容应为损害之类型，

---

① 关于限制性赔偿规则较为完整的介绍，参见崔建远：《合同法》（第七版），法律出版社2021年版，第247～253页。

② 关于新近对可预见性规则法理基础之演变较为系统的梳理和探讨，参见刘勇：《可预见性规则之重释》，载《暨南学报》2021年第7期。

③ 关于预见时间应为"缔约时"的原因论述，参见韩世远：《违约损害赔偿研究》，法律出版社1999年版，第203页。

而非损害之程度或者数额。但笔者认为，上述要件的适用范围系通常合同，而在个别类型合同中，其个别要件应予适当调整。就快递服务合同而言，其预见的内容即应并非指损害之类型，而是指损害之数额。原因在于，快递企业与用户所签合同的内容既简单又千篇一律，根本不能据此窥见用户一方当事人的个体特征，因此快递企业通常将难以在缔结合同时对其违约可能给对方造成的损害类型加以预见，相反，反倒有可能在执行收寄验视规则之后，根据对快件内件品类的了解而有条件对可能发生的损失数额从大体上做到有所预测。

能够支撑上述理解的例证是《民法典》第八百九十八条对保管合同所作出的规定："寄存人寄存货币、有价证券或者其他贵重物品的，应当向保管人声明，由保管人验收或者封存；寄存人未声明的，该物品毁损、灭失后，保管人可以按照一般物品予以赔偿。"有学者指出，上述规定就是可预见性规则在具体类型合同中的适用。[1] 实际上，对快递服务合同而言，《快递暂行条例》第二十一条第二款亦存在类似规定："寄件人交寄贵重物品的，应当事先声明；经营快递业务的企业可以要求寄件人对贵重物品予以保价。"该条款虽然不及前引《民法典》第八百九十八条规定明晰详备，且在立法目的上亦有另外的指向，但不容否认的是，根据此条规定可以认定，用户交寄贵重物品时亦负有对快递企业披露其价值的义务。据此进行延伸性理解，如用户交寄物品时披露了其价值并进行了保价，则保价数额应被认定为快递企业可以预见的其构成违约时会给用户造成的损失范围；而对其进行反向解释或类推适用《民法典》第八百九十八条后段规定的结果则应为，若用户并未对其寄递物品以保价方式进行贵重性声明，则宜将该物品认定为一般物品；而对于一般物品的价值认定，除依一般社会经验作出判断以外，实务中常可依据具有关联性的其他快递服务合同条款加以判定。即快递企业往往会在其运单中通过特定条款明确：如您寄递的物品超过××元（例如1万元），请自行保价或者采用其他运输方式。此类条款的存在意味着，如用户进行保价，则保价数额为快递企业能够预见到的因其违约可能给用户造成的最高损失；而若其并未保价，则运单中明确的保价起点（即××元）应为快递企业能够预见到的最

---

[1] 参见王利明主编：《民法》（第八版下），中国人民大学出版社2020年版，第197页。

高损失赔偿额。从目前检索到的案例来看，不少法院已经认识到了快递服务合同的自身特点，并以用户是否对快件进行保价作为衡量快递企业对损失数额预见性的一个重要标准。例如，在上诉人宁波银行股份有限公司绍兴分行诉绍兴顺丰速运有限公司合同纠纷案中，法院认为，上诉人只支付了 12 元快递费，并未为托寄物保价，在此情况下其要求被上诉人预见到托寄物的价值为 100 万元，显然既不符合合同约定，又不符合生活常理，因此二审法院认为，一审法院认定的被上诉人对上诉人的损失并非可以预见并无不当。[①] 也有法院在类似裁判中简明指出，用户交寄物品未以保价方式声明价值的，只能说明托寄物的价值较低，因此认为原告主张按较高价值进行赔偿缺乏事实依据，并判决对其主张不予支持。[②]

（二）与有过失规则

与有过失规则又被称为与有过错、混合过错或过失相抵规则，是指受损害方对损失的发生或扩大亦有过错时，在计算损失赔偿额时应予相应减少。在学说上，关于与有过失规则的适用范围有不同观点和立法例，我国通说认为其既适用于侵权损害赔偿，也适用于债务不履行所造成的损害赔偿，同时该说也在司法实践中得到了较为广泛的认可与贯彻。[③] 在学界通说和司法实践经验基础上，我国《民法典》第五百九十二条第二款明确认可了与有过失规则在合同法领域的适用，该条款规定："当事人一方违约造成对方损失，对方对损失的发生有过错的，可以减少相应的损失赔偿额。"这一规则的明确实际是对诚实信用原则的贯彻。诚信原则要求，只有当事人各方均对自己过错造成的损失各自承担相应责任，才能体现责任的公平分担，从而实现当事人之间的利益平衡；而各自就其过错承担相应责任，实际就落实为对违约方责任的相应减少。

需要指出的是，《民法典》第八百三十二条规定："承运人对运输过程中

---

① 参见浙江省绍兴市中级人民法院（2018）浙 06 民终 1620 号二审民事判决书。
② 具体案情参见江西省吉安市青原区人民法院（2018）赣 0803 民初 1296 号民事判决书。
③ 关于与有过失规则适用范围的学说差异、不同立法例以及在我国司法实践中体现我国通说的典型案例，参见崔建远：《合同法》（第七版），法律出版社 2021 年版，第 249～250 页。

货物的毁损、灭失承担赔偿责任。但是，承运人证明货物的毁损、灭失是因不可抗力、货物本身的自然性质或者合理损耗以及托运人、收货人的过错造成的，不承担赔偿责任。"就此有观点提出，在货物运输合同中，受害人（指托运人或收货人）过错是承运人的免责事由，因此并不适用与有过失规则。[①] 对此笔者认为，《民法典》第八百三十二条之本意确实是在明确承运人在货运合同中的免责事由，但其所规定的可以出现免责结果的前提条件是造成货物毁损、灭失的全部原因均为受害人过错，而非混合过错，即本条并非系对承运人和托运人、收货人均存在过错情况下如何承担责任的规定，因此其得出的免责结论与过失相抵规则所明确的存在混合过错时之减责结论并不冲突。亦或者说，《民法典》第八百三十二条并非第五百九十二条第二款的例外性规定，不宜根据此条规定得出承运人在货运合同中存在过错时完全不适用过失相抵规则之结论。事实上，两法条不但均可适用于货运合同，而且彼此既存在分工，又具有统一性。二者的分工是指，当承运人和托运人或收货人对损失的发生均存在过错时构成混合过错，此时应适用《民法典》第五百九十二条第二款对过失相抵的规定相应减轻承运人的赔偿责任；而当托运人、收货人的损失全部系由其自身过错造成时，则适用《民法典》第八百三十二条规定免除承运人的赔偿责任。二者的统一性是指，《民法典》第八百三十二条之免责规定并非迥异于第五百九十二条第二款的过失相抵规定，而是在极端情况下对过失相抵规则的运用和别样表述。这是因为，根据过失相抵规则，在托运人或收货人过错为百分之百，而承运人过错为百分之零时，运用过失相抵规则的结果就是承运人之赔偿责任将会被全部减去，从而使其责任为零，亦即构成免责。上述分析的意图在于明确货运合同并非过失相抵规则之适用例外。快递服务合同与货运合同具有极大相似性，因此其应与货运合同相同，在寄件人或收件人损失均由其自身过错造成时，应免除快递企业违约责任；但在寄件人或收件人与快递企业对损失的发生均有过错时，则应适用过失相抵规则，而非将后一情形作为过失相抵规则的适用例外。

早在《民法典》对其作出确认之前，过失相抵规则作为学理通说，除在我国其他类型合同纠纷的司法实践中得到了较为广泛的应用，实际亦在快递

[①] 参见崔建远：《合同法》（第七版），法律出版社 2021 年版，第 250 页。

服务合同案件处理中时有贯彻和体现。例如，在莱贝（上海）科学仪器有限公司（以下称莱贝公司）与圆通速递有限公司（以下称圆通公司）运输合同纠纷案中，法院就在终审判决中指出，虽然圆通公司在派件环节确实存在履约瑕疵，但莱贝公司在与圆通公司长期存在业务往来，亦明知存在运输风险前提下，并未采用更为坚固的方式包装货物，因而对快件损失的发生亦存在过错。结合莱贝公司损失货物 18268 元和双方均有过错之具体情况，法院酌定由圆通公司赔偿莱贝公司货物损失 4000 元。[①]

值得注意的是，除寄件人过失以外，有时造成快件损失的原因还可能有收件人过失。而根据《民法典》第五百九十二条第二款之字面含义，似乎与有过失规则的适用主体是"当事人一方"及其"对方"，即与有过失的适用主体系互为合同相对人的民事主体，而不包括第三人。但如前所引，《民法典》第八百三十二条规定不但将"托运人"（合同当事人）过错造成货物损失作为了承运人的免责事由，而且同时亦将"收货人"（合同中处于托运人一侧的第三人）过错作为了其免责事由。这就意味着，《民法典》第八百三十二条亦认可守约方一侧的第三人过错造成损失亦可成为承运人违约的免责事由。而如前文所析，《民法典》第八百三十二条与《民法典》第五百九十二条第二款在法理上具有同源性，或者说，前者实际是对后者的极端运用，因此根据体系解释规则，亦应认可《民法典》第五百九十二条第二款所规定的过失相抵规则之适用范围亦应包括守约方一侧之第三人与违约方存在混合过错之情形，即对该条之适用范围应（有条件地）作出扩充解释。事实上，目前各国立法、判例和学说的一致倾向是，应将受害人以外之人的过失有条件地作为受害人一侧的过失，对是否构成与有过失弹性地加以斟酌解释。即在若干特殊情形下宜权衡当事人的利益状态，将第三人的过失视为受害人自己的过失，使受害人就第三人的与有过失负责，且此种情况下的第三人过失，被称为"受害人侧的过失"。[②]有学者提出，可以被认定为受害人侧过失的情形有以下几种：一是法定代理人与使用人；二是直接受害人与有过失；三是受害人和第三人

① 完整案情参见上海市第二中级人民法院（2017）沪 02 民终 9155 号民事判决书。
② 参见韩世远：《合同法总论》，法律出版社 2004 年版，第 745 页。

共同地与有过失。[①] 笔者认为上述类型固然涵盖了受害人侧过失的主要情形，但似乎还可更具开放性。例如，在向第三人履行合同或真正利益第三人合同中，合同中的第三人过失（如迟延接收履行致货物变质的范围扩大）亦宜被认定为受害人侧的过失。值得关注的是，我国有些快递服务合同纠纷案件已经在纠纷处理中实际认可并运用了此说。例如，在陆某（寄件人，以下称原告）诉西宁海都中通速递服务有限公司（以下称被告）合同纠纷案中，法院审理后确认，原告（案涉快递服务合同中的一方当事人）所寄递的快件由被告（案涉快递服务合同中的另一方当事人）派送人员送至收件方（原告一侧的第三人）地址时，收件方因临时有事无法亲自接收，要求派送人员将快件存放在了小区门口的超市，但无收件人签名。法院认为，收件人在未落实他人是否同意代收情况下，就要求被告快递员将货物放至他人处，致使货物丢失，因此其对损失的发生也应承担一部分责任。遂判决原告因快件丢失造成的经济损失 15037 元中的 4511.1 元由其自行承担，被告则赔偿其损失中的 10525.9 元。[②]

（三）减轻损失规则

减轻损失规则是指在债务人违约时，债权人有义务采取适当措施防止损失的扩大，而不能听之任之，否则将无权就扩大的损失要求对方赔偿。减损规则肇始于英美合同法，后扩充适用于侵权行为，其法理基础为诚信原则中兼顾他人利益以及实现当事人利益与社会整体利益平衡之要求。目前，减损规则已被多国合同法所接受，我国亦在当年的《合同法》中即对此规则予以了确认，现行《民法典》第五百九十一条对其进行了承继。

应予指出的是，在债务人违约时，债权人依法所应负担的减损义务系不真正义务，即对其违反不会导致债权人应向对方承担赔偿责任，而只是会造成其自身利益的减损，即其不得就扩大的损失要求对方对其进行赔偿。或者说，其能够获得的赔偿仅为其所受损失减去其违反减损义务所致扩大的损失之后的余额。减损规则不仅在其他各类合同纠纷中得到广泛应用，而且在以

[①] 参见崔建远：《合同法》（第七版），法律出版社 2021 年版，第 249 页。

[②] 具体案情参见青海省西宁市城东区人民法院（2017）青 0102 民初 179 号民事判决书。

"合同纠纷"为案由或以"财产损害赔偿纠纷"为案由的快递服务纠纷中亦常有适用余地。例如，在原告刁某与被告镇江天天快递有限公司财产损害赔偿纠纷一案中，法院查明，原告委托他人从江苏省昆山市通过天天快递寄送身份证、驾驶证、从业资格证等物品，注明投递地址为江苏省镇江市丹徒区谷阳镇安意炫鞋业，收件人为刁某。但被告投递员却将该快件投递到了腾飞鞋业，并由腾飞鞋业门卫徐某盖了收件章，后该快件丢失。法院认为，被告在投递原告快件时，没有按照快件上明确注明的地址和收件人进行投递，导致原告快件丢失，对损失的发生存在明显过错，应对原告因快件丢失造成的损失承担赔偿责任。法院对原告损失核定如下：（1）补办证件的车旅费 698 元系合理产生的费用，予以支持；（2）补办身份证、临时身份证、驾驶证等证件的工本费 50 元，予以支持；（3）误工费根据误工期限和原告收入情况计算，原告在快件丢失后必须同安徽舒城和江苏苏州办理相关证件，所需时间为 7 天，误工工资标准参照江苏省道路运输业平均工资 42557 元／年，故原告误工费损失应为 42557 元 ÷365 天 ×7 天 =816 元。其中关于误工期限，原告认为应计算为被告将上述证件丢失后原告被停职的三个月，法院对此未予支持，指出在确认被告丢失快件后，原告应及时补办相关证件以防止损失的扩大，对于其未能及时办理有关证件所造成的损失的扩大，不应由被告承担赔偿责任。[①]

减损规则除规定债权人违反减损义务则无权就扩大的损失要求违约方对其进行赔偿之外，还明确了债权人履行减损义务所产生的费用之负担规则。《民法典》第五百九十一条第二款规定："当事人因防止损失扩大而支出的合理费用，由违约方负担。"根据这一规定，债权人履行减损义务之费用由违约方负担的前提条件是该项费用具有合理性。这就意味着，如其花费并不具备合理性或超出了合理范围，则即使是债权人为防止损失扩大所支出的费用，亦不得请求由违约方承担。在有些快递服务纠纷中，人民法院裁判时就很好地执行了上述规则。例如，在安某与顺丰速运有限公司、上海顺益丰速运有限公司（以下称顺益丰公司）等运输合同纠纷一案中，一审法院认为，顺益丰公司迟延送达快件的违约行为虽然造成了原告及收件人提出刑事申诉的推

---

① 案情来源于江苏省镇江市丹徒区人民法院（2013）徒民初字第 01261 号民事判决书。

后，但并未导致其无权和无法进行申诉，因此原告亲自赶赴兰州处理此事之补救措施并不具有必要性与合理性，由此产生的差旅费、住宿费、误工费不但并未起到防止损失扩大的作用，反而还扩大了损失，因此应由原告自行负担。在上诉审中，二审法院也指出，在得知被告未能将快件及时送达后，原告应采取适当措施防止损失的扩大，如其可以采用曾经顺利送达的 EMS 对文件进行再次邮寄，其送达时限根本不会影响到收件人的刑事申诉程序，故一审法院认为原告亲赴兰州处理此事并不具有必要性与合理性，并判定由此所产生的费用不应由被告承担完全合法合理。①

第二节　快件损失的惩罚性赔偿与精神损害赔偿

【本节提要】

快递企业是否构成惩罚性赔偿责任，关键取决于其是否存在欺诈行为。对于欺诈行为的认定，应注意以下两点：一是应将欺诈行为与违约行为作出正确区分；二是应对欺诈的时点和事实进行正确把握。关于惩罚性赔偿的计算基数，亦应注意两点：一是快递服务合同系以提供服务为标的的合同，因此其惩罚性赔偿的计算基数应为"快递服务费用"，而非所寄快件的价值；二是作为惩罚性赔偿计算基数的"快递服务费用"仅指基础运费，而不包括保价费等其他附加服务费用。《民法典》施行后，快递企业既有可能在用户对其提起的侵权之诉中承担精神损害赔偿责任，也有可能在违约之诉中被判对用户进行精神损害赔偿。快递企业在侵权之诉中承担精神损害赔偿责任的构成要件是：损失快件是具有人格象征意义的特定纪念物；用户一方存在较为严重的精神损害；用户精神损害是由快件损毁造成的，即用户精神损害与快件损毁之间存在因果关系。而其在违约之诉中承担精神损害赔偿责任的构成要件则是：发生了违约责任与侵权责任的竞合；违约行为侵害了守约方（自然人）人格权，并造成其严重精神损害；受损害方选择请求对方承担违约责任。

---

① 案情来源于上海市青浦区人民法院（2017）沪 0118 民初 6213 号民事判决书和上海市第二中级人民法院（2017）沪 02 民终 10282 号二审民事判决书。

一、快件损失的惩罚性赔偿

根据《消费者权益保护法》第五十五条第一款规定，经营者无论是提供商品时存在欺诈行为，还是提供服务时存在欺诈行为，均需接受惩罚性赔偿，即应当按照消费者要求增加赔偿其所受到的损失，增加赔偿金额为消费者购买商品之价款或接受服务费用的 3 倍；增加赔偿金额不足 500 元的，以 500元计算。[①]快递服务是快递企业向用户（包括消费者）提供特定服务的经营性行为，因此在符合法律规定条件时，快递企业亦应向具有消费者身份的用户承担惩罚性赔偿责任。

（一）快递企业欺诈行为的认定

快递企业是否构成惩罚性赔偿责任，关键取决于其是否存在欺诈行为。对于欺诈行为的认定，应注意以下两点：

一是应将欺诈行为与违约行为作出正确区分。所谓欺诈，是指当事人于缔约时故意隐瞒与合同缔结有重大关系的事项，或者故意将虚假情况告知对方，从而使相对人陷于错误认识，并基于此种错误认识与其签订合同；而违约行为是指当事人于合同有效成立后并未履行或并未按照约定履行合同义务。由此可见，前者之症结在于合同之缔结，且问题出在缔约人的主观心理因素；而后者之瑕疵在于合同有效成立之后未能按约履行，其认定仅需对当事人的客观行为作出判定，而无关其主观心理状态。这就意味着，案件中是否存在欺诈，必须通过当事人的客观行为对其主观心理状态进行分析判断。

值得关注的是，实务中并非所有案件均对欺诈和违约行为作出了恰当区分，也有些案件对欺诈的认定虽然在结果上是正确的，但缺乏较为清晰和精准的说理论证。例如，在原告王某诉被告湖南顺丰速运有限公司、湖南顺丰速运有限公司岳阳分公司运输合同纠纷案中，原告于 2016 年 7 月 16 日在湖南岳阳将其行李交被告快递，所选择的服务为需要进行航空运输的次日件，

[①] 该条款原文是："经营者提供商品或者服务有欺诈行为的，应当按照消费者的要求增加赔偿其受到的损失，增加赔偿的金额为消费者购买商品的价款或者接受服务的费用的三倍；增加赔偿的金额不足五百元的，为五百元。法律另有规定的，依照其规定。"

收件人为余某，收件地址为北京市海淀区复兴路某处。原告按次日件付费标准向被告支付快递费 248 元（含运费 233 元，保价费 15 元），但该件于 2016 年 7 月 19 日方送达目的地，晚于合同约定时间。原告发现该件采用的运输方式实际为陆运，而非次日件所要求的航空运输，遂起诉到人民法院，提出要求被告就快件迟延向其赔偿快递费 3 倍的赔偿款 780 元等项诉讼请求。被告在诉讼中辩称，其并未对案涉快件按次日件进行航空运输是因为其中有航空违禁品，因此改为陆运并迟于次日件送达的责任方是原告自己，故不应由其承担赔偿责任。为此，被告提供了由黄花机场出具的安全检查扣货退运证明，拟证明造成本案快件延误的过错方在原告，而非被告。但质证后法院认为，该证明虽有黄花机场的安检用章，但没有经办负责人的签字，且未注明日期，因此真实性上有瑕疵，对该证据不予采信。法院同时认为，根据相关法律规定和双方合同约定，被告对案涉快件在接收时有进行安全检查的义务，而被告在原告办理寄递手续时并未检查出快件内含有航空违禁品。因此，对于被告主张原告快件中有航空违禁品的事实，法院不予采信，并指出两被告虽然主张快件未能按合同约定时间送达是原告过错所致，但其并未能够提供相应证据予以佐证，遂对原告要求两被告根据《消费者权益保护法》第五十五条第一款之规定对其进行 3 倍赔偿的诉讼请求予以支持，判决被告赔偿原告所交运费 233 元的 3 倍，即 699 元。[①] 本案中，法院之所以支持原告提出的惩罚性赔偿请求，实际是认定被告构成了欺诈，而非基于其迟延送达之违约行为。但其对此判定并未进行更为到位的论证分析，因而有必要进行说理上的完善。案件中，被告并未按照双方合同约定的寄递次日件所需要的航空运输方式对案涉快件进行寄递，而是改为通过陆运寄递并由此造成快件迟延，从表面看似乎应判定其行为构成违约，并应依通常的违约责任承担规则判决其承担赔偿责任。但问题的关键实际在于，根据《邮政法》等有关法律规定，快递企业负有对快件进行安全检查的法定义务，同时作为专业的安检者，若行李中存在航空运输的违禁品，其有义务检出并拒绝原告按次日件进行航空寄递。而事实上其并未拒绝，而是接受了原告通过航空运输寄递次日件的缔约请求。基于被告的专业身份，本案中有理由推定被告对原告托寄的行李中存在航空

---

① 案情来源于湖南省岳阳市岳阳楼区人民法院（2016）湘 0602 民初 3846 号民事判决书。

违禁品不但已查明知情，而且还对其不能通过航空途径进行运输的事实加以了隐瞒。正是因为其这一隐瞒行为，最终造成原告按次日件价格与其签订快递服务合同之事实，因而可以认定快递企业行为已构成欺诈。也就是说，若能在说理部分补充上述说明，本案按欺诈判定被告承担惩罚性赔偿责任无疑将更能服人。

二是导致惩罚性赔偿之欺诈行为的发生时点，应为快递服务合同缔结过程中；同时，欺诈方所制造的假象或所隐瞒的真相，亦应为影响对方决定是否与其缔结合同或如何缔结合同的重要事实。而无论是在合同履行过程中还是纠纷发生后当事人对相对人就无关缔约决定之作出事项所进行的欺诈，均不能导致惩罚性赔偿之责任承担后果。例如，在原告李某晨与被告德邦物流股份有限公司财产损害赔偿纠纷案中，法院查明，原告李某晨在淘宝卖家李某处购买了一台 28 英寸电脑显示器，双方选择由德邦快递运送，运费和保价费由买方负担 60 元。2014 年 11 月 6 日，淘宝卖家李某保价 1000 元委托德邦快递寄送该显示器。该件到达廊坊后，被告在未征得淘宝卖家李某及原告李某晨同意情况下将快件转托圆通速递运送。2014 年 11 月 10 日，在原告不在家情况下，圆通速递人员未经原告当场检验和签字确认即将货物投递至原告住所交其家人。当日，原告拆开包装发现电脑显示器已损坏，遂电话联系德邦客服要求理赔。关于理赔协商的过程，原告陈述德邦理赔先是要求原告拍照并发送照片至指定手机号，并表示有保价可以在 7 个工作日内为其理赔。后又致电原告说包裹显示正常签收，需要原告与德邦客服联系将签收状态改为异常签收。原告提出此类情况应由德邦理赔人员处理，而不宜由原告联系德邦客服协商，但德邦理赔人员说客服不搭理他，原告是客户，客服会重视。后原告致电德邦客服要求更改签收状态被拒绝，而此时德邦理赔人员又告知原告无法更改签收状态，不能对其进行理赔。对于上述交涉过程原告认为，关于应否赔偿这一事宜被告出尔反尔，其行为已构成欺诈。事实上，原告上述认识有误。原因在于，被告先是承诺对其进行赔偿，后又表示反悔之行为虽涉嫌欺骗，但尚不构成缔约上的欺诈。被告上述行为发生在合同履行后的索赔过程中，而非合同缔结过程中，且欺骗的内容为是否对其进行损失赔偿，而非与合同订立有关的重要事项，因此即使认定被告在理赔过程中对原告存在欺骗，亦不能据此认定前者应对后者承担惩罚性赔偿责任。本案中法院虽然认定被告构成欺诈并应对原告进行惩罚性赔偿，但其所认定的欺诈事实并非被告在理赔过程中的出尔反尔，而是其在接受托运即缔结合同过程中明知其不能将货物直接运至收货人，而是需转托第三方进行运输情况下，却对用户隐瞒了这一事实，而该事实恰恰是影响后者是否决定与其缔约的一项重要事实。因此，本案中关于直接影响能否判决惩罚性赔偿的欺诈之认定，虽然原告的认识有误，但人民法院对行为时点和欺诈内容的判断和把握都是正确的。[①]

（二）快递服务纠纷中惩罚性赔偿的计算基数

根据前引《消费者权益保护法》第五十五条第一款规定，尽管销售商品和提供服务时经营者有欺诈行为的均需对消费者进行惩罚性赔偿，但其增加赔偿倍数的计算基数并不相同：前者为所购买商品价款的 3 倍，后者为所接受服务的费用的 3 倍。

关于惩罚性赔偿的计算基数，在快递服务合同中应注意两点：一是快递服务中缔结合同涉及欺诈时，由于该合同并非商品买卖合同，而是以提供服务为标的的合同，因此惩罚性赔偿的计算基数应为"快递服务费用"，而非所寄快件的价值。二是作为惩罚性赔偿计算基数的"快递服务费用"是指其狭义含义，即仅指基础运费，而不包括保价费等其他附加服务费用。值得关注的是，很多法院在案件裁判中能够体现出对上述第一点的正确理解与运用，但对第二点的把握有时未尽准确。例如，在前述原告李某与被告德邦物流股份有限公司财产损害赔偿纠纷案中，法院认为，在快件全损情况下，原告要求被告赔偿其保价款 1000 元的诉讼请求可以支持，但其要求被告增加赔偿额为保价金额的 3 倍即 3000 元的诉讼请求并不符合《消费者权益保护法》第五十五条第一款的规定，原因是被告系服务的提供者，而非商品的销售者，故不应按保价额（所申报的）即快件价值的 3 倍计算增加赔偿额，而是应按照"接受服务的费用的三倍"计算增加赔偿额，即原告支付的运费、保价费 60 元的 3 倍，为 180 元。[②] 在上述裁判中，法院将增加赔偿额的计算基数明

---

① 案情来源于河北省承德市双桥区人民法院（2015）双桥民初字第 348 号民事判决书。

② 完整案情参见河北省承德市双桥区人民法院（2015）双桥民初字第 348 号民事判决书。

确为服务费用而非快件本身的价值无疑是正确的，但其进而将服务费理解为包括保价费在内的全部服务费用则有失准确，其正确的判定应为由被告增加赔偿的数额是不包括保价费在内的运费的 3 倍。令人欣慰的是，也有些法院对作为惩罚性赔偿基数的"快递服务费用"的外延理解则完全是正确的。例如，在前述王某诉被告湖南顺丰速运有限公司、湖南顺丰速运有限公司岳阳分公司运输合同纠纷案中，法院在认定快递企业构成欺诈后判定惩罚性赔偿时所适用的基数就是不包含保价费在内的快递费 233 元，而非包含保价费在内的全部费用 248 元。[①]

二、快件损失的精神损害赔偿

（一）以侵权之诉为诉由的快件损失精神损害赔偿

《民法典》第一千一百八十三条第二款规定："因故意或者重大过失侵害自然人具有人身意义的特定物造成严重精神损害的，被侵权人有权请求精神损害赔偿。"《民法典》出台之前，《最高人民法院关于确定民事侵权精神损害赔偿责任若干问题的解释》第四条亦规定："具有人格象征意义的特定纪念物品，因侵权行为而永久性灭失或者毁损，物品所有人以侵权为由，向人民法院起诉请求赔偿精神损害的，人民法院应当依法予以受理。"该司法解释第八条同时规定："因侵权致人精神损害，但未造成严重后果，受害人请求赔偿精神损害的，一般不予支持，人民法院可以根据情形判令侵权人停止侵害、恢复名誉、消除影响、赔礼道歉。"由此可见，若快递服务过程中快递企业造成快件损失对用户构成侵权，亦有可能构成精神损害赔偿责任。其构成要件是：（1）损失快件是具有人格象征意义的特定纪念物；（2）用户一方存在较为严重的精神损害；（3）用户精神损害是由快件损毁造成的，即用户精神损害与快件损毁之间存在因果关系。

从审判实践来看，目前已经有不少法院在认为符合上述构成要件情况下判决快递企业在快件损失赔偿侵权纠纷中对用户承担了精神损害赔偿责任。

[①] 完整案情参见湖南省岳阳市岳阳楼区人民法院（2016）湘 0602 民初 3846 号民事判决书。

例如，在原告郑某与被告太原圆通天下速递有限公司经济开发区分公司财产损害赔偿纠纷案中，法院认为，被告在寄递过程中丢失的原告毕业证书是原告就学经历的记载和证明，对原告有特定纪念意义，可以认定为具有人格象征意义的特定纪念物品。由于按照相关规定毕业证书丢失只能办理学历证明，而根本无法进行补办，因此除给原告造成一定不便及费用损失之外，亦给原告造成了较为严重的精神损害，故对于其要求被告赔偿精神损害抚慰金的诉讼请求法院予以支持，并将其数额酌定为 1000 元。[①] 又如，在原告喻某与被告东莞市狼韵速递有限公司财产损害赔偿纠纷案中，被告在寄递过程中将原告的大学本科毕业证、学士学位证、英语等级证书、普通话等级证书、计算机等级证书、报到证、体检合格证、教育学合格证书、心理学合格证书、家具收藏证共 10 份证书和相片丢失，法院亦以同样的理由支持了原告要求被告赔偿其精神损害的诉讼请求。[②] 再如，在原告蒋某与被告中国邮政速递物流股份有限公司西安市雁塔分公司等侵权纠纷案中，被告将原告的档案丢失。就此法院指出，档案是公民取得就业资格、享受相关待遇的重要凭证，其存在及记载的内容对公民就业和生活具有重大影响，并且档案对当事人的价值并不完全在此，其对于个人学习、成长历史及荣誉评价的记载均具有抽象的价值意义。而被告将其丢失，在一定程度上给原告带来了精神损害，因此应由前者向后者支付精神抚慰金。[③]

亦有法院基于特定构成要件之欠缺并未对原告在起诉中所主张的精神损害赔偿请求予以支持。例如，在原告刘某与被告吉林市大兵快递有限公司昌邑区七部分公司财产损害赔偿纠纷案中，法院指出，被告丢失的原告三七粉并非具有特定纪念意义的物品，而是属于一般财产，因此对原告所主张的精神损失费不予支持。[④] 又如，在原告张某与被告上海市邮政速递物流有限公司侵权责任纠纷案中，法院认为被告对原告护照逾期投递之行为并未造成严重后果，因此根据《最高人民法院关于确定民事侵权精神损害赔偿责任若干问

[①] 完整案情参见山西省太原市小店区人民法院（2014）小民初字第 2244 号民事判决书。

[②] 完整案情参见广东省东莞市第二人民法院（2015）东二法朗民二初字第 11 号民事判决书。

[③] 完整案情参见陕西省西安市碑林区人民法院（2017）陕 0103 民初 7009 号民事判决书。

[④] 完整案情参见吉林省吉林市昌邑区人民法院（2018）吉 0202 民初 357 号民事判决书。

题的解释》第八条规定，对原告诉请的精神损害赔偿未予支持。[1]

上述诸案例分别代表了快件损失赔偿侵权纠纷中符合精神损害赔偿构成要件和因欠缺要件而不能得到支持的典型情形，因而在司法审判中极具启发性。

（二）以违约之诉为诉由的快件损失精神损害赔偿

《民法典》颁行之前，我国立法上并未明确可以在违约之诉中对精神损害赔偿予以支持，司法审判中亦对此多加以否定，该时期快件损失赔偿违约之诉的案件审理亦莫不如此。例如，在原告冯某与被告驻马店市韵达快递有限公司新蔡分公司邮寄服务合同纠纷中，原告交被告寄递的大学毕业证和二级建造师资格证在寄递过程中被丢失，原告要求法院判决被告赔偿其补办证件的费用损失，并对其进行精神损害赔偿。法院审理后认为，案件中原告发生损失的系财产权利，不属于人格权范畴，因此对其要求被告支付精神损害抚慰金的诉讼请求不予支持。[2] 又如，在王某与黄冈中通速递有限公司公路货物运输合同纠纷案中，原告将中国人民解放军建军 90 周年纪念币 40 枚交被告寄递，被其于寄递过程中丢失，原告诉请法院判决被告对其进行财产损失赔偿和精神损害赔偿。此案同样未支持原告进行精神损害赔偿的诉讼请求，同时法院较前案更加明确地指出："本案为违约之诉，精神损害抚慰金不属于违约损失的赔偿范围。"因此对原告请求赔偿精神损害的诉讼请求不予支持。[3]

《民法典》颁行后，结束了我国在违约之诉中一律不对精神损害进行赔偿的历史。这一立法变化体现了我国《民法典》制定对比较法研究成果的充分借鉴，[4] 其主要立法理由是更好体现损失赔偿的填补性，以避免当事人不同选择给其带来赔偿结果上的不同。[5]《民法典》第九百九十六条规定："因

---

[1] 完整案情参见湖北省武汉市中级人民法院（2018）鄂 01 民终 9210 号民事判决书。

[2] 完整案情参见河南省新蔡县人民法院（2017）豫 1729 民初 956 号民事判决书。

[3] 完整案情参见武汉铁路运输法院（2018）鄂 7101 民初 5 号民事判决书。

[4] 2002 年债法改革后的《德国民法典》、《瑞士民法典》、我国台湾地区"民法"、《国际商事合同通则》、《欧洲合同法原则》、《欧洲合同法典》等立法均规定了在责任竞合情况下可以在违约之诉中支持精神损害赔偿。

[5] 参见黄薇主编：《中华人民共和国民法典人格权编解读》，中国法制出版社 2020 年版，第 39 页。

当事人一方的违约行为，损害对方人格权并造成严重精神损害，受损害方选择请求其承担违约责任的，不影响受损害方请求精神损害赔偿。"根据有关权威解释，这一规定虽然表明《民法典》生效后可以在违约之诉（包括快件损失赔偿违约之诉）中请求精神损害赔偿，但其适用需符合下列要件：首先应符合一个前提条件，即发生了违约责任和侵权责任的竞合。例如，若前述原告冯某与被告驻马店市韵达快递有限公司新蔡分公司邮寄服务合同纠纷发生在《民法典》生效之后，则原告交被告寄递的具有一定人格象征意义的特定纪念物——大学毕业证在寄递过程中被丢失后，被告即对原告构成违约责任与侵权责任的竞合。而在被告快递企业仅构成违约而并未侵害守约方人格权情形下，则不能适用本条规定。其次是违约行为侵害了守约方（自然人）人格权，并造成其严重精神损害。最后一点是受损害方选择请求对方承担违约责任。[1] 即若受损害方选择提起侵权之诉，则应直接适用《民法典》第一千一百八十三条第一款规定，[2] 而非本条规定。《民法典》第九百九十六条规定的存在意味着《民法典》颁行后，若快件损失赔偿纠纷中发生损失的快件为具有人格象征意义的特定纪念物品，则即便是用户并未提起侵权之诉而是选择提起违约之诉，则在快件损毁给其造成严重精神损失情况下，其亦有权在要求快递企业赔偿其财产损失的同时主张获得精神损害赔偿。[3] 这无疑就拓宽了用户保护自身权益的救济路径，避免了其因不愿放弃主张精神损害赔偿而不得不放弃选择违约之诉的种种实益。[4]

---

[1] 解释原文参见黄薇主编：《中华人民共和国民法典人格权编解读》，中国法制出版社2020年版，第39～40页。

[2] 该条款规定："侵害自然人人身权益造成严重精神损害的，被侵权人有权请求精神损害赔偿。"

[3] 截止到本书结束写作时，尚未搜集到《民法典》颁行后对第九百九十六条进行适用的案例。

[4] 就快件损失赔偿而言，这些实益主要包括举证上的便利和有保价约定时损失赔偿额确定上的便利。

缩 略 语 表

主要法律法规及缩略语表

主要法律法规	缩略语
《中华人民共和国民法典》	《民法典》
《中华人民共和国民法通则》（已废止）	《民法通则》
《中华人民共和国合同法》（已废止）	《合同法》
《中华人民共和国经济合同法》（已废止）	《经济合同法》
《中华人民共和国涉外经济合同法》（已废止）	《涉外经济合同法》
《中华人民共和国公司法》	《公司法》
《中华人民共和国邮政法》	《邮政法》
《中华人民共和国快递暂行条例》	《快递暂行条例》
《中华人民共和国消费者权益保护法》	《消费者权益保护法》
《中华人民共和国涉外民事关系法律适用法》	《涉外民事关系法律适用法》
《中华人民共和国居民身份证法》	《居民身份证法》
《中华人民共和国户口登记管理条例》	《户口登记管理条例》
《中华人民共和国立法法》	《立法法》
《中华人民共和国民事诉讼法》	《民事诉讼法》
《中华人民共和国仲裁法》	《仲裁法》

主要司法解释、司法文件及缩略语表

主要司法解释、司法文件	缩略语
《最高人民法院关于贯彻执行〈中华人民共和国民法通则〉若干问题的意见（试行）》（1988 年 1 月 26 日最高人民法院审判委员会讨论通过，已废止）	《民通意见》
《最高人民法院关于适用〈中华人民共和国合同法〉若干问题的解释（二）》（法释〔2009〕5 号，已废止）	《合同法司法解释（二）》
《最高人民法院关于适用〈中华人民共和国民事诉讼法〉的解释》（法释〔2015〕5 号，法释〔2020〕11 号修正）	《民诉法解释》
《最高人民法院关于适用〈中华人民共和国担保法〉若干问题的解释》（法释〔2000〕44 号，已废止）	《担保法解释》
《全国法院贯彻实施民法典工作会议纪要》（法〔2021〕94 号）	《民法典会议纪要》

参考书目

一、著作类

1. 梅仲协：《民法要义》，中国政法大学出版社 1998 年版。

2. 江平主编：《民法学》，中国政法大学出版社 2000 年版。

3. 王利明主编：《民法》（第八版），中国人民大学出版社 2020 年版。

4. 王轶：《民法原理与民法学方法》，法律出版社 2009 年版。

5.《法学研究》编辑部：《新中国民法学研究综述》，中国社会科学出版社 1990 年版。

6. 林国民：《民法十论》，山东大学出版社 1990 年版。

7. 梁慧星：《民法学说判例与立法研究》，中国政法大学出版社 1993 年版。

8. 李适时主编：《中华人民共和国民法总则释义》，法律出版社 2017 年版。

9. 张新宝：《〈中华人民共和国民法总则〉释义》，中国人民大学出版社 2017 年版。

10. 黄薇主编：《中华人民共和国民法典总则编解读》，中国法制出版社 2020 年版。

11. 王泽鉴：《债法原理》，北京大学出版社 2013 年版。

12. 史尚宽：《债法总论》，中国政法大学出版社 2000 年版。

13. 史尚宽：《债法各论》，中国政法大学出版社 2000 年版。

14. 郑玉波：《民法债编总论》，中国政法大学出版社 2006 年版。

15. 王家福主编：《民法债权》，法律出版社 1991 年版。

16. ［日］我妻荣：《债法各论（上卷）》，岩波书店 1954 年版。

17. 崔建远主编：《合同法（第七版）》，法律出版社 2021 年版。

18. 韩世远：《合同法总论（第三版）》，法律出版社 2011 年版。

19. 王利明、崔建远：《合同法新论·总则》，中国政法大学出版社 2000 年版。

20. 王利明：《合同法新问题研究》，中国社会科学出版社 2003 年版。

21. 李永军：《合同法（第三版）》，法律出版社 2010 年版。

22. 苏惠祥主编：《中国当代合同法论》，吉林大学出版社 1992 年版。

23. 傅静坤：《二十世纪契约法》，法律出版社 1997 年版。

24. 胡康生主编：《中华人民共和国合同法释义》，法律出版社 2009 年版。

25. 黄薇主编：《中华人民共和国民法典合同编解读（下册）》，中国法制出版社 2020 年版。

26. 沈德咏、奚晓明主编，最高人民法院研究室编著：《最高人民法院关于合同法司法解释（二）理解与适用》，人民法院出版社 2009 年版。

27. 汤树梅、应苏萍：《香港货物买卖法》，河南人民出版社 1997 年版。

28. ［德］海因·克茨：《欧洲合同法（上卷）》，法律出版社 2001 年版。

29. 苏号朋：《格式合同条款研究》，中国人民大学出版社 2004 年版。

30. 杜军：《格式合同研究》，群众出版社 2001 年版。

31. 张家勇：《为第三人利益的合同的制度构造》，法律出版社 2007 年版。

32. 韩世远：《违约损害赔偿研究》，法律出版社 1999 年版。

33. 杨立新主编：《疑难民事纠纷的司法对策（第二集）》，吉林人民出版社 1994 年版。

34. 王泽鉴：《民法物权．第 1 册，通则、所有权》，中国政法大学出版社 2001 年版。

35. 黄薇主编：《中华人民共和国民法典人格权编解读》，中国法制出版社 2020 年版。

36. 王利明：《侵权行为法研究（上卷）》，中国人民大学出版社 2004 年版。

37. 王胜明主编：《中华人民共和国侵权责任法释义》，法律出版社 2010 年版。

38. 黄薇主编：《中华人民共和国民法典侵权责任编解读》，中国法制出版社 2020 年版。

39. 范健、王建文：《公司法》，法律出版社 2011 年版。

40. 李适时主编：《中华人民共和国消费者权益保护法释义》，法律出版社 2013 年版。

41. 沈德咏主编：《最高人民法院民事诉讼法司法解释理解与适用》，人民法院出版社 2015 年版。

42. 曹建明主编，最高人民法院民事案件案由规定课题小组编著：《最高人民法院民事案件案由规定理解与适用》，人民法院出版社 2008 年版。

43. 国家邮政局政策法规司编写：《中华人民共和国邮政法学习读本》，法律出版社 2010 年版。

44. 马军胜：《中华人民共和国邮政法释义》，法律出版社 2010 年版。

45. 国家邮政局政策法规司编写，蒋强主编：《快递法律实务 300 问》，法律出版社 2012 年版。

46. 司法部、国家邮政局编著：《快递暂行条例释义》，中国法制出版社 2018 年版。

二、期刊类

1. 梁慧星：《统一合同法：成功与不足》，《中国法学》，1999 年第 3 期。

2. 张新宝：《从隐私到个人信息：利益再衡量的理论与制度安排》，《中国法学》，2015 年第 3 期。

3. 尹田：《论涉他契约》，《法学研究》，2001 年第 1 期。

4. 叶金强：《第三人利益合同研究》，《比较法研究》，2001 年第 4 期。

5. 陈任：《相对性原则和受益第三人合同》，《人文杂志》，2008 年第 2 期。

6. 韩世远：《试论向第三人履行的合同》，《法律科学》，2004 年第 6 期。

7. 郭锡昆：《践成合同研究：一个现代民法立场的追问》，载梁慧星：《民商法论丛（第 29 卷）》，法律出版社 2004 年版。

8. 王洪：《要物合同的存与废——兼论我国〈民法典〉的立法抉择》，《上海师范大学学报（哲学社会科学版）》，2007 年第 7 期。

9. 张力：《实践性合同的诺成化变迁及其解释》，《学术论坛》，2007 年第
9 期。

10. 郑永宽：《要物合同之存在现状及其价值反思》，《现代法学》，2009
年第 1 期。

11. 陈旭：《以强制性规定类型识别为导向的合同效力认定》，《人民司
法》，2010 年第 14 期。

12. 许中缘：《论违反公法规定对法律行为效力的影响——再评〈中华人
民共和国合同法〉第 52 条第 5 项》，《法商研究》，2011 年第 1 期。

13. 孙鹏：《论违反强制性规定行为之效力——兼析〈中华人民共和国合
同法〉第 52 条第 5 项的理解与适用》，《法商研究》，2006 年第 5 期。

14. 张华：《效力性强制性规定的类型化识别》，《人民司法》，2013 年第
23 期。

15. 徐干忠：《识别效力性强制性规定的方法》，《人民司法》，2011 年第
12 期。

16. 王利明：《论无效合同的判断标准》，《法律适用》，2012 年第 7 期。

17. 刘凯湘、夏小雄：《论违反强制性规范的合同效力——历史考察与原
因分析》，《中国法学》，2011 年第 1 期。

18. 董万程：《论效力性强制性规定合同的法律适用》，《行政与法》，2013
年第 12 期。

19. 刘勇：《可预见性规则之重释》，《暨南学报（哲学社会科学版）》，2021
年第 7 期。

20. 徐勇：《2013 年快递业发展回顾》，《中国物流与采购》，2014 年第 4 期。

21. 匡爱民、师帅：《完善民营快递行业市场准入法律制度的思考》，《江
西社会科学》，2012 年第 8 期。

22. 郑佳宁：《从结束开始：快递末端投递法律问题再审视》，《大连理工
大学学报（社会科学版）》，2016 年第 4 期。

23. 郑佳宁：《我国快递行业发展的"潘多拉之盒"——快递加盟连锁经营
模式之法律问题探讨》，《河南社会科学》，2016 年第 3 期。

24. 陈海英：《快递服务纠纷审判实务探析》，《江南社会学院学报》，2013

年第 4 期。

25. 陈凯：《关于快递服务中保险与保价若干维度的探析》，《快递》，2011 年第 8 期。

26. 陈斌：《保价条款效力实证研究 ——以 120 个案例为例》，《法制与社会》，2017 年第 4 期。

27. 沈明磊、董蕾蕾：《快件丢失损毁赔偿纠纷若干法律问题研究》，《法律适用》，2014 年第 6 期。

28. 刘晓夏：《快递延误造成损失应如何确定赔偿》，《中国审判》，2010 年第 12 期。

29. 武辰睿、钱玥凡：《快递标的物遗失及损毁的法律救济问题研究》，《法制与社会》，2016 年第 15 期。

30. 程志刚：《快件损失赔偿制度研究》，《邮政研究》，2015 年第 4 期。

31. 杨立新：《确定快递服务丢失货物赔偿责任的三个问题》，《中国审判》，2010 年第 12 期。

32. 陈芸：《快递行业限额赔偿格式条款的效力及损失赔偿》，《人民司法》，2011 年第 24 期。

33. 邹晓美：《快递延误违约法律问题探讨》，《中国流通经济》，2012 年第 8 期。

34. 苏号朋、唐慧俊：《快递服务合同中的消费者权益保护》，《东方法学》，2012 年第 6 期。

35. 周洋：《快递行业消费者权益定位与法律救济》，《重庆社会科学》，2012 年第 8 期。